LEWI VERLAG

Inhalt

Vorwort

mit Anmerkungen für die 2. Auflage:

Liebe Leser/innen! Dieses Buch welches Sie in Händen halten ist die zweite Auflage eines Werkes welches ich vor ca. eineinhalb Jahrzehnten veröffentlichte, von dem ich mir damals nichts erwartete und wo ich dann u.a. durch mehrmalige führende Klassifizierungen in den Bestsellerlisten und durch die vielen Rückmeldungen, wohl eines Besseren belehrt werden sollte.
Seit damals nahm ich das Buch nur noch im Rahmen von Diskussionen zur Hand.

Ich will nun nicht ohne weiteres die erste Fassung wieder in den Druck geben, sondern ich will es von vorne lesen und mich möglichst, wie damals schon, »in den/die Leser/in und in die beschriebenen Personen und Situationen der Episoden, hineinversetzen«.

Einiges von damals, würde ich heute sicher »allgemeinverträglicher und erklärender« formulieren. Ich hatte zu vielen n.m.A. »eingefahrenen« Kerngedanken und diversen Thematiken logische Fragen gestellt, und von den Leser/innen bekam ich viele zustimmende Rückmeldungen, vor allem im Sinne einer besseren Entwicklung im Miteinander und im Glauben, was jedem ehrlichen Rechtgläubigen auferlegt- und jedem Entscheidenden willkommen sein müsste.

Heute aus der etwas gereifteren Perspektive heraus, erlaube ich mir erst recht zu fragen: Ob bspw. Religionen und Logik, - ähnlich wie auch Recht/e und Logik überhaupt jemals einen absoluten Konsens finden werden?

Ich möchte heute aber auch testen ob ich im Augenblick einiges ganz anders betrachte, oder gar die eine oder andere Erwähnung nun vermeiden-, oder das eine oder andere total ändern müsste/möchte. Wir alle wissen wie oft wir »feste« Meinungen im Laufe der Zeiten revidieren mussten.

Ich werde ein Schlusswort anbringen wo ich Bezug auf frühere und heutige Betrachtungen nehmen kann. Das Buch sollte den Vorbestellungen nach schnellstens in den Druck. Hoffentlich passieren mir keine Flüchtigkeitsfehler, denn ähnlich wie in Liedern ist u.U. das mangelhafte »Festgeschriebene« leider unauslöschlich, und weniges wäre bedauernswerter, als jemanden ungehörig zu kränken, Ungerechtes zu fördern-, Unbeabsichtigtes wie Unhöflichkeiten, einen Fauxpas u.dgl., zu platzieren.

Zum Buchtitel „1.000 Fragen“: Damals wie heute, bin ich sicher, wir Menschen brauchen uns nur die richtigen Fragen zu stellen und in Ruhe darüber nachzudenken, dann finden wir gute Antworten. Es gibt bekanntlich selten eine »absolut richtige Ansicht« und somit kann es wohl auch selten eine »absolut richtige Antwort« geben. Ich erlaube mir zu behaupten, dass die meisten von uns erfahren und klug genug sind, um wenigstens heranreifende Ansichten (und vielleicht sogar Antworten) auf Fragen zu finden. Diese »Aufgabe« möchte ich Ihnen liebe/r Leser/in anhand des Buches gerne mitgeben. Sie werden nun vielleicht schmunzeln und sagen, ich schiebe Ihnen eine »Arbeit« zu, für die Sie auch noch Ihr hartverdientes Geld ausgeben sollen? Sie haben nicht ganz Unrecht. Natürlich habe ich im Vergleich zu Ihnen schon einmal entscheidende Vorteile: Sie werden wahrscheinlich dieses Buch vielleicht aus Neugier, vielleicht aus »Nächstenliebe« kaufen, haben Geld ausgegeben und können nicht mehr zurück. Für mich ist es das erste Buch, und ich habe eigentlich (wie Sie sehen werden) vom Buchschreiben keine große Ahnung. Ich verdiene pro Buch kaum etwas, aber immerhin mehr als Sie. Also riskiere ich zurzeit – zumindest in wirtschaftlicher Hinsicht, nichts. Sie werden das Buch wahrscheinlich zumindest in Abschnitten lesen und einige von Ihnen werden mir dann bei Gelegenheit ihre „1.000 Ansichten/ Antworten" auf meine „1.000 Fragen" eröffnen.

Wie damals schon möchte ich ab und zu im Rahmen eines Konzertes eine kleine Diskussionsrunde einzurichten. Dies war immer ein positives- aber leider auch zeitlich enges Erlebnis. Sie wissen es selber, es reicht oft die Zeit nicht für alles was man tun, sagen oder hören möchte. Insbesondere für liebe, aufbauende Menschen würde ich sehr gerne und oft, viel mehr Zeit haben wollen.

Aber nun wieder zum Inhalt des Buches! Ich danke Ihnen sehr für den Entschluss, dieses Buch zu kaufen! Ich hoffe es vollbringt Ihnen und Ihren Lieben Gutes!
Lassen Sie mich der Korrektheit halber erwähnen, dass ich in den gegenständlichen Erzählungen alle Personennamen Fremder, geändert habe, denn ich hatte und habe nicht die Absicht jemanden zu kompromittieren. Die eine und andere Person die sich hier wiedererkennt wird sich –auch wenn sie namentlich nicht genannt ist– wenig freuen »beschrieben« zu werden; dies ginge mir schließlich genauso.
Dieses Buch soll keinesfalls dazu dienen, marktschreierisch »öffentlich schmutzige Wäsche zu waschen«, um dadurch das Käuferinteresse zu wecken, nein, mein Wunsch ist es, dass das Buch dem/der Leser/in dazu dient, aus meinen Beschreibungen, Erfahrungen, Ansichten und Fragen, für sich eine Motivation, oder zumindest einen Gedankenanstoß im Sinne des eigenen Lebens zu bekommen. Wenn ich dies

erreiche, bin ich mehr als zufrieden. Sie werden beim Lesen dieses Buches höchstwahrscheinlich immer wieder feststellen, dass ich -ähnlich wie auch in meinen Musikwerken- intensiv auf Probleme der Menschen eingehe denen sonst augenscheinlich nur wenige Autoren (oder zumindest nicht offiziell) ein Wort geben wollen.
Das Fragen und Suchen nach Gerechtigkeit betrachte ich als eine meiner Lebensaufgaben. Mich interessiert dabei nicht ob »man« das eine oder andere im Sinne des »besseren« Verkaufes usw. sagen-, oder »besser nicht sagen« sollte. Gerechtigkeitsempfinden als evolutionäre Grundsatzerscheinung ist nachweislich sogar im Tierreich ersichtlich; also ist Gerechtigkeitsempfinden kein Launen-bedingtes Phänomen!
Ich lese aus vielen wertvollen Rückmeldungen nach Erscheinen der ersten Auflage des Buches, und aus äußerst vielen denkwürdigen und lebensbezogenen Kommentaren der Zuhörer meiner Lieder aus der Produktion „Die letzte Rose“ (Infos unter www.lewi.it) bspw., dass ich augenscheinlich sehr, sehr vielen Menschen Mut geben konnte durch die Gewissheit, dass jemand die Situation des/der Betreffenden »auch mal aus anderer Perspektive betrachtet und befragt«. Das freut mich außerordentlich!

Ich wünsche Ihnen, den in meine Werke einbezogenen Personen und Firmen und mir, dass Ihnen und uns allen, sowohl dieses Buch, wie auch meine/unsere Musik- Film- und Technikwerke, viel Positives für Ihr Leben, Ihr persönliches Umfeld und Ihr »Beschauen des Ganzen«, bringen!

Ihr
Willy Lempfrecher

Erklärung zu den Abkürzungen: **LV:** Literaturverzeichnis / **n.m.A.**: nach meiner Ansicht / **n.m.M.**: nach meiner Meinung / **u.U.**: unter Umständen / **z.B.**: zum Beispiel / **bspw.**: beispielsweise / **sogen.**: sogenannte/n / **u.a.**: unter anderem / **ca.** zirka / ungefähr / **u.dgl.**: und dergleichen / **ggbfs.**: gegebenenfalls / **u/o** und/oder / **spr.**: sprich / **LV:** Literaturverzeichnis

1. Nachfühlen

Drei alte Tonbandkassetten meines Diktiergerätes liegen, verdeckt von Papieren, in einem Fach. Sie müssen mindestens 15 Jahre dort gelegen haben. Es ist Samstagnachmittag. Für ein am Montag angesagtes Meeting, das hoffentlich zum erhofften guten Geschäftsabschluss führt, suche ich in alten Unterlagen, um mir eine damalige Vorgehensweise anzusehen, um Beispiele herauszusuchen.

Irgendwie fesseln diese Kassetten immer wieder meinen Blick und lenken mich ab. Dass ich sie bisher nicht vermisste, bedeutet, dass es sich im Grunde um nichts Brisantes handeln kann, aber ich hatte sie wohl deswegen aufgehoben, weil ich damals das am Telefon Besprochene für so bedeutend hielt. Oder wahrscheinlich konnte ich wieder einmal mit meiner Angst nicht umgehen und wollte vorsichtshalber Beweise sammeln, weil ich befürchtete, von einem Gesprächs- oder Geschäftspartner über den Tisch gezogen zu werden, was ja einige Male auch passierte.

Auf der Hülle stehen keine Notizen. Typisch. Ich ärgere mich über meine unverkennbaren damaligen Schlampereien und sehe meine Überzeugung bestätigt, dass ich mir für persönliche Belange und Dinge – und vor allem für mich selbst – nie richtig die Zeit nahm und ich mir auch heute zu wenig Zeit für meine eigenen Nützlichkeiten nehme. Für Fremde ja, für mich nicht. Hätte ich die Bänder für Fremde aufgezeichnet, hätte ich die Hüllen ganz gewiss penibel beschriftet.

Ich bin im Begriff, die Kassetten in den Abfallbehälter zu werfen, auch weil mich die Erinnerung an die alte Tatsache, dass ich mit mir selbst oft unverantwortlich umgegangen bin, wieder einmal beim Verantwortungsbewusstsein packt und mich ein wenig frustriert, denn viel hat sich in meiner Einstellung zu mir selbst, nicht geändert. Ich selbst bin mir der Unwichtigste von allen.
Ich halte die Kassetten bereits in den Fingern und kurz vor dem Werfen zögere ich, was mich wiederum verärgert, denn erneut wird mir meine kuriose Einstellung bewusst, ja nichts wegzuwerfen bevor ich nicht hundertprozentig sicher bin, dass ich es nicht mehr brauche.

Die Situation lässt mir irgendwie keine Ruhe, aber bevor ich mit den Bändern tatsächlich etwas Wichtiges wegwerfe, muss ich kurz hineinhören. Ich schaue auf die Uhr und sehe, dass ich noch etwas Zeit entbehren kann, und suche mein Diktiergerät, das ich schon lange nicht mehr benutzt habe. Ich lege die erste Kassette ein und merke, es handelt sich um ein Telefongespräch über ein Geschäft im TV- und Hörfunk-Bereich.
Plötzlich fällt mir auch wieder ein, dass ich damals dieses und andere Telefongespräche auf Band aufgenommen hatte, weil ich von dem Geschäft, um das es ging, wenig Ahnung hatte und es dabei um viele neue Begriffe und Namen ging, mit vielen komplizierten Zusammenhängen. Jetzt fällt mir wieder ein, wie oft ich damals, um ja nichts falsch zu machen, die Gespräche mehrmals anhörte, um ja keine Wichtigkeit zu übersehen.
Na gut, die ganze Vorsicht hat ja nicht geschadet. Schließlich war sie gut, und ich habe aus jener Zeit sehr viel gelernt und ich hatte das

eine und andere Geschäft schließlich auch zu einem perfekten Ende geführt. Darauf bin ich schon ein bisschen Stolz, auch weil es mir damals mit ca. 30 Jahren und einfacher »Bub vom Berg«, keiner etwas Ähnliches zutraute.

Es geht beim ersten Gespräch um ein Geschäft über einige Milliarden Lire und Millionen von DM. Mein Gesprächspartner ist Jürgen aus München. Ich höre dem Frage- und Antwortspiel zu und mir fällt auf, wieviel jünger Jürgens Stimme damals klang. Heute klingt er heiserer, verrauchter, tiefer. Es ist Zufall, aber erst vor ein paar Tagen hat er mich aus Rom angerufen, nachdem ich über Jahre nichts mehr von ihm gehört hatte.

Ich ertappe mich, wie ich während des alten auf Band aufgenommenen Gesprächs in Gedanken versinke, und bekomme ein Empfinden, das ich noch nicht kannte.
Wieso höre ich mir das Ganze eigentlich an? Tatsächlich hätte ich Wichtigeres zu tun, und die Erinnerung an sein damaliges Benehmen schmerzt doch etwas, zumal mich der damalige Misserfolg mit ihm heute noch ärgert. Auch die verkappten Machenschaften einiger seiner Partner fallen mir wieder ein.

Irgendetwas versetzt mich beim Hinhören in eine eigentümliche Ruhe und ich werde von Minute zu Minute konzentrierter, erlebe die damalige Situation buchstäblich noch einmal, sehe mich am dunkelbraunen Schreibtisch sitzen, dick, viel schwerer als heute. Ich erinnere mich plötzlich an viele Details und spüre fast, wie das schwarze spiralförmige Kabel des grauschwarzen Telefonapparates leicht an meinem Unterarm reibt, und wie der grauschwarze Hörer leise knackst, wenn ich ihn fest in der Hand halte. Und ich habe in mir beinahe ein Gefühl

wie damals, als ich spürte, dass Jürgen nicht die ganze Wahrheit sagt, dass er versucht zu suggerieren. Wir reden über Rudolf, der eine parallele Unternehmung im Ausland leitet, an dem und seinem Können ich aber zweifle, eigentlich vom ersten Augenblick anzweifelte. Jürgen versucht mich offenbar vom Gegenteil zu überzeugen.
Je länger ich zuhöre, umso mehr ärgere ich mich über meine zurückhaltenden, fast lahmen Gesprächsreflexe und über meine Geduld. Schlagartig kommt mir der Gedanke, dass es eigentlich an ein Wunder grenzt, dass ich mit derartig unbeholfenem Geschäftsgebaren überhaupt das erreichen konnte, was ich bis heute erreicht habe. Ich schweige oder rede großenteils nur Nebensächliches daher, vielleicht weil ich spüre, dass die Gesprächsbasis eigentlich keine brauchbare ist. Ich halte jedenfalls Informationen zurück, sage nichts Deutliches, um ja niemanden zu beleidigen, vermute, anstatt zu vertrauen und erwarte wahrscheinlich dennoch, dass alles irgendwie von alleine gut geht, ansonsten hätte ich die Komödie wohl beendet.
Ich sehe den Jürgen von damals vor meinem geistigen Auge: hellgrauer moderner Anzug, ein paar Jahre jünger als ich, aber – im Gegensatz zu mir damals – offenbar mit allen Wassern gewaschen, weltmännisch, selbstsicher, immer auf dem Sprung, scheinbar alles im Griff und gut Freund mit jedem. Gemäß seiner «Schule», die ihm, wie er später oft behauptete, sein Ziehvater Dr. Egant wohl «verpasste», verwendet er grundsätzlich eine nichtssagende und doppeldeutige Wortwahl, die an viel- und nichtssagende Politikerreden erinnert, mit einem aalglatten Vokabularium, das er im Nachhinein für alle Eventualitäten (um-)interpretieren könnte. Er ist auffallend immer darauf bedacht, nach außen eine seriöse, offenherzige, nichts verbergende Art zu demonstrieren und dabei möglichst viel mehr zu erfahren als zu sagen.

Das Gespräch ist zu Ende, und dann folgt ein Gespräch mit Rudolf. Dessen hemdsärmelige, derbe Art nervt bereits beim ersten Grußwort. Er ist laut und glatzköpfig, erinnert sofort an einen Breitmaulfrosch und hat und sieht scheinbar nirgends ein Problem. Wieder sehe ich die Situation als passiere sie im Jetzt. Rudolf täuscht Geschäftigkeit vor, lügt gekonnt und einstudiert, versucht gute Stimmung zum bösen Spiel zu machen und vertröstet, obwohl er vermutlich selber auch nicht viel davon hat, wenn er so agiert.

Dann folgt ein Gespräch im Zusammenhang mit Dr. Egant. Er ist gewissermaßen das seriöse Gegenteil vom Rudolf, aber als eventueller Gegenspieler weitaus gefährlicher. Sehr sicher und freundlich, und er weiß, was er von mir will, und bekundet dies auch. Ich fühle Traurigkeit bei dem Gedanken, dass er seit etwa sieben Jahren tot ist, und ich frage mich zugleich, was ihm sein Millionenvermögen schließlich genutzt hat. Jürgen und er haben sich vor seinem Tode entzweit, und so viel mir bekannt ist, hat Jürgen von ihm nichts geerbt, obwohl er eigentlich der Universalerbe hätte sein sollen. Immerhin ging es umgerechnet in etwa um 40 Millionen Euro. Jürgen ging es damals wohl deutlich besser als heute, vor allem finanziell, und die gesamte wirtschaftliche Sicherheit, die Dr. Egant ihm damals geboten hatte, fehlt ihm heutzutage; dies merkt man ganz deutlich.

Dann folgt ein Gespräch mit Maximilian, mit dem ich heute auch noch in Verbindung stehe. Genauso wie heute, hatte er damals eine Menge Energie und die Fähigkeit, Situationen präzise zu analysieren und den Dreh- und Angelpunkt genau zu treffen. Aber die Aufnahme, die Resultate aus jener Zeit und auch unsere momentanen gemeinsamen Geschäftsbeziehungen unterstreichen meinen erst neuerdings wieder erlebten Eindruck, dass er meist zu stark, zu sicher spielt,

und daher sogar irgendwie unglaubwürdig wirkt. Vielfach drängt er zu sehr und will alles nicht erst morgen, sondern möglichst gestern haben, dabei hinterlässt er immer wieder den Eindruck, die anderen Partner manipulierend ausspielen zu wollen.
Meine unsichere Reaktion im Gespräch erinnert mich daran, dass er damals in mir ein sehr zwiespältiges Gefühl weckte. Einerseits war ich froh, dass er diese Stärke und Zielstrebigkeit hatte, aber andererseits wäre ich oft glücklicher gewesen, nichts von ihm zu hören. Und die ganz großen Erfolge gelangen ihm, trotz seiner Intelligenz und seiner unwahrscheinlichen Beziehungen, bis heute noch nicht.
Noch einige Gespräche folgen, ehemalige Freunde und Bekannte, die ich lange nicht mehr gesehen oder gehört habe.
Außer Dr. Egant leben auch zwei weitere Gesprächsteilnehmer nicht mehr. Der eine, Dr. Amaron, erinnert in seiner Art an Dr. Egant und war ähnlich erfolgreich. Der andere ist der Finanzier Faster, clever, etwas undurchsichtig, und irgendwie war er mir und meinem damaligen Anwalt nie ganz geheuer. Aber vielleicht tue ich ihm Unrecht, denn ich kannte ihn zu wenig, um heute eine negative Meinung von ihm zu haben. Jedenfalls wurde aus unseren gemeinsamen Vorhaben nie etwas, weil ich nicht kritiklos auf alle seine Bedingungen einging.

Es ist ein eigentümliches Gefühl, Stimmen zu hören und sie tot zu wissen. Es mag kindisch erscheinen, aber bevor ich zum nächsten Gespräch schalte, drängt es mich, eine kurze Pause einzulegen und in Gedanken an die Verstorbenen ein Vaterunser zu beten.

Es ist gut, dass man jederzeit und an jedem Ort beten kann. Mein Empfinden für jemanden, der/die wahrscheinlich nichts mehr für sich tun kann, ein Gebet deponieren zu können, das er/sie heute vielleicht brauchen kann, geht dann über in eine gewisse Ruhe und in eine Art von Zuversicht. Und was gäbe es in dem Bezug Schöneres, als das Los der Verstorbenen durch ein aufrichtiges, einfaches Gebet, bzw. einen guten Gedanken, positiv berühren zu können?

Eigenartig, auf welche Gedanken ich manchmal komme, und ich setze in diesem Gedankenspiel genau genommen wohl auch voraus, dass alle bekannten Verstorbenen mein Gebet brauchen und dass niemand von ihnen auf dieser Erde fehlerlos war, so wie es bisher wohl auch keinem anderen Menschen (allenfalls Jesus / Propheten?) gelungen ist, fehlerfrei durchs Leben zu gehen. Aber meine Einstellung zu all dem ist wohl nicht sehr allgemein und für den Moment des Innehaltens denke ich: Es ist gut, dass niemand in meiner Umgebung sie kennt, sonst könnte man mich für verrückt halten, auch wenn man von mir allerhand Freimut gewöhnt ist.

Die Kassetten anzuhören würde Stunden dauern. Ich höre, so lange es die Zeit erlaubt, weiter hinein und muss immer wieder unterbrechen. Erst am Abend des nächsten Tages habe ich den Großteil von zwei Kassetten gehört. Jetzt könnte ich sie endlich wegwerfen, aber irgendwie liegen sie auf meinem Schreibtisch als wären sie kleine Totenkisten mit Vergangenem, Unwiederbringlichem. Übrigens diesmal mit kleinen Notizen, für den Fall, dass ich mich doch noch entschließe, sie weiter aufzubewahren. Typisch, erst wollte ich sie wegwerfen und jetzt mache ich sogar Notizen, worauf wer zu hören ist. Ich kann mich oft zu nichts entschließen, was dem Auslöschen meiner Vergangenheit nahe käme – aber andererseits, welche konkrete Erinnerung blieb mir sonst an jene Zeiten und Menschen von damals? Aber was bringt es mir, zurückzuschauen? Oder ist es sogar wichtig, ab und zu zurückzuschauen? Sollte man sogar ab und zu seinen »Weg bis hierher« betrachten? Beschönigt man denn nicht vieles im

Nachhinein? Weiß man später was wirklich war, oder möchte man unbewusst nur mehr das Gute im Gedächtnis behalten? Hilft es aber, auf das Gewesene zu schauen, oder schadet dies eher? Finde ich im Zurückschauen Anhaltspunkte für mein Leben und meine Zukunft? Kann ich von Beispielen lernen; von Menschen lernen, die ich nicht mehr fragen kann? Einige Stimmen sind ja für immer verstummt, aber ich möchte zumindest einige dieser Menschen letztlich nie vergessen, das weiß ich jetzt.

Tage vergehen. Jedes Mal, wenn mein Blick zu den Kassetten schweift, ist es, als lächelten sie mir beinahe aufdringlich entgegen. Sie erinnern mich an Äußerungen, an Bilder, und projizieren eine Sicht in meine Gedanken, die ich »alte Gegenwart« nennen könnte.
Ich ertappe mich dabei, wie ich bei aktuellen Arbeiten kurz darüber nachdenke, was ich wohl später dazu sagen würde? Es wird mich vielleicht täuschen, aber arbeite ich seit ein paar Tagen teilweise nicht bedächtiger als sonst?
Dann wieder denke ich, das ist alles nichts als alberne Sentimentalität, und wenn ich die Bänder noch jahrelang horte, dann lebt keine mehr von diesen Stimmen, meine vielleicht auch nicht mehr.

2. Fragen um nichts?

Je öfter und je mehr ich die Wirkung der Eindrücke von damals spüre, umso nachhaltiger drängt sich bei mir die Frage auf, weshalb mir diese alten Kassetten gerade jetzt in die Hände fielen? An dem Fach war ich in den letzten 15 Jahren natürlich öfters, und viele geschäftliche

Vorhaben von damals sind lange schon erloschen. Haben sich die damaligen Bestrebungen nicht vergleichsweise wenig gelohnt? Wenn nicht unmittelbar, dann vielleicht indirekt? Ist es nicht auch schon viel, wenn man aus einer Entwicklung nur am Rande »lernt«?

Wie sehr hatte ich mich damals in das eine und andere Geschäft hineingesteigert, bin sogar noch an Sonntagen mit den Leuten zusammengesessen, dabei meine Angehörigen vernachlässigt und stundenlang Pläne geschmiedet.
Schließlich brach vieles zusammen und am Ende eines sehr mühsamen Geschäftes damals, ging zeitgleich auch meine damalige Beziehung zu Bruch, denn auch von dieser Seite wurde offensichtlich wirtschaftlicher Erfolg erwartet, und man sagt wohl nicht ohne Grund, dass beim Geld alle Freundschaft aufhört; so wohl leider oft auch die Partnerschaft. Dass ich damals noch andere gute Geschäfte machen konnte, und sie dann ja auch machte, interessierte zu dem Zeitpunkt wohl nicht mehr, denn der Glaube an meine Fähigkeiten war vermutlich – zugleich mit alldem anderen Positiven zwischen uns – zu Bruch gegangen.

Übrigens denke ich mir gerade, dass man für alle die kümmerlichen Erscheinungen, für die das Wort »Freundschaft« oft herhalten muss und missbraucht wird, endlich eine oder mehrere Begriffsvarianten suchen sollte. In kaum einem anderen Zusammenhang von zwischenmenschlicher Situationsbeschreibung wird eine Bezeichnung, die doch einen edlen, gedanklichen Hintergrundwert darstellen sollte, oft derartig verschlissen. Durch das Wort Freundschaft wird prompt jede mäßige Verbindung zwischen Menschen auf einen positiven, fast intim einzustufenden Rang gehoben.
Meistens aber sind die tatsächlichen Konstellationen der mit dem

Wort Freundschaft beschriebenen herrschenden zwischenmenschlichen Umstände ganz andere, und die Bedeutung des Wortes wird mehr und mehr verbraucht bzw. es bleibt einem für eine wirkliche Freundschaft eigentlich keine treffende Bezeichnung mehr.

Wie gesagt, es ging damals vieles daneben und rückblickend darf ich mich wohl etwas wundern, dass ich heute wirtschaftlich überhaupt bin, wo ich bin. Es hätte alles viel, viel schlimmer kommen können und ich bin, je länger ich über Wünsche, Ziele, Resultate nachdenke, davon überzeugt, dass alles, was man sich wirklich und mit festem Glauben zum Ziel nimmt, im weitesten Sinne auch zutreffen wird. Dies gilt aber vermutlich ähnlich auch für negative Einstellungen, die man unbewusst auch als Zielgedanken »vor sich herschiebt«. So hatte ich mir meinen Erfolg grundsätzlich vorgenommen, darauf hingearbeitet – und ihn großenteils erreicht, wenn auch etwas anders als ursprünglich geplant.
Andererseits aber, und das sehe ich aus meinem Verhalten in erwähnten Gesprächen, unternahm ich damals bezüglich dieses Medienprojektes mit Besagten nicht wirklich alles, um zu seinem Gelingen beizutragen, denn ich überließ viel zu viel dem Geschick anderer, an dem ich aber in Wirklichkeit zweifelte. Das hätte nicht passieren dürfen. Das heißt im Grunde, ich wollte bei diesem Projekt nicht wirklich das Gelingen, oder glaubte zumindest nicht wirklich daran, sonst hätte ich anders, engagierter, effizienter, geradliniger gehandelt? Aber weshalb habe ich dann die riesige Arbeit, die Spesen, den Zeitaufwand usw. auf mich genommen?

Wie ich heute weiß, stimmte auch in meiner damaligen Beziehung seit längerem nicht mehr viel, und ein Band dokumentiert die hektische Folge einiger geschäftlicher Gespräche, worunter offensichtlich ein

privates geraten war, das ich dann wohl aus Zeitmangel nicht gelöscht hatte. Offensichtlich erwartete ich einen Anruf eines Geschäftspartners, aber als ich den Hörer abnahm und das Band lief, rief gerade meine Freundin an.
Jetzt beim Hinhören erschrak ich fast, denn ich habe ihre Stimme ewig lange nicht mehr gehört. Mir ist für einen Moment so, als wäre ihr Anruf in dem Augenblick Wirklichkeit, und mir kommen sofort ehemalige Umstände vor Augen, so als wären sie gegenwärtig. Ich habe ihre Haarfarbe, ihre Augen, ihren Blick, ihre Art beinahe schon vergessen, aber plötzlich ist alles wieder da. Hätte ich sie jetzt umfassend beschreiben müssen, ich bin sicher, es hätte jede Einzelheit übereingestimmt mit ihrer damaligen Erscheinung.
Oftmals in den vergangenen Jahren dachte ich: Wie wird es sein, wenn wir uns wieder einmal hören oder uns begegnen? Wird es mir wehtun? Wider Erwarten fühle ich jetzt, da ich ihre Stimme höre, für sie nichts mehr. Ich erlebe sogar ein schwer definierbares, positives Gefühl, weil ich weiß, sie ist weit weg, ähnlich einem wohltuenden sicheren Abstand. Ich weiß, ich möchte (und brauche) nie mehr etwas mit ihr zu tun zu haben, und ich fühle, sie könnte mir nie mehr wehtun, weil sie mir nun gleichgültig ist. Ich denke bei mir: Was für ein Unterschied zwischen heute und damals! Zu der Zeit, als wir auseinandergingen, hatte ich grausam gelitten und ich hätte alles dafür gegeben, wenn sie dafür bei mir geblieben wäre. Heute bin ich dankbar dafür, dass alles Private so gekommen ist, wie es ist.
Der eigentümliche teilnahmslose Tonfall in ihrer Stimme fällt mir jetzt sofort auf, aber damals war das sicherlich nicht der Fall, sonst hätte ich wahrscheinlich rechtzeitig versucht, mit ihr über unsere Beziehung zu reden. Vielleicht hätte ich sogar versucht, mich nach ihren Ansprüchen zu verändern, denn ich weiß, ich liebte sie wirklich sehr und hätte alles für sie getan.

Offensichtlich, und dies stimmt mich etwas traurig, ist zu dem Zeitpunkt bei uns beiden keine natürliche Freude mehr zu spüren, dass wir einander hören. Eher klingt auf beiden Seiten Selbstmitleid heraus. Wir klagen beide über viel Arbeit und es folgt ein kurzer Bericht über Alltägliches, aber nach uns beiden direkt wird nicht gefragt. Es ist fast wie ein Präsentieren einer gegenseitigen Beschreibung von Schwierigkeiten, ohne dem Gegenüber wirkliches Zuhören, Mitdenken und Helfen anzubieten. Ihre knappe Frage „wie geht's(?)" hinterlässt sofort die Bestätigung, dass sie gar nicht wissen möchte, wie es mir geht, denn sie wartet die Antwort ja gar nicht ab, sondern redet sofort weiter über ihre Themen. Es liegt keine »Farbe« in ihren Worten, aber auch was ich antworte oder zu ihr sage klingt flach, unzufrieden, ohne Motivation, aber zugleich fast besitzergreifend. Mein Eindruck ist als drückte unser beider Verhalten fast Rivalität nach der Gunst des anderen aus, so als sagte jeder: „Meine Interessen sind wichtiger als deine, und ich bin in unserer Beziehung weitaus wichtiger als du, darum kümmere dich gefälligst um mich und meine Themen, bevor du über deine Probleme redest."

Offensichtlich haben wir beide damals den Verfall unserer Freundschaft unbewusst provoziert und auch in Kauf genommen. Aber wieso, wo wir doch für immer beieinanderbleiben wollten? Was aber hatten wir uns insgeheim vorgenommen oder nur falsch gemacht? Oder welches »Räderwerk« hatten wir beide übersehen, das dann unser eigentlich sehr glückliches Miteinander buchstäblich zermahlte? Wann haben wir den gemeinsamen Weg verloren oder verlassen? Ich weiß es nicht, ich weiß nur, dass zur Zeit des aufgenommenen Gesprächs, welches etwa vier Jahre vor unserer Trennung stattfand, eigentlich schon Schluss zwischen uns war. Wir benahmen uns entsprechend, aber wir sprachen das Ende nicht aus.

Heute bin ich der Überzeugung, ich tue gut daran, wenn ich bezüglich einer Partnerschaft – gleich ob Freundin, Freund, Geschäftspartner – alle wichtigen Gedanken, welche diese Partnerschaft betreffen, sehr gut überlege und sie dann aber offen ausspreche. Gut überlegte, ordentlich gereifte Gedanken mit genauem Hinsehen ob sie auch für den/die Partner/in akzeptabel sein können, helfen schließlich beiden Seiten, und wenn nicht, tragen sie vermutlich zur schnelleren »geregelten« Entwicklung bei. Sollten Partnerschaften gereifte, gut überlegte Gedanken und Aussprachen nicht überstehen, dann werden sie früher oder später auch ohne ein rechtzeitiges offenes Verhalten zu Bruch gehen.

Auch wenn ein Gedanke vorerst fremd und riskant erscheint, so motiviert er (vorsichtig und korrekt angebracht) wenigstens zu einer neuen Betrachtung des Ganzen, und dies wird kaum einmal schaden. Wenn man weiß, dass die eigenen Absichten, dem Ziel, das man wirklich fühlt, entsprechen und eben auch für den/die Partner/in gut gehen könnten und ihn nicht unnötig verletzen werden, dann sollte man offenbaren, was man will. Wenn ich ohne Emotionen und objektiv vortrage, was ich denke, wird jede/r Partner/in mich verstehen; vermutlich wird der – oder diejenige sogar hören wollen, was ich wirklich will, weil eben auch niemand glauben wird, dass sich ein Partner niemals Gedanken über Zustände macht. Aber man muss für Anschauungen und Änderungen offen sein und auch bereit sein, einen möglichen Wandel der eigenen Vorstellungen zu diskutieren.

Man sollte nicht mit der Absicht in ein Gespräch gehen, andere zu beeinflussen und keine andere Ansicht zuzulassen, denn sobald man die eigene Meinung fixiert und dem Gegenüber bedeutet, dass man keinesfalls mehr eine Änderung zulässt, provoziert man nahezu den Eindruck, dass bereits die kleinste Frage, der kleinste Einwand des Gegenübers ein Unrechtsbegehen zum Inhalt hat, und dies kann niemals zu einer

konstruktiven Entwicklung führen; auch für sich selber nicht, weil man schließlich Gefahr läuft, sogar die eigene Zukunft einseitig und blindlings zu beeinflussen.
Kann ich erwarten, dass meine tagelang gereiften Gedanken vom Gegenüber sofort verstanden und dann auch noch sofort akzeptiert werden? Möchte ich im Grunde vielleicht auch gar keine sofortige Zustimmung? Möchte ich nicht mein Ziel darstellen und erreichen, aber fühle zugleich auch, dass ich auf dem Weg dahin auch Impulse der Menschen brauche, die ich schätze, durch deren Meinung und Ansichten ich Fehler vermeiden kann, weil ich sie vermeiden will, auch wenn ich mit meiner Ansicht eigentlich Recht zu haben glaube? Deshalb spricht wohl nichts dagegen, wenn man seine Meinung durch die Ansicht des Gegenübers auslegen lässt und notfalls – wenn Unrecht sich abzeichnet – man alles neu überlegt. Zudem wird mein/e Gesprächspartner/in mir künftig mehr Vertrauen schenken und immer eher für Diskussionen bereit sein, wenn er/sie sieht, dass er/sie mit mir sowieso diskutieren kann, oder sogar alles konstruktiv-zielend erörtern soll, ohne gleich als der/die Böse zu gelten, sobald er/sie einen meiner Gedanken beleuchten oder verbessern möchte.
Aber was rede ich heute klug?! Ab welchem Zeitpunkt des Lebens versteht man endlich, und ab welchem schaut man überhaupt mehr als sonst voraus? Bis man sich selber einigermaßen verstehen kann, müssen wohl viele Jahre vergehen, denn richtig verstehen kann man offenbar nur durch das persönliche Entdecken, durch das Erfassen und durch das Erleben von ganz persönlichen Geheimnissen. Man ändert offensichtlich oftmals auch mit Recht seine Ansichten grundlegend. Vieles Undenkbare entpuppt sich schließlich als das einzig Richtige, und es passieren einem wahrscheinlich immer noch Überraschungen und vermeidbare Fehler, wenn das Leben fast schon zu Ende ist. Ich vermute, es wird, wenn man »leben« will, ein ständiges Auf und Ab sein – bis zum letzten Augenblick. Aber was wäre, würde

man beim Eintreten in diese Welt zugleich alles Wissen und alle Problemlösungen mitbekommen? Welchen Sinn hätten dann das Leben und seine Probleme? Wofür sollte ich mein Leben meistern, wenn ich es im Grunde gar nicht mehr bewältigen müsste, weil kein Problem existierte, weil gar keine Fehler mehr passierten, es keine Fragen gäbe, außer ich machte alles absichtlich zum Problem? Aber auch dies wäre, außer im Spiel, ernsthaft nicht möglich, weil ja alle anderen Menschen auch dieselben unbeschwerten Voraussetzungen hätten. Dies könnte also auch nicht das Wünschenswerte sein.
Es liegen bekanntlich unzählige Hintergründe »im Kampf oder in den Herausforderungen unseres Lebens« und somit im täglichen Tun, und es werden vermutlich, trotz der allgemein rasanten Entwicklungen, die Wissenschaftler nach Jahrtausenden immer noch auf der Suche sein nach perfekteren Erklärungen über Milliarden von Zusammenhängen und Ursachen. Man wird höchstwahrscheinlich letzten Endes vergleichsweise wenige neue Erklärungen gefunden haben, oder sie werden vielleicht dem, was die Menschen ohnehin empfinden, sehr ähneln, und ich vermute mal, dass die Vorsehung auch der gigantischsten Wissenschaft immer einen Schritt voraus sein wird. Oft geht es im Leben wohl vor allem um einfache, eigene, subjektive Erkenntnisse, die man vor allem durch das Beobachten und Respektieren des Umfeldes und des eigenen Ich gewinnen kann, die man in keiner Schulbank lernt, aber woraus man profitieren kann, denn das Allgemeine kann nun einmal vom Subjektiven weder in allen Details noch vollständig-, sondern höchstens global-einschätzend, oder wie wir es nennen wollen, betrachtet- und genutzt werden.

3. Betrachten und suchen

Ich denke gerade an eine Begleiterscheinung, die ich im damaligen Medienprojekt, aber auch später noch viele Male erlebte, nach deren Geschehen ich unangenehme Gefühle hatte, so lange, bis ich die Mechanismen grundsätzlich zu deuten wusste.

Ich hielt es immer für unerlässlich, in Projekten ein möglichst genaues Ziel zu haben und strikt danach zu handeln, aber in meiner damaligen Unerfahrenheit brachten mich die Praxis und die diversen Menschen zu dem »Einsehen«, dass es anscheinend nötig wäre, flexibel zu bleiben und vom eingeschlagenen Weg auch einmal grundsätzlich abzuweichen.
Leider gibt es bei der Anwendung der Flexibilität wiederum elementare Unterschiede, aber die erkannte ich leider meist nicht früh genug. Erst später erkannte ich, wo die Grenze zwischen Vernunft, Entgegenkommen, Kooperationsbereitschaft usw. gewesen wäre, und leider oft viel zu spät sah ich, dass ich wieder benutzt wurde, weil ich mich benutzen ließ, und dies auf diverseste, unverständlichste Arten.

Ich möchte hier auf ein Beispiel eingehen, um zu verdeutlichen, wie paradox und für niemanden nutzbringend manche Ereignisse sein können: Ein Projektpartner tauchte plötzlich bei mir auf, überrumpelte mich mit seinem Ansinnen über eine Abwandlung des laufenden Projektes. Er war scheinbar voller Energie und präsentierte seine Idee sozusagen als »unumstößlich und genial«, obwohl diese für mich nicht logisch -nachvollziehbar war.
Ich wurde durch diese Überrumpelung in eine Art von Zwangssituation gebracht, denn dieser Partner wollte von mir prompt etwas, das ich offensichtlich nicht so wie er abwog und nicht schnell erfül-

len wollte oder konnte. Die offenbar nur ihm selbst nützende Idee kostete mich im wahrsten Sinne »viel Energie«. Bereits durch das Wahrnehmen des anmaßenden Ansinnens wurde ich genervt, bzw. »geschwächt«, gab aber nicht nach.
Da der Respekt vor Partnern mir Unhöflichkeiten verbietet, nahm ich also die Qual auf mich und versuchte mit Ruhe eine gemeinsame Analyse des Ganzen. Nach ausgewogener, genauerer Beleuchtung des Themas und obwohl es anfänglich ja so schien, als ob mein Projektpartner vor lauter Energie sein gesamtes Umfeld einreißen und neu gestalten möchte und könnte, ließ er das Ganze unverhofft schnell fallen und er fiel, bildlich betrachtet, samt seinem Vorhaben geradezu ins Bodenlose; verlor offensichtlich auf einmal alle vorher so im Überfluss vorhandene Tatkraft, so dass ich fast ein schlechtes Gewissen bekam und nun fast versucht war, ihm irgendwie doch zu helfen, um ihn wieder aufzubauen, um ihm »neue Energie zu geben«.

Und jetzt bin ich beim Thema » Energie geben / nehmen / rauben«: Im weitesten Sinne scheint in solchen Zusammenhängen einer der ausschlaggebenden Punkte u.a. das »mögliche Krafttanken« zu sein, um das es bei »Energie-Räubern« wohl vielfach geht.
Im Grunde und im Nachhinein betrachtet stimmte im Vorgezeichneten das »kraftvolle« Gehabe dieses Partners meist nur im Ansatz, denn er war höchstwahrscheinlich nicht voller Energie, oder zumindest nur so lange, bis seine Argumente nicht mehr zu treffen schienen, bzw. bis er auf »Ernüchterung« oder entsprechende »Gegenwehr« stieß. Aber wo war nun seine so überzeugend demonstrierte Energie geblieben? Hatte ich sie durch Fragen, Gegenargumente usw. boykottiert, gestört, zerstört, oder hatte er nur nicht genug Energie um mich zu überzeugen? Vielleicht hatte er aber überhaupt keine echte Energie? Oder tat ich ihm gänzlich unrecht? Wahrscheinlich hatte er die Energie nicht wirklich, denn vermutlich war

er vor allem unbewusst darauf aus, sich erst einmal durch seine »Aktion« Energie von mir zu holen bzw. sich (gefühlsmäßig) eine neue Energie aufzubauen?

Sie fragen: Wie soll das gehen und worin läge der Sinn? Ein extremes Beispiel, wie es sein könnte: Der »Energiegeladene« überrumpelt, spielt stark und »besserwissend« und wartet darauf, dass das Gegenüber ihm kleinlaut widerspricht. Jetzt wird er ihn durch seine schlagenden Argumente und die schwachen und zunehmend schwächeren Gegenreden nach und nach ganz »entmachten«. Durch die »Ohnmacht« des Gegenübers nimmt er sich aber genau genommen dessen Stärke, da sie der »Ohnmächtige« in dem Moment ja tatsächlich, aber unbewusst an den »Mächtigen« abgibt bzw. sie an ihn verliert. Wenn es auch beiden nicht bewusst ist, so nimmt doch der »Energiegeladene« dem anderen, wenn dieser es sich unbewusst gefallen lässt und als Persönlichkeit nicht stark genug ist, um zu entgegnen, oder eben nicht entsprechend fachlich reagieren kann, die Energie.

Nur, dieses Vorgehen wäre – vorausgesetzt es ist dem »Energienehmer« überhaupt bewusst was er da tut–, hinsichtlich eines gemeinsamen Vorwärtskommens total widersinnig, denn einem vernünftigen Partner müsste doch ein »energiegeladenes Gegenüber«, das ihm durch ein gutes, ausgewogenes Zusammenspiel von Ideen, Möglichkeiten usw. nutzt (bzw. ihm wiederum durch die gute Kooperation "freiwillig" und unauffällig Energie geben kann), eigentlich wichtiger sein, als ihm durch seine aufdringliche Art die Energie zu rauben, ihn als »Energiespender« zu benutzen? Er könnte sogar – im Falle, dass er sich des Phänomens bewusst wäre – durch gezieltes, behutsames Beanspruchen der Qualitäten des Partners seinen Bedarf an Energie aufladen, und könnte seinerseits wiederum durch aufrichtiges, ausgewogenes Kooperieren dem Partner Energie zufließen lassen, sobald dieser solche von ihm bräuchte. So wäre beiden Partnern gedient, aber vor allem wohl auch der Sache, um die es geht.

Dies alles mag dem einen oder anderen fast etwas komisch und irrelevant scheinen, aber überlegen wir einmal wie oft uns Ähnliches im Privaten wie im Geschäftlichen schon begegnet ist. Aus Fällen, an die ich mich erinnere, weiß ich, dass solche Erscheinungen im Rahmen von Projekten (oder auch in privaten Verhältnissen) alles Mögliche anrichteten.
Was können unsichere, »nicht gefestigte« Charaktere (wohl völlig unbewusst) überhaupt alles anrichten? Geht dieses Phänomen nicht dahin: Der eine sucht im Grunde Kraft beim anderen, spielt aber den Starken?

Wie wichtig gute, charakterstarke Partner im Leben sind, weiß jeder aus eigener Erfahrung, und dass das Zeichen der bejahenden Energie eine große Rolle spielt und dass eine uns entgegenkommende Energie vieles so oder so bewegen und beeinflussen kann, möchte ich in folgenden Beispielen beschreiben:
Beobachten wir doch einmal in Gedanken zwei Gesprächs- oder Verhandlungssituationen wie sie ganz bestimmt ein jeder von uns schon ähnlich erlebt hat, die sich sowohl im Geschäftlichen wie auch im Privaten ähnlich ereignen können.
Beim ersten Beispiel hören wir in das Gespräch hinein: Eine Person führt das Wort, scheint ein gutes Vorhaben zu vertreten, perfekt vorbereitet und voller Energie zu sein, aber keinen Einwand zuzulassen. Unsere normale Energie ist anfangs auch noch vorhanden, verliert sich aber zusehends durch den negativen Eindruck, dass beim Wortführer eine totale Blockade gegenüber unserer Meinung herrscht, und er – ohne gleich böse zu werden – keinen Einwand, und eigentlich nicht einmal eine Frage zulassen wird.
Rückblickend war das Ergebnis dieses Treffens wahrscheinlich null, und man erinnert sich wahrscheinlich sehr gut daran, dass man sich

persönlich wie gerädert und energielos fühlte, als man schließlich mit gemischten Gefühlen (oder gar mit Abneigung dem anderen gegenüber) auseinanderging.

Beim zweiten Beispiel hören wir wieder in das Gespräch hinein: Eine Person führt das Wort, scheint eine gute Idee, ein gutes Vorhaben zu vertreten, gut vorbereitet zu sein, die nötige Energie zu besitzen, um das Vorhaben realisieren zu können. Diese Person signalisiert bereits von Anfang an die Bereitschaft für Änderungen oder äußert gar den Wunsch unsere geschätzte Meinung in das Vorhaben einbinden zu wollen. Unsere anfangs noch normale Energie verstärkt sich nach und nach. Alle Beteiligten wirken plötzlich sehr munter und unternehmungslustig, scheinen beinahe so unbekümmert kreativ wie die Kinder im Sandkasten; die persönlichen Energien jedes Gesprächsteilnehmers rufen rundum bei den meisten anderen Teilnehmern neue gute Ideen hervor. Energien »fließen« in alle Richtungen, man wirft sich gegenseitig förmlich die »Bälle« zu und es entsteht der Eindruck, dass man miteinander etwas Grandioses angepackt hat.
Das spätere Ergebnis dieses Treffens ist wahrscheinlich absolut beachtlich, und man denkt gerne daran zurück, und vor allem erinnert man sich auch daran, wie positiv alles verlief und wie »energiegeladen« und zufrieden man auseinanderging.
Das Positive wird dann wohl einer Person zugeschrieben, »die so perfekt präsentieren konnte, die so nett war, die so kompetent war«. Vielleicht trifft dies im Grunde auch alles zu, aber vermutlich war die Person auch nur etwas intelligenter, oder auch nur gefühlvoller, als die meisten anderen, die Gegenteiliges bewirkten, und wusste, wie die Energien anderer positiv genutzt und eingesetzt werden können.

Klar ist (egal worum oder um welche privaten oder geschäftlichen Situationen es sich handelt), dass viele Menschen dazu neigen, den anderen

Menschen gegenüber erst einmal eine »manipulierende« Grundhaltung einzunehmen. Diese Art von Mensch scheint von Anfang an darauf vorbereitet zu sein, alle Register zu ziehen, um in jeder Situation die Oberhand zu behalten und möglichst als Sieger und Triumphator daraus hervorzugehen. Dabei geht es oftmals offensichtlich weniger darum, das Gegenüber materiell auszuspielen oder auf Kosten anderer ein Ziel zu erreichen, sondern (so unsinnig es scheinen mag) es geht auch, manchmal sogar primär darum, von dem/den anderen durch dessen/deren – scheinbare oder offensichtliche – nach und nach erfolgende »Ohnmacht« einen möglichst großen Schub an Energie zu bekommen, entweder beispielsweise durch absichtliches Abtun jeglicher seiner/ihrer Einwände oder sogar durch beleidigendes Zunichtemachen von Gegenmeinungen. Das »Recht-Haben«, oder »Gesiegt-zu-Haben« scheint oftmals den bestimmten Menschen schon zu genügen. Es geht oft weniger um Fundamentales, um die Sache an sich, als um die »persönliche Stärke und den Aufbau dieser«.

Dieses Verhalten scheint nicht sehr rational zu sein und ist es wohl auch nicht, sondern ist auch für den vermeintlichen Nutznießer geradezu gefährlich.

Es scheint zwar verständlich, ein Gespräch führen zu wollen mit der Absicht, sein Ziel unbedingt zu erreichen bzw. das Vorhaben mit dem Gegenüber realisieren zu können, aber es scheint wohl total widersinnig, mit jemandem in eine Verhandlung zu treten mit der primären Absicht, vor allem durch das Sabotieren des anderen unerkannte vermeintliche »Vorteile« zu bekommen – jedenfalls primär ganz andere als das Vorhaben an sich hergeben könnte. Aus dem Vorhaben an sich wird vermutlich in solchen Fällen nie etwas, denn dadurch, dass der Gesprächspartner (unbewusst) entmutigt und entmachtet wird, entsteht doch wohl in den meisten Fällen auch der Schaden am Vorhaben und somit im weitesten Sinne auch am Schädigenden selber. Und der wird wahrscheinlich aufgrund seiner falschen Einstellung nicht nur das momentane Vorhaben, sondern auch noch künftige gute Chancen zerstören. Den Schaden haben alle Mitwirkenden.

Die entscheidende Frage ist, ob der/diejenige, welche/r offensichtlich auf dieses »Energiespiel« aus ist, davon in Wirklichkeit tatsächlich nichts weiß? Fühlt er/sie lediglich, dass er/sie etwas Immaterielles von der anderen Seite braucht, und weiß nicht, was es ist und was er/sie mit dem Verhalten anrichtet? Sieht die Person lediglich rückblickend, dass ihr selten etwas wirklich gelingt, und gibt die Schuld daran den falschen Partnern und den Umständen?
Von meiner Warte aus kann ich annehmen, dass die meisten Menschen, mit denen ich diese Erfahrungen machte, die möglichen Zusammenhänge nicht durchschauten, ansonsten hätten sie wohl kaum so destruktiv gehandelt, wie sie es manchmal taten. Es ist erstaunlich, wie oft Projektpartner vergebliche Vorbereitungsarbeit leisteten, sich offensichtlich anstrengten, sich selbst auch noch in große Unkosten stürzten und dann genau die besagten Fehler machten. Einer, der erkennt was er hierbei »bewegt«, würde seine Praktik vermutlich schnellstens bleiben lassen. Er würde sich wohl eher mit aller Energie für ein Modell des Miteinanders einsetzen, um dadurch den Fluss der Energien zu fördern und um damit, neben anderen Partnern, vom einstimmigen Realisieren eines Vorhabens zu profitieren.

Ähnliche Beispiele gibt es ebenso im familiären Bereich. Wie oft wundert man sich, dass in manchen Familien, bei manchen Partnern offensichtlich, konstant »eitel Sonnenschein« herrscht. Manche Paare verstehen sich offenbar ein Leben lang gut, obwohl nicht »der Mann/ die Frau die Hosen anhat« und Mann wie Frau sich gegenseitig als gleichwertige Partner behandeln.

Kann es sein, dass in solchen Partnerschaften einfach mehr auf das Wohlergehen des Gegenübers geachtet wird, der dies seinerseits spürt und gerne wieder zurückgibt?
Kann es sein, dass in solchen Partnerschaften mehr darauf geachtet wird, zu geben, anstatt zu nehmen? Kommt vielleicht deswegen viel mehr zurück, als vorher gegeben wurde?
Sehen wir in den Beispielen, wo gute Harmonie zwischen den Partnern herrscht, die »Vorherrschaft« eines Partners? Nein? Könnte die »Übermacht« eines der beiden, überhaupt jemals eine gemeinsame Harmonie ergeben? Sehen wir andererseits bei gut harmonierenden Paaren die absolute Aufopferung eines der Partner? Mir ist kein Beispiel bekannt, und das oft betrachtete Gegenteil beweist, dass Aufopferungen auf Dauer ebenso auch zerstörend sind. Kann ein Mensch nicht erst dann besonnen geben, wenn er imstande ist, korrekt zu nehmen? Sollte man selber gewissenhaft nehmen, damit man ebenso bedachtsam geben kann?

4. Einsehen

Wir vermuten, dass vieles in unserem Leben durch unseren Geist »bestimmt / verursacht« wird. Umso bedeutender erscheint dann wohl unsere positive geistige Einstellung zu allem, was wir sind, tun und vorhaben.
Wir haben in unserem Leben wohl nicht nur die Verpflichtungen, die uns die Moral und die Religionen vorschreiben, sondern vor allem auch den Auftrag, die anderen Individuen als »Geist-Wesen« zu erkennen, zu respektieren und als solche zu fördern. Auch wenn wir nach unserem Erdenleben nichts Weltbewegendes weitergeben können, so haben wir

doch wohl zumindest die Aufgabe, die Erhaltung und Entwicklung der Gesamtheit um uns herum, angefangen vom kleinsten wahrnehmbaren Organismus bis hin zum Menschen und darüber hinaus, zu unterstützen. Um die Evolution zu unterstützen, braucht es wohl nicht allein Geld und Macht, sondern vor allem auch den aufrichtigen Willen, das Positive um uns herum mit zustimmenden Gedanken und Taten zu begünstigen. Schauen wir zurück in die Geschichte und vergleichen wir erst einmal, woraus bisher Konstanteres und Positiveres geworden ist – aus Geisteswerken oder aus Geldmacht?

Bleiben wir bei der Zeit Jesu stehen und betrachten wir seine Möglichkeiten als Sohn des Zimmermanns. Nicht mit Materiellem, sondern mit der positiv genutzten Energie seines Lebens hat er die Zuversicht der Menschen bis zum heutigen Tag her unbeschreiblich bereichert, sie gestärkt und Unermessliches vollbracht.

Bleiben wir bei der Zeit der Glaubenskriege stehen. Betrachten wir (u.a. angelehnt an das vorhergehende Thema), mit welcher Energie der Mächtigen die Energie des einzelnen Lebens wahrhaftig »aufgesaugt« wurde, um die Macht der Mächtigen noch zu verstärken und sie mit allen Mitteln zu behaupten. Betrachten wir, wie dieses Trauma die Entwicklung der Menschheit nachhaltig geschwächt hat, wie es auch Menschen und Glaubensrichtungen verfeindet- und in ihrem individuellen Aufstieg temporär zurückgeworfen hat.

Bleiben wir bei der Zeit Hitlers und seiner (auch wenn es keiner mehr gewesen sein möchte) zum Teil genauso schuldhaften Anhänger stehen und betrachten wir ihre großen Möglichkeiten am Beginn der Machtübernahmen.

Mit der offenbaren negativen Absicht »morgen die ganze Welt« zu beherrschen (nicht sie und die Menschen zu fördern) ließ sich offensichtlich sogar ein großer Teil der sonst sehr zivilisierten Menschen schließlich für ein beispielloses Chaos benutzen und mit in den Irrgang treiben. Das System hat sich in Wirklichkeit selber zerstört.

Hätte man all die Mächte und Energien positiv eingesetzt, den Geist der Menschen und diese an sich gefördert statt gestört, wie viel Elend, Stagnation, Missverstehen wäre vielen Menschen und Völkern erspart geblieben?
Erkennbar ist aber auch, dass jedes noch so schlimme Ereignis die »Zurückentwicklung« zur Menschenliebe ersehnt hat und so den Geist vor allem der Mehrheit und der »kleinen« Menschen, mutig und entschlossen gegen das Unrecht aufbäumen und aufleben ließ.

Der menschliche Geist hat nachweislich immer wieder Wege finden lassen, um dem Evolutionsdrang, den der Großteil der Menschen wohl in sich spürt, gerecht zu werden und die positive Entwicklung mehr als die negative voranzutreiben.
Die meisten Menschen spüren in sich wohl, dass sie zu einem höheren Selbst gelangen wollen, dass Gewesenes zwar als Trittbrett für eine nächsthöhere Stufe zu akzeptieren ist, aber dass all dem Negativen (egal ob eigenem oder fremdem), welches unvermeidlich auch in bestimmten Formen aus dem Gewesenen herüberwächst, künftig der Weg zu versperren ist.
Betrachtet man den Unterschied der Interessen der Menschen vor 30 bis 40 Jahren und heute, so wird man zwar auch negative Entwicklungen und, vor allem aufgrund der neuen Perspektiven, einen teils großen Auslebens- und Übermutstrieb feststellen können, aber man wird bei genauer Betrachtung vor allem den absoluten Willen, nach vorne- und neue Wege zu gehen, und vor allem auch gemeinsam nach vorne zu gehen, erkennen können.

Das gemeinsame Wollen ist nach der Kriegszeit zwar leider wieder vielfach abhandengekommen aber man wird bei genauerer Betrachtung erkennen können, dass großenteils immer zugleich mit allen positiven Bewegungen auch die positiven Fortschritte im Entwicklungsverlauf des Geistes und somit des gesamten Menschen und seiner Nähe erfolgten. Im umgekehrten Falle kann man wiederum leicht erkennen, was das Desinteresse an Menschen, Schicksalen, Umweltsünden usw. bisher hervorrief. Aus dem »verlotterten Miteinander« ist zum Teil die berühmte »Individualität« geworden, die in vielen Fällen wohl eher einer Abkapselung vom Ganzen gleichkommt. **Wenn jeder sich selber der Nächste ist, wird sich die Frage nach dem Sinn des Miteinanders doch wohl erübrigen? Wie kann ich als einzelner Mensch verlangen, dass sich jemand um mich Gedanken macht, wenn ich meine Beziehungen zu anderen oder deren Bedürfnisse völlig und absichtlich vernachlässige?**

War bei uns Menschen früher, beispielsweise nach dem Krieg, mehr positive Einstellung und daher mehr Energie da als heute? Klar ist: Damals musste alles Zerstörte und Getroffene wiedererbaut und in Ordnung gebracht werden und es musste vor allem »positiv-denkend« weitergehen.

Natürlich sind dabei auch Fehler passiert. Manches hat der Mensch damals nicht erkannt. So wusste man vergleichsweise sehr wenig über die Auswirkungen mancher Errungenschaften und Annehmlichkeiten auf die Umwelt usw.

Man sieht, dass Obliegenheiten, die damals anscheinend die zutreffenden waren, sich heute relativieren, dass damalige Aspekte (die natürlich nicht auf der Wissensbasis von heute stehen konnten) durch fundierte Erkenntnisse und Beweise revidiert werden mussten. Menschen nahmen sich im Laufe der Jahre das Recht, so zu leben wie sie sind und wie sie fühlen, wie es ihnen Gott, oder wie immer wir diese höhere Kraft nennen wollen, ermöglichte (oder bestimmte?).

Dennoch, und obwohl durch die Entwicklungen eines Besseren belehrt, stellen sich Menschen aus irgendeiner Motivation heraus immer wieder gegen positive, menschendienende Entfaltungen. Aber welcher gesunde Menschengeist wird gegen positive Fortschritte sein und vielleicht sogar für sich das Recht in Anspruch nehmen, den »Anweisungen« einer höheren Macht (oder auch nur dem Selbstverständlichen) entgegentreten zu dürfen? Oder haben rückständige Menschen im Grunde Recht? Ging unsere Entwicklung zu schnell? Wird damit vieles (oder alles?) in falsche Bahnen gelenkt? Oder sind die Zweifler die Menschen, deren Geist unbewusst auf einer Entwicklungsstufe steht, die den Blick auf eine höhere Stufe nicht zulässt, oder eben eine solche höhere Stufe nicht einmal erkennen lässt? Somit könnten wir auch nicht verlangen, dass sie die richtige Ahnung in sich tragen, wohin ihr persönlicher Weg, in Verbindung mit dem Ganzen um sie herum, führen sollte. Natürlich ist es für uns Menschen eine der schwierigsten Aufgaben, sich selbst richtig einzuschätzen und zu erkennen, aber vielleicht wird dies auch von den meisten Menschen nicht oder zu wenig intensiv versucht.
Angesichts der nicht einmal durchdachten, geschweige denn ergründeten eigenen Bestimmung und der Umstände um sie herum, werden rückständige Menschen wohl gewissermaßen vom eigenen Ich in einem scheinbar freien, aber tatsächlich unterjochten Zustand gehalten und können infolgedessen (wohl da momentan kein entsprechendes Wollen oder eben auch kein besseres Wissen) auch keine Möglichkeit zur Verbesserung der Umstände finden, inmitten derer sie sich andererseits aber bewegen müssen.
Es ist gewiss nicht überaus folgenschwer, wenn der »normale« Bürger

eine der gesamten Entwicklung abträgliche Meinung hat; dies ist zwar bedauerlich, aber weniger schädigend als wenn Menschen die in der Öffentlichkeit stehen und entsprechend Gehör finden, ihre »eigentliche Bestimmung als Menschendienender« verkennen oder zumindest so tun als ob, nur weil dies momentan vielleicht angenehmer oder publikumswirksamer ist.
Dieses nicht Nichterkennen sehen wir mit gemischten Gefühlen wohl auch in vielen Beispielen; sogar bei Menschen, die vom Dienst an den Menschen her umsichtiger reagieren müssten, wie zum Beispiel Amtsträger in der katholischen Kirche.
Darf ich mal ein wenig ausholen und vorweg die Bitte anbringen mir nicht böse zu sein ob meiner Betrachtungen, denn es läge mir fern zu beleidigen oder gar Gläubige zu irritieren:
Fragen wir nicht den »normalen« Menschen von der Straße, ob vor Gott alle Menschen gleich sind, sondern stellen wir diese Frage einem Vertreter der katholischen Kirche, zum Beispiel einem allbekannten Bischof in Österreich, dessen Namen ich hier nicht nennen möchte bzw. nicht nennen brauche, weil bald klar sein wird, wen ich meine. Er wird die Frage mit einem deutlichen »Ja« beantworten.
Fragen wir ihn dann auch noch, ob er der Überzeugung ist, Gott habe diese Welt und die Menschen erschaffen. Er wird selbstverständlich mit »Ja« antworten.
Fragen wir ihn, ob Gott, wie es heißt, die Menschen nach seinem Ebenbild erschaffen hat. Er wird dies bejahen.
Fragen wir ihn, ob er der Meinung ist, dass alle vom Schicksal gezeichneten Menschen, wie beispielsweise von Geburt an Behinderte, ihr Schicksal zu tragen haben, so wie Gott es gewollt hat. Wieder wird er mit einem »Ja« antworten.
Fragen wir ihn weiter, ob ein von Geburt an, behinderter Mensch vor Gott gleich viel wert ist wie ein gesunder, und wieder werden wir sein »Ja« hören.

Fragen wir ihn weiter, wie es dann sein kann, dass, wo doch, wie wir glauben, Gott die Menschen nach seinem Ebenbild erschuf und ihnen ihr Schicksal auf den Weg gab, die katholische Kirche offenbar manche »Typen« von Menschen, wie beispielsweise Lesben und Homosexuelle, die genauso wie der von Geburt an Behinderte, an ihrer Lebensbestimmung nichts ändern können, verurteilen kann?
Durch Zufall kann ich Ihnen seine Ansicht bekannt geben, da er seine Einstellung (Anm.: um die Jahrtausendwende) in einem Fernsehkanal offenbarte. Er bezeichnet diese Wesen und Lebensarten als dem christlichen Glauben und der Kirche nicht würdig - was man aus bestimmten Blickwinkeln heraus betrachtend noch verstehen könnte -, aber er stellt den Lebenswandel dieser Menschen als einen von Gott nicht gewollten hin, obwohl anscheinend andererseits zu glauben ist, **dass Gott alle Menschen nach seinem Ebenbild erschuf,** ihnen ihr Leben vorbestimmte und ihnen somit ihr Schicksal (und zwar das gesamte und nicht nur einen Teil davon) auf den Lebensweg gab.

Wundert es jemanden, dass die Entwicklung des Miteinanders und somit der Menschheit immer wieder gestört wird, wenn einfache, logische Grundsätze immer wieder polemisiert werden (müssen?)? Und wundert es, dass vor allem aufgrund der Haltung mancher ihrer »Vertreter« wie dem genannten, einige Bestände der katholischen Kirche von leider sehr vielen gläubigen Menschen in Frage gestellt werden, auch wenn die Glaubensrichtung an sich nichts dafürkann, dass eben auch in dem Kirchlichen menschliche Unzulänglichkeiten wirken?
Was aber muss ein vernünftiger Mensch, der versucht oder gar imstande ist, sein tägliches aufrichtiges Zwiegespräch mit Gott zu führen und mit anderen Menschen ein Leben des Miteinanders zu praktizieren, von derartig- ausgrenzenden Aussagen halten, die

wohlgemerkt von einem »Mann Gottes« vorgebracht werden, der zwar genau genommen auch nur ein gewöhnliches »Kind Gottes« ist wie Milliarden andere, aber dessen Wort viel ausgiebiger Leid bewirken kann als das Wort eines Nichtgeistlichen bspw.? Soll nun der sonst sachliche Gläubige auch gegen Randgruppen agieren um es dem in seiner Religion vorgesetzten »Würdenträger« gleichzutun; um »das Richtige zu tun«?

Meine Frau und ich haben eine der Stellungnahmen zu dem Thema im Fernsehen verfolgt und uns sehr geärgert. Die bezeugte Geisteshaltung wird den meisten positiv eingestellten Menschen zwar relativ gleichgültig sein, weil das Gedankenmuster geistig halbwegs freier Menschen solche Widersprüche, welche offenbar auch gegen das Wort Gottes gehen und auch gegen das reale Leben an sich, nicht akzeptieren kann und somit Solches nicht maßgebend für die Lebensumstände, aufnehmen wird. Aber bei jenen Kleingeistern, die alles »von oben Gesagte« annehmen und gerne über alles Unbequeme hinwegsehen, wird ein Mann der Kirche durch solche Aussagen erreichen, dass sich ein Teilstück der zwischenmenschlichen Entwicklung wieder einmal schwieriger ausbilden lassen wird, dass Menschen weiter degradiert, psychisch gequält und verfolgt werden. **Menschen, die Gott schuf!** Oder hat die Betreffenden vielleicht, im Gegensatz zu den »normalen« Menschen, ein anderer erschaffen? Ist irgendwer der Meinung, dass? Wir fragen uns, woher ein solches Verhalten kommt. Ist es vielleicht oftmals auch auf die eigene fehlende- oder vielleicht sogar etwas »realitätsfremde« Lebenserfahrung zurückzuführen? Ist ein Mensch, der im Zölibat lebt, dann überhaupt der Richtige, wenn es darum geht, zwischen der katholischen Kirche und dem Alltag der »Normalbürger« die Belange zu koordinieren?
Kann man auch vermuten, dass Maßgebende der katholische Kirche-

ähnlich wie »rätselhafte« Politiker, manchmal an der Realität des alltäglichen Menschenlebens vorbei agieren, weil ihr- und das »normale Alltagsleben« der »gewöhnlichen« Menschen offenbar großenteils grundverschieden geworden ist?
Und welche Vorbildrolle spielen wir die »Gläubigen« im Alltag von nicht sehr gläubigen, oder hierzu verunsicherten Menschen? Wird insbesondere der eh nicht sehr gläubige Mensch die objektive Verbindung zu einem »alltagsgerechten« Glauben als verlässlichen Begleiter seines Lebens mehr und mehr vermissen, je mehr Achtlosigkeit (nicht nur in der Kirche, sondern auch im Alltag) ihm begegnet? Wie kann jemand »glauben lernen« wenn er vorher die Nähe des »sich-gläubig-Bezeichneten« zu Gott vermisst? Kann es dahingehend eine »bekehrende« Schlussfolgerung geben?
Nächste Betrachtung: Können sich Kirchenleute als Vertreter Gottes auf Erden als von allen Sünden frei bezeichnen? Nein? Wer – sagt die Schrift – darf »den ersten Stein werfen«? Der Unfehlbare würde dies gewiss nicht machen, da er ja sonst den ersten Fehler bereits begehen würde. Den ersten Stein wirft allenfalls der, der es nicht tun sollte.

Darf man einige offenbar etwas intolerante Kirchenvertreter nicht auch einmal fragen, ob es nicht sehr kurzsichtig angelegt ist, gegen Schwule und Lesben zu sein und andererseits in den eigenen Reihen auch einige homosexuelle Ordensleute zu wissen, die übrigens genauso nicht zu verachten sind wie weltliche lesbische oder homosexuelle Mitbürger und klarerweise aufgrund des Zölibats erst recht in einer schwierigen Lage sind?
Was schadet es mir als Mensch, wenn mein Mitmensch, der Herr Pfarrer eine/n Freund/in, die Ordensfrau eine/n Freund/in hätte?
Ist es generell noch angebracht, an starren Regeln festzuhalten die vermutlich wohl vielfach gegen naturgegebene Veranlagungen der

Menschen sind? Was spricht zum Beispiel gegen die Priester-Ehe? Wäre dadurch die Funktion der Ordensperson gestört, oder wäre sie vielleicht sogar ausgewogener?

Ist es für die Kirche besser, die »fehlbaren« Menschen in den eigenen Reihen und außerhalb der Kirche zu verdammen, anstatt wohl überlegte Diskussionen zu beginnen, um **eine Lösung für alle menschlichen Probleme** zu erkunden? Ist es besser, dass sich Ordensleute quälen, anstatt dass diejenigen, welche es möchten (bräuchten), ein Leben mit Partner/in führen, so wie andere »normale« Menschen es in der Regel auch tun dürfen?

Lassen Sie mich bitte auch mal das Thema »Missbrauch« im Rahmen von zölibatär-bedingten Glaubensrichtungen aus hinterfragender Warte aus beleuchten, wobei wir bitte auch gedanklich vorneweg eine absolute Gleichsetzung zu Vergewaltigung, Entwürdigung, Schändung, Entehrung vermeiden und auch niemanden an den Pranger stellen wollen:

Können die wiederholt angelasteten Geschehnisse zwischen bspw. Jugendlichen und einzelnen Ordensleuten nicht auch, zumindest zum Teil, gewissen Komplikationen zugeordnet werden, die generell auch aus dem abstinenten Verhalten kommen könnten? Ich fragte bereits Ähnliches im vorausgehenden Text und gebe nochmals zu bedenken: Müssen wir uns nicht fragen, ob es natürlich ist das ganze Leben über, enthaltsam zu leben? Kommt pervertiertes Verhalten nicht vielleicht auch aus dem andauernden Unterdrücken der natürlichen Bedürfnisse? Kann man es vielleicht sogar ein wenig verstehen, dass bspw. ein Ordensmann, der andauernd und über Jahre hinweg seine (in jedem menschlichen Leben wohl unvermeidbaren) Begierden unterdrücken muss, einmal (und möglicherweise unbewusst) einem/einer Jugendlichen das Näherkommen erlaubt, oder von sich auch dem/der Jugendlichen näherkommt der/die ihm durch seine/ihre natürliche

Zuneigung auch eine Art von (bisher entbehrter) »Liebe« gibt, oder »falsch verstandene Zuneigung« sozusagen »erwidert«?
Kann man es vage verstehen, wenn er seinem Verlangen schließlich trotz aller innerlichen Proteste nachgibt und dem Begehren verfällt? Auch wenn so eine Handlungsweise sittlich verwerflich ist, frage ich: Dürfen wir hier einfach blindlings verteufeln, oder sollten wir alle, auch die Außenstehenden, nicht allmählich vorurteilsfreie Fragen dazu stellen und hinweisende Lösungen bspw. in Hinsicht Zölibat unterstützen? Natürlich werden durch Lockerungen nicht alle grundlegend anders-angeordneten Probleme, gelöst. Missbräuche wird es immer geben, denn die gibt und gab es auch innerhalb der Familien. Lässt es »unser Moralverständnis« womöglich gar nicht zu, wohlüberlegte Fragen zu heiklen Themen zu suchen und Antworten zu finden? Verteufeln wir schon allein aus Bequemlichkeit heraus, lieber sofort auch den Ansatz dazu?
Wem außer dem Ich will man die ersten Fragen stellen? Wo will ich mit dem Fragen ansetzen? Kann/darf/muss die besagte Kirche entsprechende Fragen -bspw. zum Zölibat- zuerst in den eigenen Reihen stellen? Muss sie jetzt, oder viel, viel später wahrhaftig?
Aber warum stellen die Gläubigen die Fragen im Sinne der Betroffenen nicht zuerst der Kirche? Obrigkeitsgläubigkeit? Aber wer sagt mir, wem dort ich die Bitten zur betreffenden Überlegung vorbringen könnte, ohne das Gesicht zu verlieren, ohne jemanden ungewollt anzufeinden? Oder frage ich am besten erst mal den Seelsorger? Was darf ich ihn fragen? Darf ich offen über alles reden ohne einen »Verdacht« auszusprechen? Wenn ja, wie geht's dann weiter? Verweist er mich an einen Nächsthöheren? Bringt der etwas weiter? Ich müsste ja mit meinem Anliegen sozusagen bis zum Papst? Ab welchem Punkt geht garantiert nichts mehr weiter? Alles zu kompliziert? Mir alles zu kompliziert? Aber es geht doch wohl offenkundig um Menschen

und Schicksale, und dafür darf uns doch kein Bemühen zu groß sein! »Ein Thema ordentlich besprechen« im Vergangenen, hätte vermutlich bereits vielen Vieles- und vor allem viel Leid erspart.

Fragen wir zum Schluss nochmals ob uns eine katholische Kirche nicht lieber wäre, die den Menschen (so auch den Ordensmenschen) und seine Bürden wirklich versteht, bzw. Verständnis dafür nachweist. Ebenso darf wohl gefragt werden: Ist es sinnvoll, den Gläubigen, die anders fühlen aber genauso gute Menschen sind, die Pforten zu verschließen (wie der erwähnte Bischof es anscheinend schaffen würde) und ebenbürtige Menschen als Zweitrangige zu behandeln?
Jesus Christus hat das Miteinander doch wohl anders vorgelebt und u.a. unmissverständlich den Respekt gegenüber allen Menschen und Wesen verlangt?
Frage: Was wäre, wenn Jesus Christus morgen auf Erden leibhaftig erschiene? Wessen Ansichten würde er stützen? Würde Jesus alle Menschen als gleichwertig annehmen und somit aus der Sicht einiger Maßgeblicher, Tabus brechen? Wie würden die Folgen sich zeigen?
Ganz pragmatisch wäre meine nächste Frage: Was ist erreicht, wenn irgendwann vor lauter Unzufriedenheit der Gläubigen die Kirche als Institution ziemlich unwichtig werden sollte? Könnten Menschen auch ohne in die Kirche zu gehen, fast genauso oder –unter gewissen Gesichtspunkten betrachtet– vielleicht oft sogar unbefangener, konzentrierter und ungestörter anderswo beten, vielleicht dort beten wo sie imstande sind, ungestört und »allein mit Gott« zu reden?

Gehen nicht heute bereits viele Menschen lieber außerhalb der Andachten in die Kirche, weil sie »in Ruhe mit Gott allein sein wollen« und weil sie die »kaum-mehr-Gegenwärtiges-verbindenden Messfeiern« mit den n.m.A. teils sehr monotonen, unterschiedslosen

Gesängen und Gebeten, nicht mehr als »einmütiges Danken«, wie auch nicht mehr als »zeit- und zukunftsbezogenes Bitten« betrachten, was es aber in erster Linie sein sollte?

Brauche ich als Mensch ein Bethaus und einen Gottesdiener, »der angeblich näher bei Gott ist als ich«, um zu Gott zu finden, oder bräuchte ich vor allem auch einen »Partner in der Kirche« der mich »den Menschen mit Sorgen, Fragen und Alltagsproblemen« in das Ganze einbezieht und der beweist, dass er genauso wie ich den richtigen Weg zu Gott finden will, denn dorthin muss/will er doch auch? Oder haben Führende die Bemühungen dahingehend nicht so nötig wie ich als normaler Christ?

Es läge mir natürlich fern irgendwen zu beleidigen oder alle Leistungen und alle »Diener Gottes« zu verallgemeinern. Außerdem kenne ich recht viele Ordensleute und der größte Teil von ihnen verdient die größte Hochachtung, denn wer sich bspw. als katholischer Pfarrer oder Ordensschwester sogar auch privat noch um das Wohl von andersgläubigen Menschen bemüht und »Bruder und Schwester in Christus« auch im Fremdgläubigen erkannt, der/die hat das »Wort Gottes« offenbar verstanden. Es geht dem/der Glaubensstarken sicher nicht nur um »Gottesdienst in Gebetform«, sondern um das »Dienen Gottes durch das Dienen an seinen Geschöpfen« und somit um »wirklichen Gottesdienst« im weitesten Sinne.

Zum kirchlichen Leben an sich, das dem menschlichen Leben hoffentlich immer nahe sein darf, gehört aber nun einmal auch der Wille zur »menschen-und-alltagsnahen« Veränderung, und zum notwendigen Verändern muss auch der notwendige Mut gezeigt werden, denn es geht schließlich auch im Frommen um mehr als nur um »zu

Bewahrendes im Sinne des Gewesenen«, sondern vor allem auch um »Gutes, zu bewahren, für alle Zeiten« und dazu gehören -vorne dran genannt-, eben auch die Worte, Haltungen und Handlungsweisen von Jesus Christus und großen Propheten. Und wir dürfen nicht übersehen: Es geht im Religiösen immer auch um sehr Spezielles, so u.a. um Menschen, deren Gottheit, deren spezielle Ansichten und Sorgen, und dieser Grundsatz gilt n.m.A. für alle Religionen dieses Erdkreises. Und daran schließt meine nächste wohl unbequeme Frage: Könnte es sein, dass viele Kirchenführende vieler Glaubensrichtungen besser täten, viel deutlicher »herabzusteigen« zum/zur Gläubigen um konkrete »Begegnungen und Handreichungen« zu schaffen, tatsächliche »Hilfe-in-der-Seelen-Not« zu geben und bspw. in der Kirche selbst wieder viel mehr »miteinander das Gebet zu Gott« zu üben und zwar ganz deutlich parallel zum-, u/o »in Einheit zum Geschehen des Tages, in Kombination zum Traditionellen«?

Frage: Was bringt es denn dem/der Gläubigen der/die mit großen Sorgen im Alltag »unterwegs« ist und in der Kirche seine/ihre Sorgen dem Herrn »vortragen« möchte, wenn während des Gottesdienstes halbherzig-gemeinsam-gesungene Liedchen und Gebete vorherrschen? Was wäre nun, wenn bspw. einmal (etwa anstelle der Evangelium-bezogenen Predigt zum Thema X) ein alter Mann, eine alte Frau, ein/e Jugendliche/r seine/ihre Sorgen vorne am Pult kundgäben und die Anwesenden –ähnlich wie in einer Diskussionsrunde- um Rat fragen würden; wenn in der Kirche und in der anwesenden Gläubigen-Gemeinschaft unter Leitung des Priesters eine (zeitbegrenzte, dem Gottesdienst angeschlossene(?)) Diskussion zum vorgetragenen Thema (das vermutlich viele ähnlich haben würden) entstünde? Kann es sein, dass nach solchen Gottesdiensten einige Menschen sehr zuversichtlich nach Hause gehen und sich auf die nächste Chance freuen »miteinander« zu reden? Kann man annehmen, dass viele Menschen

dann wieder gemeinsam (und nun vermutlich viel zuversichtlicher und vor allem auch »aufgeweckter und lockerer«) die »gemeinsamen« Gottesdienste besuchen- oder besser gesagt sogar »ersehnen« würden? Würden sie sich darauf freuen die Mitmenschen wieder »vor Gottes Antlitz« zu fragen und gemeinsam zu beraten? Würden sie somit Gott, den Mitmenschen und sich selber dienen?
Sie werden vielleicht vermuten, dass dann der anbelangende Gottesdienst kein Ende nehmen würde? Logisch könnte es »Überziehungen« geben da die Probleme der Menschen vielfältig sind. Aber wie erwähnt: Falls die Gefahr des zeitlichen Überziehens solcher Gottesdienstformen bestünde, könnte man bspw. die Vorträge und Gespräche dem Gottesdienst anschließen und evtl. auch kleine Diskussionsgruppen zum Thema bilden. So könnte auch der/die Nichtinteressierte elegant ausweichen.
Mag sein, dass ich mich mit der Überlegung »etwas weit aus dem Fenster lehne«, aber auch die Religionen werden vermutlich aus mehreren Motiven heraus einen Weg finden müssen den ihnen anvertrauten Menschen wieder »näher zu kommen«. Es geht n.m.A. vor allem auch um das »Haltgeben/Hilfegeben«. Dem/der Absackenden, Hilfesuchenden helfen »schablonenhafte Worte« allein, vermutlich oft wenig, und ob »nahezu automatisierte, selbstredende Gebete« Gott gefallen / sollen / müssten, sei dahingestellt und ist wohl ein anderes Thema.

Natürlich sollte man auch einmal die Tatsache beleuchten und anerkennen, dass heutzutage die Glaubensrichtungen es in vielerlei Hinsicht nicht mehr einfach haben. Einerseits sollen sie sich an Regeln halten, die jahrtausendealt sind, aber andererseits entwickelt sich die Welt rasant weiter.
Die vermeintlich notwendige »Unbeugsamkeit« um das Gewesene zu »behüten« scheint aber auch keine Lösung zu sein, genauso wenig wäre

es wohl sinnvoll, würden Kirchen jede »modische« Parallele zu den schnellen Entwicklungen unserer Zeit anstreben. Dies verlangt wohl auch niemand und könnte auch nicht das Ziel von Gläubigen sein, welche möglichst »feste und aber zeitnahe Regeln und gemeinsame Gebete und Gedankenrichtungen« ja suchen und brauchen.
Keine Glaubensrichtung muss »modisch angleichend« sein, aber sie sollte wohl der Entwicklung des Menschen und seines Alltags etwas nähertreten und diesen möglichst auch positiv mit gestalten bspw. auch durch politisches Mitreden/Mitwirken. Politik, Religionen, Kirchen und Bürgerdenken, dürfen vom Grundsatz her betrachtet, nicht auseinanderdriften, deswegen ist das stete Miteinandergehen (nicht nur das oft »duldend-anmutende« Nebeneinander) mitentscheidend.

Das Miteinander wird am besten vonstattengehen können, wenn Menschen in der Kirche und außerhalb mit Umsicht und Diskussionsbereitschaft die Situationen hinterfragen und ggbfs. die notwendigen Korrekturen unterstützen, aber vor allem auch selber mit guten Beispielen im Miteinander vorangehen, getreu den Worten aller großen Propheten.

Gehen wir bei diesem Gedanken nochmals auf das Beispiel Energie. Wir sind uns wohl im Klaren, dass durch viele positive Bemühungen viele positive Energien fließen können?
Werden die Energien vieler positiv-wollender Menschen bejahend eingesetzt, so werden wir, wie in jedem anderen auf-Positives-ausgerichteten Gespräch, mit viel Kraft und neuem Willen an Problemlösungen herangehen. Positives Entgegenkommen wird bei Menschen keinesfalls Widerstand, Böswilligkeit und »Kriegsgedanken« provozieren, die infolge von ersichtlichen, haltlosen Abwehrhaltungen

oftmals herausgefordert werden. Ein Prüfstein für Zwischenmenschliches ist wohl nach wie vor die Fähigkeit, entgegengesetzte Meinungen grundsätzlich einmal anzuhören, sie prinzipiell als existent und würdig anzuerkennen und sie ggbfs. respektvoll gegenseitig hinterfragen- und diskutieren zu dürfen und Meinungen zu ertragen und diese auf sich wirken zu lassen bevor ein Schlussentscheid fällt.

5. Nichts ist »einfach«

Gehen wir nochmals zurück auf das »unverschuldete Behindert- oder eben Anderssein« von Menschen. Mir liegt viel daran »vom Schicksal gezeichnete« Menschen, deren -im weitesten Sinne mit betroffenen-Angehörigen und deren Probleme, ein wenig ins rechte Licht zu rücken, denn ihre Worte werden oft wenig gehört oder gar gemieden, und das für Andere erkennbare »Anderssein« ist u.a. wohl eines der größten Probleme für alle Betroffenen.

So machte ich eine befremdliche Erfahrung als ich vor vielen Jahren, kurz vor Weihnachten, mit meiner Musikgruppe „Die Ahrntaler" und mit mehreren Jugendgruppen gemeinsam, eine sehr gelungene Benefizveranstaltung zugunsten Behinderter des Tales, mitgestalten durfte. Als wir das Geld verteilen wollten, stellte sich heraus: Es gab in der Gemeinde gar keine offiziellen Behindertenlisten. Die Menschen wurden offenbar regelrecht »geheim gehalten«. Erst über die Pfarrämter konnten wir dann die Gelder verteilen. Der Dank kam von allen Seiten. Eltern und Behinderte, aber auch ehrenamtliche Fürsorger/innen sandten uns Dankschreiben.

Es lag auch meinen Mitarbeiter/innen dann sehr viel daran weiterhin zu helfen, aber auch Missstände zu beleuchten die offenbar leider existieren und insbesondere von Betroffenen (insbesondere wohl auch Familien die in der Öffentlichkeit stehen) »nicht benannt werden dürfen«. Wir machten dann noch mehrere Aktionen auch gemeinsam mit bekannten Künstlern des Landes.

Später in meiner »Münchener-Zeit« machte ich dann eine andere Begegnung mit dem u.U. »behindert sein« in anderer Fasson: Dr. Petrana ein französischer Geschäftsmann überraschte meinen Geschäftsfreund Maximilian und mich auf einer gemeinsamen längeren Reise mit seiner Aufrichtigkeit: „...ich weiß wovon ich rede, ich bin nämlich homosexuell...", derart und unverblümt, dass es uns im wahrsten Sinne des Wortes, die Sprache verschlug.
Dr. Petrana hatte vorausgehend im Allgemeinen Unterhalten während der Fahrt, das Gespräch über vielseitige Zwangslagen der Menschen, unbemerkt auch auf viele Probleme bspw. von Lesben und Homosexuellen gelenkt. Maximilian und ich schauten uns fragend an und zumindest ich wusste nicht wie wir darauf reagieren sollten. Maximilian, das »weltmännische Stadtkind« dann: „Okay, verstehe. Kein Problem!" Ich natürlich unbeholfen hinterher: „Okay".
Ich kannte bisher keinen der offen mit dem Thema umging und ich begegnete aber auch später wenigen so gradlinigen Menschen wie Petrana, auf den ich übrigens später noch in einem anderen Zusammenhang zu sprechen komme.
Petrana meinte wohl er sei uns nun etwas mehr Information schuldig und äußerte sich in der Folge ausführlicher zu seinem Dasein.
Ich sehe ihn noch heute am Lenkrad sitzend und redend und mit leicht gesenktem Kopf auf die Autobahn blickend: „Nur Menschen, die anders sind und anders fühlen als sie es nach den Normen der

anderen dürften, können wissen, welche Last es bedeutet, mit Problemen umzugehen die außer ihnen selbst niemand kennen darf." Er meinte, er habe als Jugendlicher Zeiten erlebt, wo ihn sein Anderssein aufgrund der Belastung durch die diesbezüglichen Attacken anderer, an den Rand aller Lebensfreude brachte, so dass er einige Male im Sinn hatte, wegen des Verhaltens der anderen sein Leben aufzugeben.

Das alles war vor Jahrzehnten, aber wäre es heute, wenn in der Vergangenheit nicht immer wieder engagierte Menschen sich gegen diverse Auswüchse gestellt hätten? Ist es nicht auch heute noch so, dass manche »sich für besser haltende« Menschen andere gerne verfolgen würden, weil der-/diejenige ihrer eingefahrenen Denkweise nicht entspricht? Was wären wir für Ignoranten, wenn wir dergleichen Diskriminierungen immer noch tolerierten?
Man sieht, dass die heutige moderne Zeit mehr Verständnis für anders geprägte Menschen offenbart, dass offensichtlich nicht nur die Menschen, die anders »gezeichnet« sind, sondern auch der »Normale« es versteht, dass das Anderssein, das »Nicht-anders-sein-Können«, nicht böswillig gewollt oder absichtlich herbeigeführt worden ist, sondern ganz einfach von Natur gegeben- und da ist, und daher (so es einen Sinn ergibt) vielleicht behandelt, aber nicht bekämpft oder gar bestraft werden darf.

Einleuchtend ist in dem Zusammenhang doch wohl auch, dass Gott keine Strafe von Menschen fordern wird für Grundlegendes, was er ihnen einst als Schöpfer mit auf den Lebensweg gegeben hat? Oder wird die Aussage »**Wir alle sind Kinder Gottes**«, »**Gott schuf den Menschen nach seinem Ebenbild**«, oder gar das »**alles ist gottgewollt**« nur gewissermaßen »als rettender Anker geworfen« wenn alle anderen Argumente ausgehen?

So sind einige der wichtigsten Fragen und Ungewissheiten mit der u.U. massivsten Auswirkung, doch wohl: **Ist alles gottgewollt? Die Antwort »JA« wäre n.m.A. nahezu allesentscheidend auch in Hinsicht der »Sünde« und deren Schwere.**
Und nun stellen wir uns doch mal die Frage: **Wo steht denn deutlich geschrieben, dass alles von Gott gewollt ist?**
Nun, ich bin wahrlich kein Fachmann für Glaubenswerke und trotz diverser Untersuchungen und Bemühungen habe ich dahingehend nur indirekte, erwägenswerte Aussagen gefunden, so bspw. macht ein **Predigerwort** (s.LV(1)) eine ziemlich direkte Aussage: » [...] **Ich habe erkannt: Alles, was Gott tut, ist unabänderlich für alle Zeiten. Der Mensch kann nichts hinzufügen und nichts davon wegnehmen. So hat es Gott eingerichtet, damit wir in Ehrfurcht zu ihm aufschauen. Was in der Vergangenheit geschah und was in Zukunft geschehen wird, hat Gott lange zuvor festgelegt. Und die Zeit, die uns entschwunden ist, ist bei ihm nicht vergangen«.**

Die Heilige Schrift (s.LV(2)) lässt vielleicht u.U. einige Interpretationen zu, wie bspw.: » [...] **seid dankbar in allen Dingen, denn das ist der Wille Gottes in Christo Jesu an euch«.**) Frage: Kann man daraus folgern: **Alle Dinge** (spr. Körper, Wesen, Gestalten, Materien, Stoffe, Gegenstände, Substanzen, Objekte, Elemente usw.) **sind nach dem Willen Gottes?** Kann man daraus schließen, **dass alles mit allem (allen Dingen) Zusammenhängende nach dem Willen Gottes ist, und dass somit alles auch Gottes Bestimmung trägt?**

Tiefgläubige, gottesfürchtige Menschen hatten offenbar von alters her ähnliche Fragen zum Willen Gottes. **So befragte der Prophet Habakuk Gott:** » **[...] Warum lässt du mich Schädliches sehen und schaust ständig auf nichts als Ungemach? Und warum sind Ver-**

heerung und Gewalttat vor mir, und warum entsteht Gezänk, und warum wird Streit geführt«? (Habakuk 1:3) (s.LV(4))

Was sagt der **Koran** (bzw. korrekt bezeichnet) - **Der Edle Qur'an?** (s. LV (5))
Sura 2 al-Baqara Guz' 3 / 253. (letzter Absatz): » [...] **und wenn Allah gewollt hätte, hätten sie nicht miteinander gekämpft. Doch Allah tut, was Er will«**
Sura 4 an-Nisa' Guz' 5 / 88. (vorletzter und letzter Satz): » [...].... **Wollt ihr denn rechtleiten, wen Allah in die Irre gehen läßt? Wen aber Allah in die Irre gehen läßt, für den wirst du keinen Weg finden«.**
Sura 4 an-Nisa' Guz' 5 / 90. (zweiter und dritter Satz): » [...]**..und wenn Allah gewollt hätte, hätte Er ihnen wahrlich Gewalt über euch gegeben, und dann hätten sie gegen euch wahrlich gekämpft. Wenn sie sich jedoch von euch fernhalten und dann nicht gegen euch kämpfen, sondern Frieden anbieten, so hat euch Allah keine Veranlassung gegeben, gegen sie (vorzugehen)«.**

Bitte beachten Sie das Literaturverzeichnis. Ich kann mich der Anmerkungsaussage: » [...] **...wie jedes Menschenwerk, Fehlern und Mängeln unterliegt«**, voll und ganz anschließen. Zitate zu Passagen und Äußerungen sind meist kompliziert. Ausdrücke der Öffentlichen Schriften dürfen zwar öffentlich angeführt- und in bezugnehmenden Auszügen benannt werden. Trotzdem halte ich die Übersicht ausdrücklich klar, so dass dem/der Nachlesenden ein objektives Verifizieren der Gesamtaussage möglich ist. Absolutes Verstehen der Glaubens- und Religionsschriften wird es wohl nie geben, so wie es das absolute Wiedergeben nach absolutem Verstehen, wahrscheinlich niemals geben kann.
Ich führe die vorgenannten Schriftenpassagen der unterschiedlichen

Religionen an, in der redlichen Absicht und in der Hoffnung -sei es im Sinne von Erschaffer, der Verfasser wie der Inhaber der betreffenden Rechte u.dgl. Maßgebenden- korrekt zu handeln; auch korrekt zu verfahren, wenn ich Benennungen der Gottheiten Gläubiger hier nicht unterschiedlich nach Glaubensrichtungen benenne.

Den zitierten Schriftsätzen nach und ungeachtet der Glaubensrichtungen frage ich: Sind wir davon überzeugt, dass eine Vorsehung alles Existierende plante, alles was uns und anderen im gesamten Erdenfeld begegnete, widerfuhr, und noch zuteilwerden wird? Denn wenn Gott keinen umfassenden Plan ausführen wollte, und lediglich nur »beabsichtigte« dass die menschlichen Wesen sich hier auf Erden »gleichwertig« und bspw. im Rahmen der »Zehn Gebote« des Christlichen Glaubens usw. »beweisen«, dann hätte er doch wohl auch »als gerechter Gott« allen humanen Wesen die gleichwertigen -vor allem auch sozial-identischen- Voraussetzungen zuteilwerden lassen und vor allem auch allen Wesen der Erde und jeder Glaubensrichtung dieselben Gebote erteilt?
Hat denn bspw. ein Kind welches größten Mangel erleidet und allein auf sich gestellt ist (wie es wohlgemerkt zu hunderttausenden Malen auf unserer Erde vorkommt) vielleicht auch einen Grund etwas zu stehlen, oder den Körper anzubieten, wenn es am Verhungern ist? Erzählt uns jemand allen Ernstes, dass alle Menschen auf dieser Erde dieselben Chancen hatten oder haben? Sagt uns jemand ernstlich, dass in Europa, im Staate, in der Region, in der Gemeinde alle Menschen dieselben Chancen haben? Vielfach sind nicht einmal für die Kinder einer Familie die Chancen gleichgestellt.

Woher nimmt bspw. ein Mensch der bis zur Promotion getätschelt wurde, welcher nie ein wirtschaftliches Problem, niemals Nöte und Abgrundgedanken erfuhr, das Recht über die Auswüchse von menschlichen Schwierigkeiten zu urteilen; andere, »tiefer stehende« Menschen, zu verurteilen, so bspw. die Prostituierte zu verurteilen die »das ja gerne macht«? Hat er/sie die Probleme der Betroffenen denn an der Uni X »studiert« und »erlesen was da vor sich geht«? Oder hat der/diejenige »es ausprobiert« wie es ist sich wildfremden Menschen hinzugeben, weil die blanke Not dies erzwingt? „Aber die könnten doch arbeiten gehen", heißt es meistens. Hat der/die Aussagende schon mal probiert Arbeit für jemanden zu finden der/die bspw. nicht das Glück hatte eine Schule zu besuchen und nicht mal annähernd schreiben und lesen kann?

Nächste Frage: Müsste die diversen schweren Schicksalsauswirkungen auf die Individuen, nicht auch jede Religionsvertretung respektieren, sobald sie für sich den Anspruch erhebt, den Willen Gottes auf dieser Erde zu repräsentieren? Natürlich ist die Thematik »Leben nach dem Glauben und dem Willen Gottes« sehr heikel, aber sie wird sich wohl nicht von alleine fehlerfrei ausbilden? Daher haben Gläubige, wie schon erwähnt, n.m.M. nicht nur das Recht, sondern sogar die Pflicht sich über Religionen und religionsbezogene Institutionen Gedanken zu machen und –wo erforderlich– auch das Logische mit Besonnenheit zu unterstützen. Gewissenhaften Führenden werden vermutlich faire Betrachtungen der Gläubigen willkommen sein.
Sind bspw. wir Christen nicht angeblich spätestens seit der Taufe »Kinder Gottes«? Aber benehmen wir uns grundlegend denn wie »Kinder Gottes« und im gottesfürchtigen Sinne? Betrachten wir nicht zu vieles was andere betrifft (oder sogar auch unsere eigene »Bestimmung«) oft sehr teilnahmslos? Suchen wir uns denn nicht fast immer und überall das Beste heraus und ignorieren das Unangenehme, auch wenn dessen Klärung der Allgemeinheit und schlussendlich auch uns

selber dienen würde? Ist die »Entwöhnungsfloskel« »das geht dich/ uns nichts an« nicht meistens eine sehr kommode »Erzieherdevise«?

Wir reden vom Willen Gottes, von Bestimmungen, von dem, was Gott uns für das Leben mitgegeben hat, und müssen da wohl gut abwägen: Wo verläuft denn die »Richtlinie«, wo »kreuzt« sie ggbfs. unsere subjektive Wirkung und Einwirkungsmöglichkeit? Und wiederum sei gefragt: **Ist tatsächlich alles von Gott gewollt? Also auch unsere persönliche Einwirkung?**

So mag eine weitere Frage sich radikal anhören: Wie ist das Verhältnis des Schöpfers, gegenüber ganz besonderen »Problemmenschen« aus zivilisierter Sicht, wie etwa gegenüber dem schuldigen Individuum im Falle eines Mordes?
Mörder, zum Beispiel, gibt und gab es aber auch schon unter Kindern, nicht nur unter Erwachsenen.
Bereits der Versuch einer Antwort wird also einige Komplikationen mit sich bringen, aber fragen wir einfach mal weiter: Hat Gott wirklich alles so gewollt, wie es ist? Wir müssten den bestimmten Aussagen nach, wohl bejahen. Hat Gott diese Menschen »beauftragt« zu morden? Wir werden empört verneinen. Hat Gott den Ermordeten ihr Schicksal in die Wiege gelegt? Wir werden zögern, und die bis hier Zustimmenden werden zögernd bejahen müssen, denn sie bejahten ja bereits, dass uns Menschen alles vorausbestimmt ist, - also auch alles was wir bis zum Tode und vielleicht sogar darüber hinaus erfahren; also auch was uns zustößt oder uns das Leben nehmen kann, wie beispielsweise ein Unfall, ein Mord?
Aber damit sagen die Zustimmenden wohl auch, dass Gott von Anbeginn an gewusst (geplant?) haben muss, welchem Schicksal diese Menschen später zum Opfer fallen werden? Und was dabei wohl noch

wichtiger ist: Gott bestimmte nach dieser Betrachtungsweise sogar, von wem, durch wen oder was dies geschehen wird. Er weiß (will?) folglich also von Anbeginn an, was seine beiden »Kinder-Arten« (bspw. der Mörder und das Mordopfer) tun werden, tun müssen?

Erinnern wir uns an Obenerwähntes aus dem Koran:
Sura 4 an-Nisa' Guz' 5 / 88. (vorletzter und letzter Satz): » [...] ... **Wollt ihr denn rechtleiten, wen Allah in die Irre gehen läßt? Wen aber Allah in die Irre gehen läßt, für den wirst du keinen Weg finden«.** (LV (5))

Erinnern wir uns an Vorgenannte aus dem Predigerwort: » [...] ... **Was in der Vergangenheit geschah und was in Zukunft geschehen wird, hat Gott lange zuvor festgelegt. Und die Zeit, die uns entschwunden ist, ist bei ihm nicht vergangen«.** (LV (1))
Selbst wenn wir in dem Zusammenhang behaupten könnten, der Ermordete hat den Mörder irgendwie angezogen, provoziert oder Ähnliches, drehen wir uns trotzdem wieder im Kreise, denn wenn es so war, warum ist dies so geschehen? Wer hat das Ganze so bestimmt? Der Ermordete in diesem Falle? Ergäbe dies einen logischen Sinn? Bezüglich des Mörders scheint es keine Frage zu sein, oder ist es doch eine?
Wäre es logisch, dass Gott sozusagen die »Menschengruppe der Mörder« ihr Schicksal alleine in Gebrauch nehmen- und verantworten ließe, und alle anderen Menschengruppen nicht? Immerhin ist auch der Mörder als »Geschöpf Gottes« in diese Welt gekommen und war vermutlich als Individuum an sich –bis zu seiner Tat– von Unschuldigen nicht zu unterscheiden, oder noch besser gesagt: Er war bis dahin, zumindest in dieser Beziehung, wahrscheinlich eben auch so unschuldig wie jedes andere unschuldige Geschöpf Gottes,

auch wenn er vielleicht ab und zu Hass und Wut verspürte, wie wir anderen auch die aufgebracht nach Rache sannen und doch noch keinen Menschen umbrachten.

Fragen wir einmal in der Richtung weiter: Haben vielleicht im Gegensatz zu anderen Vorbestimmungen die beiden Menschengruppen, »Mörder und Ermordete«, ihr Schicksal ganz allein zu verantworten? Wir müssen wohl verneinen, wenn wir überhaupt an Vorbestimmung glauben, auch wenn uns der Mörder von der »vorbestimmten« Warte aus betrachtet, nicht unbedingt sympathischer wird.

Wir fühlen also die deutliche Ablehnung gegen Taten die aus den kriminellen Entfaltungen der Menschen entstanden sind. Aber dürfen wir deswegen in derselben Betrachtungsweise die mögliche Grundsatzfrage verlassen, ob Gott uns Menschen möglicherweise den gesamten »Spielplan«, das gesamte Schicksal auf den Weg gegeben hat? Es wäre wohl kaum richtig, wenn wir Menschen lediglich in den uns bequemen Zusammenhängen die Theorie der Vorbestimmung anerkennen-, und in unbequemen sie ablehnen würden? **Wenn Fügung als solche anzunehmen ist, dann gilt dies doch wohl für alles und für immer, und nicht nur für die uns behagenden Details und Momente?**

Natürlich werfen die vorigen Betrachtungen dünnhäutige Fragen auf. Wieso hätte Gott alles vorherbestimmt? Nur alles Gute geschähe nach seinem Willen, aber das Böse, die Kriminalität nicht? Wieso gäbe er uns das Böse / Satanische? Ist das Böse jenes Quantum dem wir entgegenstehen müssten um Gottes Auftrag gemäß den »Zehn Geboten« zu erfüllen?

Was sagt der Koran zum Satan(ischen)(?):

Sura 6 al-An'am Guz' 8 / 121. (vorletzter und letzter Satz): » **[...] ... Die**

Satane geben ihren Schützlingen in der Tat ein, mit euch zu streiten. Wenn ihr ihnen gehorcht, seid ihr fürwahr Götzendiener«. (s.LV (5))

Ich frage: Ab welchem Moment hätte der Mensch die Macht, Gottes Vorsehung zu umgehen? Müssen wir in dem Zusammenhang bedenken, dass es –ähnlich der positiven göttlichen Macht– auch eine negative teuflische Macht geben könnte, die gegensätzlich zum »guten Herrgott«, eine parallele- wenn auch »böse Herrschaft«, über Menschen (und andere Wesen?) ausübt, und/oder diese für sich zu gewinnen versucht?
Aber dann wäre das Prinzip nicht mehr ganz einleuchtend, dass alles, was wir Menschen darstellen, von Gott geschaffen und gewollt ist. Folgerichtig müssten zwei grundverschiedene Arten von Menschen (od.Wesen u/o Energien?) auf die Welt kommen, die einen von Gott gesandt, und die anderen von der »Gegenseite«. Aber wozu gehört dann der/die Einzelne und wieso gehört er/sie dazu? Wer wiederum, hat diese Klassifizierung bestimmt? Wer bestimmte Gut und Böse? Wer hat jegliche existente Dualität in diesem Universum bestimmt?

Nicht nur die christliche Religion beleuchtet teilweise den Zusammenhang dieser Fragen. Man spricht beim Negativen vom »Werk des Teufels«. Aber wie schon gefragt, wie verhält sich denn dann der Einfluss des Teufels auf die Menschen im Zusammenhang mit der göttlichen Vorbestimmung für die Menschen? Oder hat Gott das Böse lediglich zum Zwecke des »Gegenbeweisens« vorbestimmt? Will Gott, dass das Böse uns »berühren« kann, nur um uns zu prüfen? Aber dann hätte er, aus bestimmten Blickwinkeln heraus betrachtet, die Folgen auch wieder umfassend vorbestimmt und würde (zumindest nach unserer Auffassung) Quälende und Gequälte unnötige(?) Qualen leiden lassen. Wäre dies der über allem stehende, »gütige« Gott, wie wir ihn uns vorstellen? Oder brauchen unsere Seelen diese »Lebensreformen« um in die »Ewige Seligkeit« gelangen zu können?

Halten wir uns doch hier mal den allbekannten Spruch vor Augen: **»Der HERR macht alles zu bestimmtem Ziel, auch den Gottlosen für den bösen Tag«**. LV (3)

Erinnern wir uns an: » [...] **Warum lässt du mich Schädliches sehen und schaust ständig auf nichts als Ungemach? Und warum sind Verheerung und Gewalttat vor mir, und warum entsteht Gezänk, und warum wird Streit geführt?** « (Habakuk 1:3) (LV (4))

Betrachten wir wieder auch den Koran, bzw. Sura 6 al-An'am Guz' 7 / 32. » [...] **Das diesseitige Leben ist nur Spiel und Zerstreuung. Die jenseitige Wohnstätte ist für diejenigen, die gottesfürchtig sind, wahrlich besser. Begreift ihr denn nicht?** « (s.LV (5))

Meine nächste unbequeme Frage: Gäbe es für die Allmacht denn so sehr viele Möglichkeiten die Seelen der auf Erden lebenden Wesen einer Läuterung zuzuführen, wenn nicht bspw. durch die Erfahrungen aus Gut und Böse, durch andere Wesen, durch die Natur und den zahllosen (von wem auch immer noch?) konstruierten Umständen? »Freude, Fall, Qual, Verlöschen« die »Biografie« vieler Menschenleben hier auf Erden erinnert doch auch oftmals an unser Bild von Himmel, Fegefeuer und Hölle? Ist es vielleicht das? Ist diese unsere Welt bereits Himmel, Hölle und Fegefeuer zugleich? Stehen nicht verschiedene Wesen bereits – pauschal betrachtet - auf den drei genannten verschiedenen Erlebensstufen? Manche erleben ein Leben lang buchstäblich den »Himmel auf Erden«; andere erleben fast ein Leben lang »die Hölle« durch Qual und Leid. Anderen wiederum widerfährt von alledem etwas? Ist Letzteres dann bspw. jenes Befinden das wir »Fegefeuer« nennen? Man kann gar nicht weiterdenken, und wenn wir dabei noch auf die These zurückgreifen, dass irgendwann alles so ähnlich geschieht, wie unser Geist es plante, Gott aber allein unser Leben vorbestimmt, dann haben wir wohl einen neuerlichen Knoten in unseren Gedankenzügen? Müssten wir dann folgerichtig fragen: Haben wir das, was wir wollten, planten und taten, alles gewollt und geplant, weil Gott es so gewollt hat? Wo liegt die Verbindung zwischen den Plänen Gottes und unseren Plänen? Haben wir lediglich nur die Pläne Gottes in uns verankert und versuchen sie (unbewusst) zu erfüllen? Oder sind wir (unbewusst) für so böswillig »berufen« dass wir sie nicht erfüllen (wollen/dürfen)?

Es muss jedenfalls eine Verbindung zwischen unseren und den Plänen Gottes geben, weil wir ja definitiv über unser Leben nicht ganz individuell entscheiden können, aber dies könnte auch bedeuten, dass Gott uns viel weniger frei werken und wirken lässt als wir es vielleicht meinen.
Was aber, wenn wir zwar in einen geordneten Umstand hineingeboren werden, aber dann ab dem Zeitpunkt, wo wir denken und unterscheiden können, nicht jede Chance wahrnehmen, unser selbst bestimmtes Leben (aber nach den Vorbestimmungen Gottes) zu leben? Wo entsteht dann die Kollision zwischen der Vorbestimmung und der Richtlinie unseres Geistes? Und wie wirkt sich eine solche »Kontroverse« aus? Haben wir ab dem gewissen Zeitpunkt überhaupt auch das Wissen und die Möglichkeiten, um später von Gott mit Fug und Recht zur Rechenschaft gezogen zu werden?
Wie verhält es sich mit den Schwierigkeiten, mit den Freuden, mit den Umständen, mit den Menschen um uns herum, die unser Leben über die Jahre hin mitgestalten? Sind meine näheren Mitmenschen

auch immer ein wenig ein geplantes Spiegelbild meiner selbst? Ist dann jedes Wesen und jede Situation um uns auch ein Teil unserer gesamten Bestimmung? Demnach gehöre ich als Mitmensch doch auch zur Bestimmung jenes Menschen, der mit mir in irgendeiner Form verbunden ist, der mit mir zu tun hat?
Und ist dieses Leben hier die letzte Chance? Gibt es ein anderes, ein nächstes Leben? Wo? Hier, auf dieser Erde? Anderswo? Im Himmel? In der Hölle? Im Fegefeuer? Und wie lange? Für ewig? Werden wir ggbfs. als Menschen oder als andere Beschaffenheit »wiedergeboren«, oder nie mehr? Ist logischerweise auch in der neuen Einstufung wieder alles abhängig davon, wie wir uns in »der uns bestimmten Sphäre« verhalten (sollten?)?
Bekommen wir erst dann, wenn wir heute (auf welcher »Qualitäts-Stufe« wir jetzt auch immer stehen mögen) ein vorbildliches Leben gehen, nach dem Abschluss (nach dem körperlichen Tode) den »Freigang« auf eine höhere Stufe? Macht eine Menschenseele dann beispielsweise im Positiven den Schritt aus dem (irdischen) Fegefeuer (zum Beispiel aus einem Leben in elenden Umständen irgendwo in einem Kriegsgebiet) in den (irdischen) Himmel (zum Beispiel in ein erfülltes Leben, auf den glanzvollsten Plätzen dieser Erde), wo sie dann wiederum die Fähigkeit zu einem korrekten Lebenswandel beweisen müssen wird, um die Gunst Gottes zu behalten und um nicht in das vorherige Elend »zurückgestuft« zu werden?
Sind demnach also überaus glückliche und mit wenigen Problemen behaftete Menschen (Seelen/Energien?) bereits auf einer der höheren Stufen? Werden diese dann, wenn ihre menschliche Hülle das momentane irdische Leben beendet hat, bei weiterem gutem Lebenswandel noch weiter hochgestuft und bei schlechtem Lebenswandel wieder abgestuft? Wohin kommen sie, wenn sie von Leben zu Leben besser und besser eingestuft werden? Wo endet das Ganze? Dort, wo

wir die Ewigkeit (den Himmel?) vermuten? Endet es vielleicht für immer, nach mehreren erfolglosen Chancen und Versuchen? Sind die Versuche lediglich nur als letzte Gelegenheit vorbestimmt? Die Frage des allumfassend-Bestimmten würde sich hier wohl nicht mehr konfusionslos platzieren lassen? Und wie schon gefragt: Wie geht es (in der Ewigkeit?) weiter? Unendlich? Und was ist das Unendlich? Möchten wir Unendlichkeit denn überhaupt miterleben? Können wir uns eigentlich vorstellen, dass etwas Unendliches wahrhaftig fortbesteht, immerfort und unaufhörlich?
Wie auch immer die Wahrheit sich eines Tages für jede/n von uns erweisen wird: Jedenfalls scheint es, dass Gott / die Vorsehung unsere Läuterung/en wollte, sonst würde er/sie uns keine Prüfung/en in dieses Leben mitgegeben haben, womit wir (vermutlich) nach seinen / ihren Richtlinien das grundlegend-Gute unseres Selbst im Sinne einer definitiven Bewertung beweisen können.

Einige Leser/innen werden nun vielleicht einwerfen: **„Sollte alles von Gott gewollt sein, denn dann bräuchten wir uns zumindest auch um unser »ewiges Seelenleben in der Herrlichkeit Gottes« keine Sorgen mehr zu machen!**
Wenn alles gottgewollt ist, so schießt dies logischerweise auch das Bild der Ewigkeit mit ein!“
Es könnte dann auch der Zwischenruf kommen: „Ja, nicht Sorgen um das Seelenleben nach wiederholter Läuterung, **wohl aber Sorgen um die Beschwerlichkeiten der Seele und des damit Verbundenen auf dem Weg** (oder gar auf vielen Wegen(?)) **in das »Ewige Leben«?“**

Wagen wir zu sagen, dass das eine das andere ja nicht ausschließt? So betrachtet sind nämlich **die Theorien der Reinkarnationen und die christliche Religionstheorie** »das ewige Leben nach einem einwand-

freien Erdenleben zu erreichen« wohl auch **nicht direkt widersprüchlich**, sondern wohl eher sogar sehr verwandt? Reinkarnationstheorien beschreiben den Weg ins »ewige Leben« in der Hinsicht ja auch ähnlich, denn auch hier gibt es **»ein hohes Ziel« - die ewige Seligkeit** welche nur **durch die absolute Läuterung der Seele erreicht werden kann**, dic sich allerdings im Gegensatz zur christlichen Betrachtung nicht in einem-, sondern durch viele Leben (Wiederverkörperungen), ziehen würde.
Insofern würden Reinkarnation-bezogene Lehren und die »Ein-Leben-Religionsregeln« in Hinsicht desselben Zieles »Läuterung als wesentliche Voraussetzung zum Erreichen der ewigen Seligkeit« konformgehen, und somit einhellig besagen, dass erst die absolute Säuberung der Seele deren Eintritt in die strahlende, unvergängliche Ewigkeit zulässt.

Andere Leser/innen werden vielleicht sagen: „Wohin wir auch schauen und wo immer wir Prüfungen wie auch Positives erleben, hat eine höhere Macht uns ihre Gegenwart und das Unumstößliche veranschaulicht."
Wir sehen: **Wie auch immer wir mutmaßliche Gottesfügungen betrachten, können wir leider auch häufig erkennen, dass der Kerngedanke »Gott hat alles so gewollt wie es ist«, als dienlicher Aufhänger für mehrerlei Symbolsprachen in mehrerlei Religionen regelrecht »missbraucht« wird. Wenn wir alles glauben müssten, was uns diverse (bspw. auch terroristisch-gestützte) Religionsformen, oder sagen wir »Religionsabweichungen« als »von Gott gewollt« hinstellen, aber wir zugleich ausnahmslos von allen Religionen hören, dass es »Leben zu respektieren« gilt, u/o auch, dass wir »unsere eigenen Pläne mit Gottes Hilfe erfüllen können«, drehen wir uns eigentlich immer im Kreise der Unsicherheiten und Widersprüche.**

So ist es gegebenenfalls wohl auch sehr ungerecht den Koran, die Muslime und Terrorismus (wie leider oft geschehen) **in »eine Einheit« zu stellen.** Nochmals: Was sagt der Koran zum Bösen / zum Satan(ischen)(?): Sura 6 al-An'am Guz' 8 / 121. (vorletzter und letzter Satz): » […] **… Die Satane geben ihren Schützlingen in der Tat ein, mit euch zu streiten. Wenn ihr ihnen gehorcht, seid ihr fürwahr Götzendiener«.**
Und weiter sagt der Koran: Sura 16 an-Nahl Guz' 14 / 90. » […] **Allah gebietet Gerechtigkeit, gütig zu sein und den Verwandten zu geben; Er verbietet das Schändliche, das Verwerfliche und die Gewalttätigkeit. Er ermahnt euch, auf daß ihr bedenken möget«.**

Auf Grundlage des Vorgenannten darf ich/man die Frage zum Terrorismus und der angeblichen »Glaubensverteidigung u/o Glaubensverbreitung« zumindest einigen (vielleicht absichtlich fehlgeleiteten?) Wesen u/o entsprechenden angeblich »Strenggläubigen« wohl stellen? Weiß man denn wirklich was man tut? **Agiert man mit Gewalt nach den »Lehren des Propheten«? Ja? Aber Achtung dann(!): Allah verbietet das Schändliche** das Verwerfliche und die **Gewalttätigkeit!**
In Bezug auf das Verwerfliche und das Schändliche (und wohl im Sinne der Vermeidung von **Gewalttätigkeit?**) sollten sich möglichenfalls so manche Karikaturisten grundlegend fragen ob sie nicht manchmal mit **Karikaturen »nahe der Gotteslästerung«** viel zu weit gehen und andere Religionen und Religiöse tatsächlich unnötig provozieren und beleidigen?
Wieso sollte bspw. jemand den Propheten Mohammed schmähen dürfen? Würden wir Christen dies in Bezug auf Jesus Christus hinnehmen? Wohl nicht! Also darf auch keiner, andere Gottheiten, Religionsvertreter, Propheten usw. verspotten, auch nicht, wenn er/sie dadurch die Auflage/den Umsatz der betreffenden Zeitschrift

steigert. Mit Gegeneinander kann Miteinander wohl nicht gelingen? **Wenn Geld über Gerechtigkeit gestellt wird, ist doch wohl alles in Hinsicht des Miteinanders neu zu ordnen?** Wie schon erwähnt: **Gerechtigkeitsempfinden als evolutionäre Grundsatzerscheinung ist sogar im Tierreich ersichtlich; also ist sie kein Launen-bedingtes Phänomen!**

Ich merke, ich rege mich wieder einmal auf. Aber Diskriminierungen, Ungerechtigkeiten u.dgl. will und kann ich nicht einfach hinnehmen, so logischerweise auch nicht, wenn sie fremde Religionen und Menschen betreffen! Wir »normal-privilegierte europäische Bürger« sehen doch wohl bei genauerer Betrachtung, dass an unseren diesbezüglichen »Pauschal-Informationen« und hergebrachten Ansichten einiges nicht stimmen kann, dass man uns teils vielleicht sogar unverschämt und Benutzen-orientiert beschwindelte?
Dass, wenn wir mehr und Genaueres wissen wollen, gefordert sind, dies selbst herauszufinden nach bestem, ehrbarstem Gewissen und mit den ehrlichsten Absichten und Zielen?
Gleichzeitig ahnen wir wohl, dass wir das Meiste-, und insbesondere Unstoffliches, in diesem Leben nicht umfassend und abschließend erörtern werden können, denn hinsichtlich »Wissen« bleibt uns im Körperlosen nicht viel Konkretes. Wir »glauben« und »ahnen« wohl, und so spüren wir u.a. wahrscheinlich auch, dass alles Positive im Grunde ein Geschenk ist, welches überlegt zu geben und zu nehmen ist.
Wir sehen auch, dass es im Leben nicht immer um vorgefertigte Antworten geht, sondern vielmehr darum, die der Zeit entsprechenden Fragen zu stellen. Die richtigen Fragen bringen irgendwann die richtigen Antworten (oder zumindest die zu dem Zeitpunkt optimalsten), vielleicht eben auch durch eigene plötzliche Erkenntnisse, aufgrund

der richtigen Fragen, die uns wahrscheinlich wiederum Gott, die Vorsehung, oder wie wir das Höchste (und wohl Bestimmende?) nennen wollen, irgendwie schicken wird. Aber in welcher Verfassung sind wir in dem Moment »der ankommenden Fragen«? Können wir dann noch revidieren, was wir fälschlicherweise »programmiert« haben, und die Fakten ändern, oder ist es dann bereits zu spät für uns/unsere Seelen?
Können wir von folgendem ausgehen(?): Wenn wir die (uns bekannten) Grundsätze der göttlichen Vorbestimmung und unser positives Gefühl für das Ganze, die Natur, die diversen Leben um uns usw., richtig deuten (dürfen), so wird unser körperliches Ende hier wohl nicht das Ende des eigentlichen Ichs sein, und unsere heutige Lebenschance wird nicht die letzte Chance bleiben?
Auf welcher »Stufe« auch immer ein Neubeginn im fernen Morgen uns ermöglicht wird, das werden wir vermutlich durch unser Leben im Heute (gut-Will-beweisend(?)) mitbestimmen können. Wir sind daher wohl angehalten, dieses heutige Leben rechtschaffen zu leben (so eben auch) passend für andere Wesen, die Natur, die bessere Zukunft des Ganzen usw.?
Ich nehme an: Mit übereinstimmender Aufmerksamkeit sollten wir auch ein wenig »befürchtend und demütig« durch das Leben schreiten, mit dem Grundsatzgedanken, dass wir wahrscheinlich mit dem Positiven im Jetzt, eine Zukunft entstehen lassen, die dem -sodann früheren Leben- so oder anders angerechnet wird, aber jedenfalls diesem »gerecht werden« könnte/sollte/dürfte.

6. Überlegen

Seit ich die besagten Kassetten angehört habe, beschäftigen mich immer wieder Überlegungen, die ich vorher in der Art nie anstellte. So überlege ich gerade, ob neben meinem Körper auch mein Geist gealtert ist? Aber kann der Geist eines Menschen überhaupt altern? Ich höre, um einen Vergleich zu bekommen, in eine der Aufnahmen mit Jürgen und Maximilian hinein, mit denen ich erst kürzlich gesprochen habe, und ich versuche aus der heutigen geistigen Haltung von uns dreien zu ermitteln, ob ein Unterschied zu erkennen ist. Das Ganze wird wohl eine Schnapsidee sein, aber ich probiere es trotzdem.
Vieles vom Gesprochenen klingt wie ein Hohn zu diesem Gedanken, denn aus dem Gesprochenen ist nichts oder alles zu deuten. Die Stimmen in den alten Tonaufnahmen wirken wesentlich jünger und beschwingter und das Sprechen ein wenig schneller. Ihr gegenwärtiges Verhalten wirkt vergleichsweise bedächtiger, besonnener und harmonischer. Natürlich wird es heute auch verbesserte Taktik sein, und insbesondere das Untermauern von Ansichten beherrscht Maximilian heute noch wesentlich besser als früher, denn er ist heute wohl noch viel geübter und kann offenbar noch viel souveräner argumentieren. In meinem eigenen Reden bemerke ich größere Unterschiede. Ich legte früher mehr »Eile« in den ganzen Vorgang, als ich es heute tun würde, nicht etwa, weil ich heute nun auch etwas träger geworden bin. Nein, dies ist es nicht; es scheint vielmehr so, als wären heute mein Geist wacher und meine Haltung flexibler als damals. Etwas übertrieben gesagt, wirkt es für mich so, als bewege sich mein Geist gelassener und auf einer »ausgeglicheneren« Ebene.
Mir scheint es jetzt, wo ich darüber nachdenke, fast so, als hätte ich

diese Entwicklung in den letzten Jahren irgendwie gespürt, obwohl es mir nie direkt bewusst wurde. Durch mein Bewegen auf einer freieren Ebene scheint offensichtlich auch mehr praktische Energie zustande zu kommen. Ich kann besser zuhören, konträre Meinungen besser analysieren, und ich trete nicht gleich in Abwehr- oder Erwartungsstellungen. Ich vermute nicht mehr sofort, dass mein Gegenüber etwas von mir will, was ihm die Vorteile- und mir nicht viel bringt, oder sogar Nachteile. Wenn ich einige damalige Gespräche und mein Atmen und Innehalten dabei richtig interpretiere, so scheint mir oft eine Angst mitzuschweben, so als befürchtete ich zu früh, dass mir Vorteile weggenommen werden, was ich natürlich nicht akzeptieren kann und worauf ich entsprechend zurückhaltend reagiere.
Und ich sehe in einigen Zusammenhängen, wie meine Energie offenbar wegschwimmt, wie ich Positives, wie ich es heute spüren würde, einfach übergehe. War es deshalb, weil ich nicht mehr an das Positive des Hergangs glaubte? War zu dem Zeitpunkt einfach schon zu viel Negatives passiert? Habe ich Dialoge oftmals zu früh abgeblockt, und dadurch vieles zerstört, nur weil gegenüber manchen Leuten die entsprechende Skepsis aus der Erfahrung da war; weil ich vermutete, sie würden meine Toleranz und Nachsicht wieder unverschämt benutzen?

Heute ist es zweifellos anders. Ich kann das Schlusswort abwarten, das Gesprochene und dazu meinen Instinkt auf mich einwirken lassen und mir selbstverständlich auch Bedenkzeit ausbitten, wenn ich diese brauche. Ich erlaube mir, mir Zeit zu nehmen, und ich traue mich heute, gegebenenfalls offen das zu sagen, was ich schlecht finde. Ich weiß heute, dass Offenheit – ohne beleidigend zu werden – zur Sinnesart eines guten Miteinanders gehören muss, und wenn dies für einen Partner nicht akzeptabel ist, kann (muss?) ich auf ihn verzichten. Es nutzt keinem, wenn, wie es oft gemacht wird um ja niemanden vor den

Kopf zu stoßen, Abläufe verzögert werden, wohl wissend, dass man zu der Angelegenheit niemals ja sagen wird, aber in der Hoffnung, dass sich im Laufe der Zeit alles von alleine klärt. Wir müssen verstehen, dass hinter einer Bitte oder einem Vorhaben ein Mensch steht, dem das Vorgebrachte zum Erreichen seiner Ziele u.U. sehr, sehr wichtig ist oder ihm vielleicht sogar eine letzte Chance bedeutet. Wenn wir hingegen aufrichtig und begründet nein sagen, ist trotz Ablehnung mehr Positives geübt als mit verhaltenem Gehabe.

Letztendlich sind für das Gegenüber die Ausflucht und die Lüge die größere Enttäuschung als die harte Wahrheit, und zugleich wird er den Glauben an uns (und vielleicht unberechtigt auch an viele andere) verlieren. Ein offenes, begründetes Nein muss mein Gegenüber ja nicht unweigerlich schädigen. Genau genommen bekommt er einen neuen Impuls durch mich, der ihn wahrscheinlich bestärken wird, das Vorhaben, oder eben vielleicht seine Vorgehensweise, neu zu überdenken und eventuell zu verbessern.

Wohl überlegte Aufrichtigkeit bringt offensichtlich jedes Miteinander auf eine konstruktive Ebene, und ich habe den Eindruck, dass immer dann, wenn der Fluss von positiver Energie entsteht, etwas Undefinierbares, Stimulierendes ins Spiel kommt. Vielleicht könnte man es eine höhere geistige Freiheit nennen, die dann das »Spiel« nach besten Regeln des Miteinanders begleitet, die ich in dem Moment gar nicht mehr kontrollieren will, sondern eher mit Vertrauen und Genugtuung gewähren lasse?

Vorsorgende Offenheit schützt meistens. So erlaube ich mir heute ohne weiteres, Menschen, die wieder oder neu in mein Leben treten und bei denen ich merke, dass ich mit meiner Ansicht über ihr »energieraubendes Verhalten« wahrscheinlich richtig liege, vorsichtig auf ihre eigentümliche Haltung anzusprechen. Ich frage sie offen, aber ohne beleidigend zu werden, nach dem Grund ihres vermeintlich

»wirkungsvollen«, aber im Grunde destruktiven Verhaltens. Wenn ich damit keinerlei Nachdenken und schon gar kein Begreifen erreiche, wird sich eine Zusammenarbeit ohnehin erübrigen, und ich kann mich mit Ruhe aus dem Thema verabschieden. Mit Menschen, die sich zu keiner offenen Betrachtung bereitfinden, mich offensichtlich nicht respektieren, sondern mich nur benutzen wollen, werde ich wahr-scheinlich niemals zu einem guten Punkt kommen.
Warum sollte ich also mit jemandem eine Sache vertiefen, mit dem ich früher oder später sowieso zu keinem guten Ende kommen werde? Wem schadet die Offenheit? Mir? Ihm/Ihr? Vermutlich allen nicht. Die ansonsten voraussehbaren Folgen sind wahrscheinlich für alle Beteiligten schlimmer.

Erstaunlich ist auch, welche Reaktion man imstande ist auszulösen mit der einfachen Frage: „Warum machen Sie, bzw., warum machst du das?“, sobald jemand sich extrem rücksichtslos benimmt. Plötzlich scheint beim Gegenüber eine »Vollbremsung« einzusetzen und eine Einkehr stattzufinden, so als würde sein/ihr Geist unverhofft geweckt werden und sich dann erst einmal erstaunt umschauen müssen, um sich anschließend eine neue, geeignetere Position zu suchen. Scheinbar Wichtiges kann plötzlich zweitrangig werden. Es scheint oft so, als hätte derjenige sich plötzlich selber durchschaut, und nun bemerkt, dass er nicht einmal für sich selber das Richtige angedacht hatte. Danach steht gewissermaßen seine Wirklichkeit im Raum und seine Schwäche, nicht seine vermeintliche Stärke.
Menschen, die keine andere Meinung anhören wollen und, aus welchen vermeintlichen Gründen auch immer, keine solche zulassen wollen, sind nicht stark, sondern meistens unsicher und »nackt«, sobald sie »ihren Marsch« nicht mehr ungestört fortsetzen können.

7. Verstehen

Michael, ein alter österreichischer Bekannter von damals, rief mich letztens an, und ich dachte dabei sofort an ein Gespräch mit ihm, das ich auf einem der Bänder hörte. Er hatte damals nur am Rande mit dem Mediengeschäft zu tun. Ich denke gerade an ihn in dem aktuellen Zusammenhang und obwohl ich gerade wenig Zeit habe, zwingt mich meine Neugier jetzt noch einmal in die alte Tonbandaufnahme hineinzuhören.

Ich suche längere Zeit, bis ich den betreffenden Abschnitt finde. Der Inhalt ist unbedeutend, aber was mir auffällt, ist der fundamentale Gleichsinn seines Redens. Er führt heute wie damals dasselbe grundsätzliche Lamentieren auf und hat heute fast dieselbe, kaum gealterte Stimme, raunzend, etwas kindhaft angelegt, und das gesamte Gesprächsthema, so scheint es mir, ist fast vollständig auf seinem Selbstmitleid aufgebaut. Damals wie heute tragen, seiner Ansicht nach, offenbar andere die Schuld daran, dass sich sein Dasein und auch das, was er gerade wieder einmal zu schaffen versucht, nicht positiv entwickeln. Ich bin froh, dass von ihm nicht eines meiner Geschäfte abhängt. Er kann einem nur leidtun, weil er es offensichtlich nicht schafft, sich selber zu erkennen und zu festigen. Er wird es offenbar nicht schaffen, seinem Umfeld endlich einmal zu sagen, was er wirklich denkt und was er möchte.

Ich habe ihm einige Male zu erklären versucht, dass er nichts riskiert, wenn er wegen offener Worte die falschen Freunde und Geschäftspartner verliert, die ihn, wie er sagt, ja eh nur ausnutzen. An Beispielen, die er erzählt, erkenne ich, dass er oftmals wirklich absichtlich benutzt wurde, aber auch, dass er sich benutzen ließ, denn die Anzeichen, dass alles danebengehen wird, schienen ihm offenbar früh genug erkennbar.

Wenn er sich richtig hineinsteigert und aufgebracht lamentiert und ich, nachdem ich ihm geduldig zugehört habe, wieder einmal frage weshalb er nicht endlich da und dort dieselbe starke Energie wie jetzt hineinlegt und endlich reinen Tisch macht, dann wird er sofort wieder »realistisch«. Er wird still, lenkt ein, als sei ihm – nach tausend vergeblichen Versuchen sich zu behaupten – der Mut abhandengekommen, so als würde es ihm nunmehr schon genügen, sich wenigstens ab und zu aufzuregen, und ich vermute, er schafft es auf diese Art nie mehr, einen guten Weg zu finden.

Seine Kinder sind zwar alle erwachsen, haben bereits alle eigene Kinder und gehen ihm, wie er sagt, mit ihren Problemen mehr auf die Nerven als früher, als sie noch klein waren und ihn wirklich brauchten.
Michaels Frau, wie er sagt, geht es offenbar ähnlich, sie ist für jeden da, verkörpert im Grunde nicht die geschätzte Mutter und Oma, sondern die kostenlose Hausangestellte, bekommt wirklich nie einen ordentlichen Dank, fällt abends kaputt ins Bett, hütet an Wochenenden abends oft die Enkel, damit die Kinder ausgehen können. Sie muss am nächsten Tag, während die anderen ausschlafen, früh aufstehen, um alles erledigen zu können, und die Kinder, Enkel und Schwiegertöchter danken ihrer »günstigsten Haushaltshilfe aller Zeiten« sozusagen nie. Obendrein gibt sie den Kindern sogar noch das Letzte aus ihrem Rentengeld, wobei sich ihr »Dank« angeblich auf die Sekunden der Geldübergabe begrenzt, danach geht ihr »normales Leben« weiter.

Ich kenne beide recht gut, und ihre Antworten auf meine vorsichtigen Fragen bewiesen mir mehrmals, dass meine Befürchtung zutrifft, nämlich, dass sie ihr Leben gar nicht mehr anders gestalten wollen. Beide lamentieren zwar, aber wollen ihre Existenz im Grunde so haben, wie sie ist. Fast scheint es so, als genüge ihnen beiden das leidende Ich. Hauptsache es bemerkt jemand, wie sehr sie »leiden«, und sie leiden lieber, anstatt etwas Grundlegendes zu ändern und damit das aus ihrem Leben zu verbannen, was endlich ihr »Opferdasein« beenden könnte.

Michael bat mich irgendwann, dem Peter einem seiner drei Söhne der sich beruflich veränderte, bei Bedarf die eine oder andere Hilfe zu geben.
Da ich der Meinung bin, man sollte helfen, wo man gebraucht wird, habe ich zugesagt, aber dem Peter klare Bedingungen gestellt, und er war sich klar darüber, dass ich lediglich Impulse geben würde wo mein Wissen es zulässt, und meine Aufwendungen sollten natürlich honoriert werden, bzw. sollte er gegebenenfalls einen Gegendienst erfüllen.
Nun, Peter kam, wie er es wahrscheinlich bisher bei Michael ohne dessen Einspruch praktizieren konnte, fast nahezu mit jeder kleinen Sachfrage zu mir, so dass ich beinahe den Eindruck gewann, er ist zu willenlos um selber zu denken.
Ich überlegte des Öfteren, die ganze Verbindung zu ihm abzubrechen, denn bis hin zur kleinsten privaten Kleinigkeit wollte und konnte ich ihm nun wirklich nicht beistehen. Auch wenn ich jede Zeit der Welt dazu gehabt hätte, kannte ich einfach auch sein soziales Umfeld zu wenig, um möglichst effektiv beraten zu können.
Mir fiel auch auf, dass er permanent Neues vorhatte und zu allen Themen meinen sofortigen, perfekten Rat erwartete und den Abschluss des von ihm initiierten aber »Unausgegorenen«, doch lieber anderen überlassen hätte.
Er schien aber auch daran gewöhnt zu sein, auf jede seiner Ideen sofort Bedenken zu hören, und er war offensichtlich überrascht und erfreut,

wenn wir über seine Angelegenheiten ausführlich zu reden begannen und dabei gemeinsam versuchten, das Positive und Negative objektiv zu betrachten. Deutlich festzustellen war, dass Peter mit dem Verhaltens- und Lebensmuster seiner Eltern stark in Verbindung stand. Er benutzte genauso das leidende und das scheinbar gutmütige Ich gegenüber Fremden, das aber gegenüber Michael und seiner Frau, wie ich erstaunt beobachten konnte, durchaus unfreundlich, fast böswillig und sehr undankbar sein konnte. Er benutzte in gar manchen Gesprächen das erbarmungswürdige Ich, das Weiterkommen möchte, aber nie weiterkommt, weil ihm immerzu andere »Böse«, denen er zwar nichts getan hat, Probleme machen. Dabei konnte ich ein paar Mal beobachten, dass er gegenüber Menschen, die vermeintlich sozial höher standen als er, nie sagte, was es wirklich möchte. Den sozial gleichwertigen oder scheinbar geringer gestellten Menschen konnte er durchaus sagen, was Sache ist, und machte die Verbindung eher selbstherrlich nieder, ohne die möglichen positiven Aspekte zu nutzen. Grundsätzlich traute er sich kaum, einem Mächtigeren einmal etwas abzuschlagen, und so traute er sich beispielsweise auch nicht, einem nach seiner Auffassung mächtigen Auftraggeber einen Werkvertrag zur Unterschrift vorzulegen, als er den Auftrag bekam. Er ging einfach das Risiko ein, weil angeblich alle Wohlhabenden immer zahlen können. Wenn jemand gewollt hätte, wäre es also leicht gewesen, ihn von A bis Z auszunutzen. Darauf habe ich ihn dann angesprochen und ihn anhand eines Beispiels, das ich aus der Erfahrung kannte, auf seine Risiken hingewiesen, dabei habe ich ihm erläutern können, dass das Betrügen andere auch bei ihm versuchen könnten, wenn er sich weiter so unterwürfig, gutmütig und kindisch präsentierte. Augenscheinlich beunruhigte ich ihn damit etwas. Dann redete er los und war offensichtlich froh darüber, die Sorge einmal offen mit jemandem erörtern zu können, da er gegenwärtig für eine große

Arbeitsleistung nicht kassieren konnte. Vater Michael der zwar heftig geschimpft hatte, wie immer bei ähnlichen Zuständen, versprach zu dem Schuldner hingehen, zu verhandeln und einzukassieren.
Wir besprachen ein paar Grundsätze und überlegten schließlich, nachdem ich ihm Mut gemacht hatte, einen Weg, um bei diesem Schuldner ohne Mithilfe vom Michael die Außenstände einkassieren zu können.
Das Gespräch hatte offenbar Wirkung und zwei Folgen. Ein paar Tage später berichtete Peter nämlich, dass er mit dem Schuldner ohne Beistand Michaels gesprochen habe; eine zufriedenstellende Einigung gefunden habe und einiges vom Ausstehenden bereits nach dem Gespräch kassieren konnte.
Zugleich legte er mir mit auffällig zögernder Gestik ein Angebot für eine Arbeit vor, die ich von ihm ausführen lassen wollte, wobei er für eine mit früher vergleichbare Tätigkeit mehr verlangte als vorher. Auch an eine Kompensation der Schulden mir gegenüber, dachte er offenbar nicht.
Ich sprach ihn darauf an und sagte ihm, dass ich den Preis der noch im Rahmen des »Normalen« liege akzeptiere, er aber auch seine Schulden langsam abtragen müsse. Er war erstaunt und beteuerte, dass er mich keinesfalls »benutzen « wollte. Wir einigten uns.

Ich konnte im Laufe der Zeit bei Peter noch einiges Positives bewirken, und oftmals auch nur mittels Telefongesprächen seine Einstellung in Problemlagen, deren eigene Klärung offensichtlich u.a. auch durch die übertriebene Fürsorglichkeit seitens der Eltern über Jahre von ihm weggeschoben wurde, etwas ordnen helfen.
Die Festigkeit, das Vertrauen, das umfassende Pflichtgefühl und ähnliche Fundamente in sich selber zu gründen ist offensichtlich eine der schwierigsten »Lebenswerke«. Dessen Erlangen geschieht nicht mühelos und ausnahmslos alle Erziehenden müssen hierbei

dem/der Heranwachsenden beistehen. Sicherheit festigen kann wohl niemals schnell und einfach stattfinden, und wie wir alle aus eigener Erfahrung wissen, sind Rückschläge doppelt so schlimm, wenn wir uns dann gerade in einem Zustand voller Zweifel befinden; wir uns sozusagen nahezu »am Versagen im Vergangenen« orientieren mangels alternativer Erfahrungen.

Scheint es demnach nicht erforderlich, bei allen Obliegenheiten einen möglichst frühen Klärungsbeginn herbeizuführen, um sozusagen einen Vorsprung zu schaffen, bevor vielleicht neue Rückschläge, sogar noch während eines bereits herrschenden Desasters, passieren?

Ich freue mich jedenfalls, dass Peter offensichtlich ein wenig mehr Selbstvertrauen bekommen hat, und dies entstand sicher nicht daraus, weil ich ihm, so wie Michael, von früh bis spät assistiert habe.
Er sagte mir letztens einmal bei einem Telefonat, dass er nur selten mehr imstande sei, mit Michael über Vorhaben zu reden, denn der wisse nämlich nach wie vor alles besser und wisse – seiner Meinung nach - »eigentlich wenig wirklich«. Ich versuchte natürlich Michael ein wenig in Schutz zu nehmen.
Hingegen, nach Michaels Äußerungen zeigte sich, dass Peter zwar nicht mehr mit jeder Frage und Kleinigkeit ihn belastete, aber dass leider auch die Kommunikation zwischen ihnen weniger wurde. Jetzt, so Michael, fordere der »liebe Herr Sohn« nahezu immer Beweise für Behauptungen und habe Michael sogar einmal zornig aufgefordert, nichts zu sagen, sofern Michael über eine Sache nicht absolut Bescheid wisse, und er würde offensichtlich mehr ausgefragt als um Rat gefragt, und oftmals sähe er sich durch die bohrenden Zwischenfragen seitens des Sohnes regelrecht in die Enge getrieben. Ich musste insgeheim schmunzeln als ich mir den »getesteten« Michael vorstellte.

Abschließend sagte Michael, er wäre natürlich froh darüber, wenn Peter endlich auf eigenen Füßen stehen könne, ohne ihn und seine Frau nach dem Missglücken einer Sache mit der Problemlösung zu beschäftigen. Peter hatte die meisten Schwierigkeiten und natürlich auch die Folgen seines Tuns von sich geschoben und somit auch das Ende des Abenteuers kaum einmal ordentlich und schmerzlich miterlebt.

Ich versuchte Michael zu ermutigen mit allen seinen »Sorgenkindern« und mit seiner Frau gemeinsam, möglichst öfters aufrichtige Themendiskussionen zu führen.

Ich bin mir sicher, dass solche stattfinden werden und dass man dabei ab und zu auf die Idee kommen wird, mich, den »Freund des Hauses«, als »Vermittler« zu benennen, vielleicht auch mit dem Gedanken, gegebenenfalls wieder -wenigstens für das eigene Gewissen - einen »Schuldigen« benennen zu können, falls wieder etwas nicht so sehr gut gelingen würde. Man wird sehen.

8. Abwägen

Bei der Betrachtung der Opferungsrolle Michaels und seiner Frau, aber auch anderer Eltern, für ihre bereits erwachsenen Kinder und deren Nachkommen, frage ich mich, weswegen Menschen eigentlich zur Meinung gelangen, dass ihre Nachkommen lediglich nur mit Hilfe ihrer »uneingeschränkten Hingabe« weiterkommen können? Anscheinend glauben sie, dass ihre Abkömmlinge, obwohl sie längst auf eigenen Füßen stehen könnten, ohne ihren permanenten Einsatz nicht zurechtkämen, sonst würden sie die offensichtliche Mühsal, die

ihnen durch andauerndes Mithelfen entsteht, nicht auf sich nehmen. Natürlich, aus dem Elterngefühl heraus betrachtet, steht das generelle Behüten- und Beschützen wollen außer Frage, aber wo hört dieses Beaufsichtigen und Helfen auf, wenn es nicht mit der Emanzipation der Kinder langsam ausklingen darf?
Wenn nach permanenten Abhängigkeiten zwischen Eltern und Kindern sich zeigt, dass sich das scheinbare gute Miteinander offensichtlich in beiderseitige Erschöpfung verwandelt hat, dann werden sich die Beteiligten wohl oder übel eingestehen müssen, dass ein gegenseitiges, langsames, vertrauensvolles Loslassen für alle besser gewesen wäre.
Manche Erzieher sehen anscheinend nicht ein, dass sie dem Kind viel mehr Wahrheit und Sicherheit fürs Leben bieten könnten, wenn sie es früh zu eigenen Schritten ermutigten, es vorsichtig begleiteten und immer wieder losließen und ihm die Tür offenhielten, sowohl zum Hinausgehen als auch zum Zurückkehren.
Lernt nicht jedes Wesen am eindringlichsten durch die Folgen seiner Fehler? Und Fehler lassen sich nun einmal nicht vermeiden, insbesondere nicht im privaten Bereich; eher noch im wirtschaftlichen, denn in Bezug darauf lassen sich bedeutende Bücher und Statistiken wälzen, aber im privaten Kreis spielen meist zu viele »hinkende« Hypothesen, Vergleiche und vor allem »gut gemeinte« und leider oft schlecht getroffene Ratschläge mit.

Wie viele wirklich glückliche Paare oder Elternteile sehen wir in unserem Umkreis? Viele? Wenige? Fast keine?
Was will beispielsweise eine unglückliche Mutter dem Sohn oder der Tochter über das private Glück beibringen, das sie anscheinend selber kaum erfahren konnte? Oder will ein Vater, der ständig in Disharmonie mit der Mutter seiner Kinder steht, seinen Nachkommen sagen, wie sie es machen sollten, damit sie es richtig machen? Weiß er denn

wirklich selber, wie es richtig wäre?
Und wenn wir etwas vom Ganzen absolut besser wüssten und unser besseres Wissen sogar beweisen könnten – was und wem würde dies schließlich nützen, wenn in dem einen Punkt keiner auf uns hören möchte? Muss der-/diejenige uns glauben, oder möchte er/sie vielleicht auch nur die eigene Erfahrung machen? Und sollte die nicht wirklich auch gemacht werden?

Wie oft schon haben wir uns darüber geärgert, dass die anderen, obwohl wir sie mit bester Absicht x-mal mahnten, anscheinend nicht zuhörten und schließlich genau das Gegenteil von dem taten, was wir ihnen geraten hatten? Und vermutlich ist es nicht nur dem Michael so ergangen, der vom Sohn sogar wieder um Mitwirkung gebeten wurde, um ihm aus dem Dilemma zu helfen, vor dem er ihn vorher sogar ausdrücklich gewarnt hatte.
Aber haben wir nicht oft auch, anstatt Mitdenken zu zeigen, lediglich den Anschein vermittelt, als wären wir die absoluten Besserwisser? Haben wir damit so manchen Widerstand und »Gegenbeweis« vielleicht geradezu herausgefordert? Haben wir jemals den Menschen, der uns um Rat fragte, absichtlich und unauffällig, so viel wie möglich alleine tun lassen und ihn nur wachsam und unauffällig begleitet?
Ist es nicht vielmehr so, dass unser Ego es grundsätzlich nicht gerne zulässt, dass andere, ohne unser Dazutun, Erfolg haben? Wollen wir nicht immerzu (und wenn auch nur ideell betrachtet) am Erfolg der anderen teilhaben? Ist es nicht auch oftmals so, dass, wenn jemand sein Vorhaben erwähnt, wir uns sofort (vielleicht zwar mit guter Absicht, aber meist ungebeten) »einmischen«?

Wissen wir, wenn wir eine »Sachkenntnis« zu haben behaupten, tatsächlich alles über die Sache, oder laufen wir, wie es mir einmal jemand beschrieb, lediglich gleichsam »ins eigene Archiv«, stöbern dort hastig in unseren »Lebensakten«, finden und nehmen dort das Negative, und dann, ohne zu hinterfragen und zu analysieren, ob der Fehler damals nicht auch an uns lag, breiten wir prompt das gefundene negative Beispiel vor dem anderen aus. Tragen wir damit nicht indirekt zum Scheitern seiner vielleicht machbaren Sache bei? Überlegen wir dabei, ob der andere vielleicht wirklich andere Chancen und Voraussetzungen hätte, als wir sie damals hatten? Vermiesen wir dem Gegenüber möglicherweise sogar einen Teil seiner Zukunft durch unser »gut gemeintes« Bremsen, weil wir es angeblich »besser wissen als er«?

Die meisten von uns posaunen durchwegs ihre (ganz subjektive) Erfahrung hinaus, so als sei ihre Kenntnis die absolute Realität, und sie folgen dabei nur dem eigenen (oftmals wirklich kümmerlichen) Gedankenmuster und der eigenen Hypothese.

Wie oft werden wir mit einem solchen Verhalten tatsächlich das Negative – unbewusst – herbeigerufen haben, weil wir die natürlichen, positiven Aspekte in der Herangehensweise des anderen mit unserer Schwarzmalerei bereits gründlich gestört hatten? Und woher nahmen wir jemals die Freiheit zu behaupten, dass Ähnliches, was uns missglückte und der andere vor sich hat, ihm auch misslingen würde? Wieso gelingt dann manchen Menschen genau das, was uns missraten ist?

Weiter müssten wir uns fragen, ob wir nicht meistens selber nur »raten«, wenn wir anderen alles Mögliche »raten«? Laufen wir dabei nicht wieder nur in unser »Archiv«, finden nichts und mahnen aber doch lieber zur Vorsicht? Wäre es stattdessen nicht angebrachter, gemeinsam mit dem anderen das Positive und Negative abzuwägen und dann, wenn die Sache gut aussieht, zu ihrem Gelingen beizutragen? War unser Verhalten in manch einem Falle nicht sogar folgenschwer?

Wie oft gaben wir unsern »Rat«, ohne dass man uns darum fragte? Woher nehmen wir das Recht, anderen unseren Rat aufzunötigen? Müssten wir (falls wir überhaupt gefragt werden) nicht oftmals unsere Eitelkeit zurückstecken und zugeben, dass wir zu diesem Thema eigentlich nicht Rat geben können, weil wir dazu vom Wissen her nicht imstande sind? Würde uns dies nicht auch viel sympathischer machen, als das »immer alles besser wissen«? Würden wir persönlich von jemandem einen Rat annehmen, von dem wir wissen, dass er von dem, was er uns vorhersagt, wenig oder gar keine Ahnung haben kann?

Sollten wir nicht insbesondere auch die Leistung des Energieflusses zwischen uns und den Personen, die uns nahestehen, beachten? Wenn wir für einen unserer Angehörigen, der uns braucht, das Beste erzielen wollen, sollten wir uns dann dabei nicht so verhalten, dass wir den Energiefluss des anderen weder durch unseren »blockierenden Rat«, noch durch unsere übermäßige Hilfe stören?
Wenn wir gefragt und gefordert sind, dann könnten wir doch versuchen, mit wohldurchdachten Initiativen den Fluss der Energie zwischen uns und dem Gegenüber anzuregen? Wenn uns Zweifel am Gelingen des Vorhabens kommen sollten, dann könnten wir doch im Zuge einer ausgewogenen Betrachtung wirken, ohne dabei jemanden zu beeinflussen? Daraus würden doch vermutlich ein konstruktiveres Miteinander und eine nützlichere, ausgewogenere Betrachtung und Bewertung des Themas entstehen?

9. Meinen

Man dient Menschen wohl weder in körperlicher noch geistiger Hinsicht durch fortwährendes Unterstützen und Behüten, so wie es beispielsweise die ungute Praxis vieler Eltern gegenüber ihren Kindern ist.

Man sieht oft, dass Eltern und Verwandte den Kindern die Mitwirkung am Lebensplan aufdrängen. Angefangen von der Berufswahl bis zur Bestimmung des Lebenspartners werden die Kinder oft überschüttet mit den überflüssigen Beobachtungen und Empfehlungen rund ums künftige Leben.

Bedeuten gewisse Einwendungen – ohne genaue Berücksichtigung und Hinterfragung der Lebensziele des Kindes – nicht, den Fluss des Lebens und der Entwicklung zu stören?

Wissen Erwachsene auch nur annähernd genau, was der/die Heranwachsende wirklich will? Ist nicht klar, dass in der Realität der Menschen ganz klare dynamische Vorgänge herrschen?

Dürfen Erwachsene den Heranwachsenden überhaupt die Mitarbeit an der Lebensplanung aufdrängen? Und wenn ein Bedarf an Hilfe zu existieren scheint, wäre dann nicht ein vorsichtiges Miteinander-Hinschauen oft wirksamer, anstatt den Kindern das Besserwissen aufzudrängen? Sollten wir Erwachsene nicht grundsätzlich zwar unsere Bereitschaft zur Hilfe erklären, aber abwarten, bis wir vom Heranwachsenden um Hilfe ersucht werden?

Vermuten wir Menschen nicht generell zu oft nur etwas in/bei anderen und agieren auf unsere (vielleicht total falsche, aus der oberflächlichen Betrachtung resultierende) Vermutung hin? Sollten wir nicht, wenn wir einem Menschen beistehen möchten, ihn erst einmal deutlich fragen, ob und wo er unsere Hilfe brauchen kann?

Wenn der-/diejenige unsere Hilfe braucht, fragen wir dann nach allen

Hintergründen und recherchieren, woraus seine/ihre Unsicherheit, Erfolglosigkeit, Sucht, Angst oder was immer kommen könnte? Oder »marschieren« wir wieder nach unserer »archiv-gesäugten Eingebung« und »frisch rat-geladen« los und »helfen«?

So eigentümlich es sich anhören mag, wage ich doch zu behaupten, dass falsch angewandte Hilfe anderen gegenüber grundsätzlich abenteuerlich ist. Wissen wir ausreichend über den Menschen, dem wir zu helfen glauben?
Helfen wir wirklich, oder helfen wir ihm nur über eine bestimmte Laune oder Phase seines Lebens hinweg? Dies bringt ihm aber keine effektive Lösung. Trägt derjenige vielleicht einen Zwiespalt in seiner Geisteshaltung, die ihn nicht als eine Einheit zwischen Geist, Seele, Körper und realer Welt leben lässt?
Hat beispielsweise »der Tyrann in den vier Wänden« sich vielleicht noch nie die simple Frage gestellt: „Warum mache ich das, was ich tue, obwohl es offensichtlich falsch ist?“ Hat er vielleicht noch nie über sein Handeln gründlich nachgedacht und handelt einfach nach Neigung vor sich hin?
Wie viele »Berater« wurden überführt, die offenbar das zwar erkannte Leid des Mitmenschen total ignorierten, die denjenigen sogar weiter schädigen als wäre dies eine »daseinsfreudige« Selbstverständlichkeit? Hat derjenige nicht begriffen, was er wirklich tut, dass er vielleicht vorwiegend nach trügerischen Gefühlen und nach einem trügerischen »Soll« handelt? Hat er begriffen was er anderen und letzten Endes auch sich antut? Hat er seine Bestimmung in dieser Welt mitnichten begriffen? Oder ist er in Anbetracht des oben Beschriebenen (s. vorausgehende 5. Nichts ist einfach) gewissermaßen vielleicht sogar nur ein »Werkzeug« einer dominierenden Macht?

Zurück zum Gedanken der Hilfe: Wie wollen wir Laien in wirklich schwierigen Fällen helfen; bspw. bei seelischen Problemen? Wir wollen ernstlich helfen und trauen uns oft nicht einmal dem Gegenüber zu empfehlen, er solle im Ernstfalle qualifizierte Hilfe annehmen?

Manche zwischenmenschlichen Haltungen muten in dem Augenblick des Geschehens vielleicht etwas arrogant an. Aber wie will jemand einem anderen helfen, ohne sich selber zu überwinden, die Tatsachen anzusprechen? Nutzt es »um den heißen Brei« zu schleichen, anstatt Klarheit zu schaffen? Wie oft ist ein »kleiner Schock« recht wirksam? Wissen wir das nicht alle aus eigener Erfahrung?

Ich erinnere mich an eine Begebenheit, wo ein ehemaliger guter Bekannter plötzlich vor mir stand. Er war kaum mehr zu erkennen, sein Gesicht war aufgedunsen und er roch nach Alkohol. Er kam auf mich zu, grüßte, ließ meine Hand die längste Weile nicht mehr los und erzählte dann, wie schlecht es ihm gehe. Er weinte plötzlich vor allen Leuten und dankte mir dafür, dass ich immer sein Freund war, was im Grunde gar nicht stimmte, denn dazu kannten wir uns zu wenig. Ich musste mich dann verabschieden, aber am selben Abend begegnete ich ihm nochmals. Er fragte mich geradeheraus, ob ich ihm irgendwie helfen könne, denn er sähe keinen Sinn mehr in all dem, was heute ist. Er rückte damit heraus, dass er im Verhältnis zu seiner Frau, in der Familie, im Beruf und im Finanziellen, Schwierigkeiten habe mit denen er nicht mehr fertig werde. Er weinte wieder und war offensichtlich mit den Nerven am Boden. Ich fragte ihn, ob er bereit wäre, sich fachärztlich behandeln zu lassen. Er lachte kurz auf und meinte, er wäre doch nicht verrückt. Ich versuchte ihm zu erklären, dass man zum Beispiel bei Zahnschmerzen zum Zahnarzt gehen würde und man bei einer seelischen Krise genauso einen Facharzt konsultieren sollte. Er sah das schließlich ein, aber er meinte, er traue sich nicht, zu einem Psychologen zu gehen, da man ihn bereits im Warteraum als Verrückten betrachten würde, und außerdem kenne er keinen Facharzt. Ich versprach ihm, mich darum zu kümmern und ihn am nächsten Tag anzurufen.

Über einen Freund fand ich einen Psychologen, der bereit war, ohne großes Honorar meinen Bekannten anzuhören. Ich rief an, und wider Erwarten war er sehr nüchtern und sehr froh, dass ich mich überhaupt meldete. Ich redete ihm nochmals zu und er versprach, den Termin wahrzunehmen. Kurzum: Nach einem halben Jahr etwa meldete er sich wieder einmal. Er klang ganz anders als vorher und erzählte mir, dass sich seit damals viel geändert habe. Er hatte allseits reinen Tisch gemacht und lebte zurzeit allein in einer kleinen Wohnung, aber es ging ihm offensichtlich wieder recht gut, obwohl er, wie er extra betonte, nicht einmal Medikamente nehmen musste. Ich war froh darüber, dass ich einem Menschen mit einem Zeitaufwand von vielleicht 15 Minuten helfen konnte, sein Leben etwas zu ordnen, wieder neuen Mut zu finden.

Wir Menschen sollten erkennen, dass unser Geist die vielleicht wichtigste Rolle in unserem Dasein innehat, dass wir vor allem geistige Wesen sind, die in einer spirituell beherrschten Welt leben; und wie die meisten von uns wohl annehmen, leben wir vermutlich nach der Vorbestimmung einer höheren Macht.

Wir wissen, dass die stoffliche Welt vergänglich ist und dass höchstens Seele und Geist weiterleben werden. Dies alles hält uns aber nicht davon ab, auf dieser Erde – während unseres Bestehens und oftmaligen Ringens für im Grunde Unnötiges – die greifbare Welt unendlich höher zu bewerten als die Geistige. Aber wer käme auf die Idee, grundsätzlich für sein geistiges Wohl jeweils gleich viel auszugeben als beispielsweise für eine neue, modische Kleidung, die man vielleicht im Grunde gar nicht bräuchte, aber die man haben muss, weil sie quasi

jeder trägt, weil sie hilft, nach außen zu zeigen, was und »wie viel« man (sich) wert ist, »wer« man ist? Wo bleibt im Verhältnis dazu die Entwicklung, das Wachstum unseres Geistes? Dafür tun wir nichts, darauf hören wir nicht, weil dies nicht nötig ist?
Wir vergessen bei alledem wohl, dass wir bei der Beschäftigung mit unserem Umfeld, beim Angleichen des Ich an das »Soll«, hauptsächlich den Kampf mit uns selbst führen, weil wir Vorstellungen nicht loslassen bzw. diese uns mit Hilfe unseres Selbst ohne weiteres unterjochen können.
Wir würden wahrscheinlich darüber staunen, wie viel Erfreuliches mit uns selbst und um uns herum passierte, wie viel Abhängigkeit vom Stofflichen wir vermeiden könnten, wenn wir in unserem geistigen Bereich anfangen würden, »uns und die Welt zu verschönern, zu verbessern«. Und wo sonst wäre der entsprechende Beginn einfacher, zugänglicher?

10. Wege öffnen

Ulrich, ein Gesprächspartner, der auf dem dritten Band zu hören ist, hat mich immer wieder verwundert durch seinen geschäftlichen und menschlichen Stil, und wie er es wagte, an die Themen heranzugehen. Heute, beim Zurückschauen, fällt mir seine Aufrichtigkeit und Ausgeglichenheit erst so richtig auf. Wenn man seinem Sprechen zuhört, bekommt man sofort den Eindruck, er stellt die Dinge sofort ins rechte Licht, zeigt auf, wo die Machbarkeit liegt, oder vielleicht auch die Sackgasse versteckt sein könnte.
Ich höre heraus, er motiviert mich und glaubt offensichtlich daran,

dass er, so wie die Dinge jetzt überlegt sind, alles schafft und wir alles schaffen werden. Und aus heutiger Sicht kann ich nur bestätigen, dass nahezu alles, was wir damals gemeinsam angepackt hatten, auch gelungen ist. Aber nicht, weil ich persönlich viel mehr dazu beigetragen hätte als bei sonstigen Projekten, sondern eher, weil man gegenseitig klipp und klar abstimmte, was zu tun ist, sich sehr motivierte, sich vertraute und dann –so wie vereinbart–, handelte. Im Gegensatz zu manchen anderen Geschäftspartnern, war es beispielsweise für ihn selbstverständlich, dass ich meine Kosten sofort ersetzt bekam. Ebenso belegte er seinerseits die Unkosten regulär.
Damals, sobald das erste gemeinsame Geschäft mit dem Kondominium, das wir erwarben, sanierten und wiederverkauften, abgeschlossen war, investierte er einen Teil seines Gewinnes sofort wieder, ließ es sich aber persönlich auch gut gehen. Er hatte ganz einfach einen anderen Stil im Umgang mit sich selber und den anderen und ist heute der Geschäftsführer eines der größten Getränkekonzerne in Europa.
Er band sich auch nicht an »erlernte« Geschäfte, denn beispielsweise das Geschäft mit dem Kondominium war für ihn und für mich neu. Er packte einfach an, was ihn interessierte, wo er sich mit seiner Logik »hineinleben« konnte. Natürlich gibt es in jeder Branche Ausnahmetalente, aber Ulrich schaffte es wahrscheinlich auch besser als andere, sich in ein System einzufühlen, das vielfach nicht einmal angemessen wahrgenommen wird; er unterstützte gewissermaßen nachhaltig den Kreislauf des Geldes.

Wundern wir uns nicht oftmals über Menschen in unserer Umgebung, die nach unserem Verständnis von Können und Einsatz eigentlich nicht viel tun, keine besonderen Fähigkeiten besitzen, aber einen unglaublichen Erfolg haben und offenbar ein erfülltes Leben führen? Kaum dass sie Geld einnehmen, geben sie es wieder aus, leisten sich

die tollsten Häuser, Autos, Kleidungen, und sie scheinen viel ausgeglichener und weniger verbissen zu sein als man selbst es ist, und der nächste Erfolg scheint bereits darauf zu warten, bei ihnen eintreffen zu dürfen. Warum das? Haben sie einfach mehr Glück als wir? Glauben sie mehr an das Glück als wir? Packen sie die Dinge geschickter an als wir? Oder sind sie nur viel weniger umsichtig als wir Besonnenen und bemerken sie es nur nicht, dass sie bereits auf dem Weg in ein wirtschaftliches Desaster sind?
Ist ihr munteres Spiel vielleicht sogar eine Art von Galgenhumor, weil es eh für jede Verbesserung der Situation zu spät wäre? Dies kann es aber auch nicht sein, denn vermutlich könnten diese Menschen dann nicht bereits jahrelang konstant dieses begehrenswerte Leben führen.

Die meisten von uns horten ihr Kapital meist verbissen nach althergebrachten Erfolgsrezepten, lassen möglichst nichts mehr aus den Händen. Was einmal verdient wurde, wird angelegt, in wohl überlegter Knauserei und nach dem Grundsatz: „Lieber aufs Sparbuch mit Null Zins, als an die Börse mit Risiko." Konservativ gehen die meisten nach ihrem gelobten »so sicher wie möglich« vor. Viele »betonieren« ihr Geld regelrecht ein, lassen es im Grunde nicht für sich »arbeiten«, sondern nur »zu Besitz stehen« und haben bei Lichte besehen immer weniger Geld als die anderen – und vom Geld an sich haben sie direkt wenig oder nichts.
Zumindest das alte Auto, die bescheidene Wohnung, die abgewetzte Kleidung und das Geld, das durch die Inflation immer weniger wird, geben ab und zu einen Wink, dass möglicherweise zu überlegen wäre, ob bei der »Nutzung des Geldes« nicht etwas falsch gemacht wird.

Viele von uns verstehen nicht, wie man so viel wagen kann, wie die anderen es immer wieder tun. Wie kann man beispielsweise, wie

Ulrich es getan hat, sein Haus mit Hypothek belasten, um ein weiteres zu kaufen und das zu vermieten? Was, würden die meisten fragen, wenn dabei etwas schiefgeht? Was, wenn alle Idealisten Unrecht haben und die Wohnungsmieten fallen? Was, wenn er auch das erste Haus verliert? Ulrich erzählte mir damals, wie sogar seine Verwandten, die ihn und seine Fähigkeiten eigentlich kennen mussten, vor diesem Schritt warnten. Man forderte ihn regelrecht auf, ja kein Wagnis einzugehen, um ja nicht wieder zu verspielen, was vorher verdient wurde. Einige Jahre später sah man, dass von all dem »Befürchteten« nichts zutraf, sondern durchwegs das Gegenteil. Die Wohnungsmieten sind seit damals zwar nicht außerordentlich gestiegen, aber der Immobilienwert hat sich derart erhöht, dass Ulrich, wenn er das Haus wiederverkaufen würde, genug Geld hätte, um nie mehr arbeiten zu müssen. Das Geld auf dem damaligen »sicheren Kurs« würde heute auf keinen Fall mehr reichen, um eine ähnliche Immobilie zu erwerben. »Pech« gehabt, wer dagegen war, nicht Ähnliches wagte und heute vom Ersparten immer weniger hat?

Haben wir schon einmal betrachtet, was Geld ist? Ist Geld denn nicht auch ein Symbol von Leistung und Lebenskraft? Ist verdientes Geld nicht ein wenig vergleichbar mit Früchten und den Samenkörnern, die wir geerntet haben? Würden wir auf die Idee kommen, die gesamte Ernte zu horten oder sie nicht einmal nach und nach aufzubrauchen, sie sogar verrotten (entwerten) zu lassen? Würden wir nicht einen Teil der Samenkörner wieder zur Aussaat zu bringen, um nach einer Weile wieder eine neue Ernte einzufahren?

Wenn wir dies alles, bezogen auf unsere landwirtschaftlichen Instinkte, nicht täten, weshalb horten wir dann unser Geld, anstatt Anteile, die wir nicht unmittelbar brauchen, wieder dem Fluss des Geschehens zuzuführen?

Unterbrechen oder unterdrücken wir nicht, durch das Horten von

Geld, auch das Wachstum eines wertvollen »Saatgutes« und verhindern oder zerstören somit seine Vermehrung und seine eigentliche Leistungsfähigkeit?
Ist nicht die gesamte Natur um uns herum auf Geben und Nehmen aufgebaut? Bewirkt nicht ein winziger Apfelkern das Aufwachsen eines Bäumchens, das im Laufe der Jahre zum mächtigen Apfelbaum gedeiht, der es uns erlaubt, viele saftige Äpfel zu ernten, deren Kerne wiederum den gleichen Kreislauf des Wachsens fortsetzen könnten, wenn wir dies möchten?
Greifen wir mit unserer oftmals raffgierigen Einstellung, möglichst viel zu nehmen, aber möglichst nichts mehr zu geben, nicht geradezu in den Kreislauf eines starken Geschehens ein, das im Universum generell gilt, nämlich in das grundsätzlich ausgewogene Geben und Nehmen?
Haben wir nicht alle schon einmal einen Beweis in die Hand bekommen, dass unsere Angst, zu verlieren, sich als der eigentliche Ursprung der späteren Schäden entpuppte?

Ob unser altes Sprichwort, dass frisch gewagt, auch halb gewonnen ist, auch heute immer noch eine recht ansehnliche Gültigkeit hat? Natürlich ist eine bestimmte Angst lebensnotwendig und wird nicht schaden, solange sie uns zum Überlegen bringt und uns fordert, das Für und Wider in einem gesunden Verhältnis abzuwägen, aber sie sollte uns nicht blockieren, schon gar nicht gepaart mit unsinniger Habgier und widersinniger Verlustangst, die uns in paradoxer Weise schließlich auch noch Verluste bringt.
Und was können wir am Ende von allem, was wir anhäufen, mitnehmen? Wäre schließlich ein gutes Leben mit viel förderlichem Tun vielleicht besser gewesen als ein gefülltes Sparbuch, das wir den (dankbaren?) Erben hinterlassen? Oder ist auch diese Konsequenz wieder als »vorbestimmt« zu betrachten?

11. Angriff auf die Schöpfung?

Ich frage mich, ob denn die zahllosen Schwierigkeiten, die Menschen anderen Menschen und Wesen auf unserer Erde bereiten, die Aggressionen, das mutwillige Versperren von Entwicklungen, das boshafte Eingrenzen, das Unterdrücken von Leistungsfähigkeiten, die absichtliche oder auch oft unwillkürliche alltägliche Böswilligkeit anderen gegenüber, nicht auf fatale und weitreichende Weise ein Angriff auf die Schöpfung und somit (zumindest auf die Resultate hin betrachtet) auch eine Offensive gegen den jeweiligen Verursacher selbst und gegen das ihm Nahestehende sind?

Angenommen, dass dieser Gedanke nicht abwegig ist, scheint es dann nicht absolut lächerlich, wenn eigentlich relativ rasch vergängliche Kreaturen wie wir gleichgültig welchen Titel, welchen Reichtum, welche Funktion wir im Leben haben, immer wieder rücksichtslos, präpotent und unverhohlen in den Kreislauf der Schöpfung (welche uns ihre voraussichtliche Unendlichkeit vermutlich bei Lebzeiten nicht beweisen wird) eingreifen?

Ist unser durchwegs an den Egoismus geklammertes Denken und Handeln grundsätzlich entschuldbar, weil anscheinend die prinzipielle Rechtfertigung gilt, »es ist nun mal so, wo Menschen am Werk sind«? Ist alles, was uns dazu einfällt, jenes Argument, dass menschliche Fehler sozusagen »passieren« und »normal« sind? Oder tolerieren wir die Dummheiten anderer nur deshalb, weil sie unseren eigenen Verfehlungen zum Verwechseln ähnlich sind?

Wir werden doch nicht ernstlich glauben, dass dies als Entschuldigung ausreicht? Manche unserer weitreichenden Verhaltensweisen beinhalten wohl eine unentschuldbare Verantwortungslosigkeit?

Und setzen wir uns nicht jedes Mal die eigenen Grenzen, sobald wir anderen Menschen absichtlich übelwollende Sperren setzen? Können wir es uns ohne weiteres und für alle Zeiten leisten, die Schicksale anderer negativ zu beeinflussen und die mitverursachten, schlimmen Folgen, die uns deutlich vor Augen stehen, zu ignorieren? Können wir, nach Anrichten eines Übels, ganz einfach und ungestraft darüber hinweggehen, nicht mehr darüber nachdenken oder vielleicht sogar uns an der Misere anderer ergötzen?
Dürfen wir eigentlich auch alle möglichen Missstände ignorieren, die außerhalb unseres engsten Umkreises existieren, auch wenn sie uns unmittelbar »nichts angehen«? Ist es nicht sogar unsere Pflicht, uns dort einzumischen, wo wir Ungerechtigkeit, Böswilligkeit usw. erkennen? Fragen wir uns wenigstens ab und zu, ob wir betreffend das alltägliche Geschehen um uns herum – nicht auch in irgendeiner anderen Form als in der passiven zu funktionieren hätten?
Ist es gut, wenn wir einfach von Geheimnissen wegsehen, so es für unseren Tagesablauf angenehmer ist? Dürfen wir dies? Sind wir entschuldigt, nur weil wir stets und nach altem Muster eine Entschuldigung finden?
Wie verhält es sich aber in jenen Augenblicken, wo andere unsere Probleme ignorieren? Ist unsere Einstellung zu dem Thema dann dieselbe? Haben wir Verständnis dafür, wenn Mitmenschen sich abwenden, sobald sie sehen, dass wir sie brauchen, sobald wir sie um Rat und Hilfe fragen? Nein?

Wenn wir nur das zu tun und zu tolerieren gedenken, was uns unmittelbar nützt, dann fragen wir doch einmal, wie sich diese Gesinnung mit der Tatsache verträgt, dass wir zwar nur ein winziger, vergänglicher Teil eines Ganzen sind, der aber sehr wohl (nachweislich aus unzähligen Beispielen) jetzt und hier einiges positiv wie auch negativ bewegen kann für die Zukunft (die eigene und die der Nachkommen)?

Betrachten wird die Widersprüchlichkeit doch einmal von folgender Warte: Viele von uns glauben fest daran, dass wir ein immer wiederkehrender Teil eines Ganzen sind und als Kreatur wiederkommen werden. Wie können wir uns, ganz subjektiv betrachtet, dann zum Beispiel durch die Zerstörung der Umwelt, durch die Zerstörung von Sitten usw. unsere eigene Zukunft verderben? Ist es dann nicht denkbar, wenn nicht sogar folgerichtig, dass ein Mensch, der heute dazu beiträgt, dass dem Ganzen Nachteile entstehen, auch das Risiko eingeht, in irgendeiner Form, in irgendeinem späteren Leben diese Auswirkungen mit ertragen zu müssen? Würden wir das Wagnis eingehen, wenn wir wahrhaftig glauben würden, was wir da denken und sagen?

Wenn wir es genauer betrachten, welche Frevel manche Menschen begehen und scheinbar dennoch (zumindest nach außen hin, aber vielleicht auch nur um »in« zu sein, an ewiges Leben, Wiedergeburt und ähnliche »Fortsetzungen« glauben, dann wird die ganze Heuchelei offenbar und ekelhaft.

Oder sagt sich jene/r vielleicht, das, was ich tue, kann keine große Rolle spielen, weil im Verhältnis zum gewaltigen Ganzen ich doch zu gering bin? Aber wer, in Gottes Namen, entscheidet, wie wichtig oder unwichtig der-/diejenige ist? Und wie soll ein Ganzes funktionieren, wenn ein bestimmtes Teil von ihm nicht funktioniert oder es gar gegen seine grundlegende Bestimmung steuert? Logisch ist doch: Wenn auch nur ein Teil eines unteilbaren Ganzen nicht funktioniert, dann kann seine gesamte Funktion niemals perfekt sein. Es kann ein Ganzes doch nur dann als Ganzes ordnungsgemäß verlaufen, wenn eben auch jenes gewisse Teil, das mit in Gang sein müsste, mit zum positiven Vorgang beiträgt? Was ist, wenn es sogar seiner Bestimmung entgegenwirkt?

Denken wir genügend darüber nach, ob das was von uns »in die

Welt hinausgeht«, richtig oder falsch ist? Würden wir nicht oftmals viele neue Fehler unterlassen, oder auch manche alten Entgleisungen berichtigen, bevor es zu spät ist, wenn wir in Ruhe betrachteten, was wir oftmals bewusst oder unbewusst anrichten, oder vielleicht alleine schon durch die nahezu übliche Ignoranz anderen gegenüber fortlaufend herbeiführen?

Es heißt, dass man später so sein wird, wie man heute denkt und handelt. Möchten wir irgendwann das Ebenbild von dem sein, wie wir heute denken und handeln? Überwiegt dabei das Positive oder das Negative? Wollen wir die Folgen unseres Denkens früher oder später selbst am eigenen Leib erleben? Wenn ja, dann nur die guten und die schlechten nicht? Oder wird es uns gelingen, dass wir dann – zum gewissen Zeitpunkt – nach subjektivem Bedarf trennen und wählen können? Das wird dann wahrscheinlich nicht mehr möglich sein, denn dann wäre die ganze Theorie doch wohl falsch?

Sollten wir demzufolge also nicht ernsthaft erwägen, unser Denken und Handeln definitiv zu verbessern, um damit auch unser Sein und unsere Zukunft auf eine bessere Ebene zu bringen? Wir sind doch ständig darum bemüht, dass es uns privat und geschäftlich von Tag zu Tag bessergeht und dass unser – und der mit uns verbundene - Entwicklungsprozess zum absolut Positiven führt? Weshalb fangen wir dann nicht sofort bei uns selber an und verändern zumindest einige unserer Einstellungen zum Ganzen, wenigstens jene, die wir ganz leicht abändern könnten, die wahrscheinlich für vieles (auch für das, was wir momentan damit nicht unmittelbar in Verbindung sehen) zum Positiven führen könnten? Würde uns die eine und andere optimistischere Einstellung zum Ganzen, das positivere Begegnen mit anderen, nicht grundsätzlich auch in unserem Innersten gut tun?

Ich bin Menschen begegnet, die jede humane Anschauung belächeln, weil für sie die Maxime gilt, dass mit Egoismus und »ich bin mir selber der Nächste« im Leben mehr zu erreichen ist. Aber haben sie im Endeffekt mehr erreicht?

Kann man nicht tatsächlich bei vielen wirklich erfolgreichen und glücklichen Menschen in jeder Gesellschaftsschicht beobachten, wie human sie mit anderen umgehen, wie dankbar sie für alles sind, wie sie Widerstand vermeiden und durch ihre Bescheidenheit und Dankbarkeit immer wieder neuen Überfluss ernten? Sehen wir bei solchen Menschen, wie sie andauernd andere Menschen traktieren, mit allem und jedem in Fehde liegen und ihre wertvolle Zeit, anstatt für sich selbst und für ihre Ziele, dafür hernehmen, den anderen das Leben zu erschweren? Und wären sie dennoch »glücklich«, wenn das so wäre? Ließe sich das eine mit dem anderen überhaupt irgendwie vereinbaren?
Die Antwort scheint klar zu sein, aber kann man nicht Beispiele dafür nennen, wo Menschen sogar viel Geld und Zeit opfern, um ihren Mitmenschen das Leben schwer zu machen? Ob diese Menschen ihre eigentliche Bestimmung überhaupt begriffen haben? Wie oft gehörten wir selber bereits in eine ähnliche Riege?
Wie gerne gibt man beispielsweise das vernommene Negative weiter, legt vielleicht noch ein bisschen Schlechtes dazu und das Gute verschweigt man, um der Geschichte »mehr Würze« zu geben? Leben von dieser Art des »Miteinanders«, und von den Folgen daraus, nicht auch sehr viele Medien und ihre Macher? Sind, um bei dem Beispiel Medien zu bleiben, in allen Fällen die alleine dafür verantwortlich? Lebt beispielsweise ein Zeitungsverlag nicht vom Verkauf des Blattes? Wer kauft die Zeitung? Was ist mit den vielen Teilhabern an den Medien, zu denen wir durch unser Aktienpaket vielleicht

sogar selber gehören? Wäre es uns nicht egal, was beispielsweise die Zeitschrift, an der wir partizipieren, Ungerechtes über andere schreibt, sofern der Ertrag aus unserer Kapitalanlage unseren Erwartungen entspricht? Kämen wir auf die Idee, als Teilhaber wegen eines zweifelhaften Themas zu intervenieren, solange andererseits unsere Rendite stimmt?
Ist uns denn stets klar, was wir, global betrachtet, oft mit scheinbar »belanglosen Bemerkungen« über andere, und »nicht bös gemeinten, kleinen, zusätzlichen Anmerkungen« zu einer Situation, bei den betroffenen Menschen oder dem/den damit Verbundenen anrichten?
Ist uns klar, was wir am Allgemeinen verändern, wenn wir so tun, als wäre es egal, dass einzelne Menschen diskriminiert werden?
Dürfen wir, wenn viele Menschen gegen einen anderen Menschen sind, uns automatisch dieser Stimmung anschließen, weil uns dies im Moment vielleicht besser ins Konzept passt? Ist es, auf die Zukunft hin betrachtet, wirklich besser für uns, »im Strom mitzuschwimmen«, eine Meinung nicht mehr nüchterner als andere zu betrachten, oder dies gar zu offenbaren? Kann dies eine zukunftsträchtige Perspektive sein? Und bedeutet das Mitlaufen automatisch auch, dass wir alle in die richtige Richtung laufen?
Es gibt genügend Beispiele, die dieser Frage Antwort geben können, aber werden zum Beispiel die vielen Mitläufer Hitlers dadurch entschuldigt, dass sie »nur« mitgelaufen sind und dasselbe getan (oder nicht verhindert) haben, wie die Massen um sie herum?
Natürlich wird man – am Beispiel Hitlerfaschismus und ähnlicher Erscheinungen – immer ein paar Dutzend bekannte Hauptschuldige verurteilen wollen, aber was ist mit den anderen Menschen jener Zeit, die genauso, oder noch enthusiastischer, das Unheil von Millionen von Menschen mitarrangiert haben?

Sind im Nachhinein betrachtet die angeblich »ohnmächtigen« Mitläufer, in jedem Falle viel weniger verantwortlich als die Mächtigen? Die Herrschenden andererseits werden sich immer wieder damit rechtfertigen, dass sie »nur taten, was das Volk guthieß«. Darf die Frage also so lange offen bleiben, solange der eine die Schuld auf den anderen schiebt?
Im Grunde haben doch in der Hitler-Ära die meisten dieselben Ziele gehabt und das verherrlicht, was wohl zweifellos äußerst verwerflich gewesen wäre? Wie sonst konnten vernünftige Menschen daran teilnehmen, als es darum ging, ganze Gesellschaftsschichten auszulöschen? Womit also sind die Mitläufer, ihrer Meinung nach, entschuldigt? Wer hat ihnen das Denken verboten? Hat ihnen – damals wie heute – jemand die Verantwortung abgenommen?

Darf ich an der Stelle die unbequeme Frage wiederholen: Haben Menschen das, was sie wollten, planten, taten und erduldeten, alles gewollt und geplant, weil Gott es so gewollt hat?
Wo liegt die Verbindung zwischen den Plänen Gottes und den Plänen der Menschen (u/o den Lebewesen allgemein)?
Sind die Pläne Gottes in allen Kreaturen verankert und diese erfüllen sie (unbewusst)? Wo, und für wen, ergäben sich Sinn und Zweck?

12. Angst vor allem?
Angst vor der Wahrheit?

Höre ich auf dem Band den Worten Theodors des damaligen Projektmanagers zu, der, wie schließlich nachgewiesen wurde, zum Misslingen des damaligen Projektes viel beigetragen hatte, und höre ich wieder seine sich dauernd windende Ausdrucksform, die offenbar eigentlich alles und doch nichts sagt, so ärgere ich mich jetzt am meisten über meine zu vertrauenswürdige Haltung gegenüber der scheinbar »gekonnten« Verhaltensweise dieses vermeintlich sehr intelligenten, sympathischen Menschen.
Erst am Ende der Zeit wurde uns, den anderen Beteiligten klar, dass er nie imstande gewesen war, tatsächliche Unannehmlichkeiten anzusprechen.
So schmückte er auch hier auf dem Band, im Nachhinein betrachtet, die Antworten so positiv aus, dass die daraus anzunehmenden Fakten überhaupt nicht mehr auf den Wirklichkeiten beruhten, sondern zu dem Zeitpunkt sozusagen schon reine Lügen waren. Aber wie hätte man aufgrund der allzeit »guten Aussichten« zum Projektverlauf überhaupt ein Problem bereden oder gemeinsam ausräumen können? Es gab ja keines.

Schließlich, als damals dann nach langem Kreuz und Quer das Gesamte geplatzt war, kam durch Zufall Guntram, ein gemeinsamer Bekannter ins Spiel, der mich unmissverständlich über Theodor und seinen bisherigen Werdegang aufklärte. Ich fiel aus allen Wolken. Guntram erzählte mir, dass er ausführliche Informationen und Bestätigungen darüber habe, dass die meisten der Geschäfte, bei denen Theodor einen gewichtigen Stellenwert hatte, genauso negativ verlaufen waren wie das gegenständliche auch. Angeblich hatte Theodor auch die anderen Male die besten Aussichten, aber mit der Zeit ging das gesamte Geschäft den Bach hinunter. Theodor hatte im Zusammenhang damit, mehrere Gerichtsverfahren am Hals. Angeblich hatte er kurz vor unserer Zeit ein florierendes Unternehmen in den Ruin treiben lassen, obwohl er als dessen führender Mitarbeiter beste Entlohnung hatte und der Zerfall der Firma viele Arbeitsplätze kostete und ihm direkt auch beträchtliche Schäden zufügte.

Ich glaubte die Geschichte nicht, bis mir Guntram die ihn betreffenden Schreiben aus einem Briefverkehr zwischen den Rechtsanwälten präsentierte.
Trotzdem blieb die Frage offen, warum Theodor sein destruktives Verhalten bei dem jüngsten Projekt wiederholte?
Er hatte doch bei dem einen Projekt wie auch bei dem anderen nichts gewonnen, und auch aus all dem Chaos, das er anrichtete, bestimmt keinen persönlichen Vorteil gezogen?
Warum dann diese gleichgerichtete Vorgehensweise? Betrugsabsichten? Nein, er betrog niemanden direkt um Geld oder andere Vorteile. Was hatte er davon, wenn das Geschäft für alle Beteiligten, und somit auch für ihn selber, nicht gelang? Weshalb nahm er große Mühen und Kosten auf sich, wenn er ohnehin nichts aus allen seinen Leistungen herausholte und aber auch niemanden absichtlich betrügen wollte? Wieso immer dasselbe »Muster« auf seinen geschäftlichen Wegen?
Hatte er eine mir / uns unbekannte Motivation bezüglich unseres Vorhabens?
Auch heute weiß ich immer noch nichts Genaues, aber eines ist offenkundig, nämlich, dass Theodor der Unternehmung primär wohl selber im Wege stand durch seine unergründliche Angst den Gesprächs- oder Geschäftspartnern die Wahrheit zu sagen.

Wovor aber fürchtete er sich? Dass er die Anerkennung oder gar den Job verliert? Dass das Geschäft nicht läuft, wenn er die Wahrheit sagt? Diese Anschauung wäre aber ziemlich kurzsichtig gewesen, denn den Job verlor er schließlich nur infolge der Unwahrheiten.

Theodor hatte, wie er es angeblich meinem Bekannten Guntram irgendwann gestand, Angst vor alledem was ihm plötzlich begegnen könnte, falls er bei aufkommenden Problemen den Projektpartnern die Wahrheit sage. Das verstand ich nicht. Er hatte doch offensichtlich keine Angst davor, durch seine Manipulationen früher oder später das Ganze zu zerstören und sich wahrhaftig Feinde zu machen? Die Angst vor den direkten Folgen für sich und alle Beteiligten, wäre doch wohl verständlicher gewesen?

Aus seiner »Angst vor allem« bemühte er sich zwar alles richtig zu machen, aber er traute sich offenbar nicht, guten Ideen offen und eventuell auch mal hinterfragend, nachzugehen und sie umzusetzen und – wo nötig – sie mutig durchzusetzen.

Die Verwirklichung der Pläne nach seinem Schema konnte also offensichtlich nie auf einer geradlinigen Basis aufgebaut werden, sondern beruhte von Anfang an auf Manipulationen. Und im späteren Verlauf – wohl aus der Angst heraus, dass das Vorhaben nicht »reibungslos« laufen könnte, sofern er dem einen oder anderen Geschäftspartner auch einmal eine negative Entwicklung oder neu entstandene Risiken des Vorhabens eingestehen oder deutlich machen würde – suggerierte er den Beteiligten ihre Situation so, wie diese nach seiner Ansicht nach denen am besten ins Konzept passen würde. Dementsprechend belog und betrog er sich und andere, demgemäß wurde verhandelt, und auf dieser instabilen Basis wurden sogar wesentliche Verträge geschlossen. Demgemäß hatte er auch mir erwiesenermaßen » herrliche Aussichten« prognostiziert.

Natürlich wurde das Chaos immer größer und größer, und wie ich viel später erfuhr, hat Theodor sich mit seinem »System« regelrecht kaputt gemacht. Sein »Ruf«, alles zu vermasseln, eilte ihm natürlich voraus und kein vernünftiger Mensch wollte mehr mit ihm zu tun haben, und immerhin bewegte er sich in Sektoren, wo einige sehr Mächtige sich die »Klinke in die Hand« geben.

Heute, nachdem ich noch einige ähnliche Leute wie Theodor kennen lernte, die ähnliche Maschen draufhatten wie er, muss ich bemerken, dass solche Menschen sich trotz ihrer vermutlichen »Angst vor der Wahrheit«, so gar nicht ängstlich benehmen. Sie spielen stark. Sie wirken stark.

Meinen solche Menschen, sie seien weitaus klüger als die anderen und könnten daher mit Leichtigkeit manipulieren? Dies ergibt, wenn man die Resultate betrachtet, doch einen absoluten Widersinn! Aber Menschen, die derartig manipulieren, müssen sich selbst doch für viel schlauer halten als der, den sie gerade kaltschnäuzig »bearbeiten«? Wenn jemand manipuliert, muss er doch davon überzeugt sein, dass er so gut ist, dass der andere es tatsächlich nicht merkt, sonst müsste er wohl zweifeln, ob sein »verlogener« Plan funktionieren wird?

Abgesehen von der Torheit an sich, muss es eigentlich sehr gefährlich sein, wenn sich jemand für so absolut cleverer hält als andere. Schlauer als ein anderer zu sein, könnte sich auch noch ausgehen, aber die Ansicht, intelligenter als alle anderen zu sein, stimmt vermutlich niemals. Aber dieser Sinn muss hier eingeschlossen sein, wie sonst könnte einer wie Theodor sich trauen, ganze Projekte mit vielen Teilnehmern zu manipulieren?

Da das Manipulieren offenbar auf unlauterer Absicht beruht, auf dem »Lügen-Wollen«, oder auf dem »Wohlsein-verschaffen-Wollen«, wird jedes Miteinander irgendwann zugrunde gehen, doch damit ist aber wohl auch die Chance zugrunde gerichtet, die Kraft des Miteinanders zu multiplizieren? Ist es nicht so, dass jeder von uns in einem ganz bestimmten Bereich fast perfekt ist und daher auch alleine alles Mögliche erreichen kann, aber in guter Zusammenarbeit, in gezielter Gemeinsamkeit mit anderen das, was er tut, vervielfachen könnte? Wenn in einer Partnerschaft – ganz egal ob geschäftlich oder privat – das Miteinander und offene, gut überlegte Worte als unverträglich zu betrachten sind, so dass sogar Manipulation und Unwahrheit vonnöten zu sein scheinen, dann befindet sich doch wohl entweder die Betrachtungsweise oder die Gemeinsamkeit auf dem Holzweg? Oft mag tatsächlich die unergründliche Angst ein Grund sein für ein unerklärliches Verhalten. Wir wissen, wie uns die natürliche Angst im Allgemeinen vor allen möglichen negativen Geschehnissen bewahren kann, aber wie oft haben wir, aus ängstlicher Einbildung heraus, falsch reagiert? Es kann also eine übermäßige, »entartete« Angst auch große Schäden anrichten. Wird es nicht geradezu gefährlich, wenn die Beeinflussung der Angst so weit geht, dass man aus grundloser ängstlicher Ahnung heraus zwar das Richtige zu tun glaubt, aber definitiv das Falsche tut? Es wäre für den betroffenen Menschen wahrscheinlich kein Problem, erst einmal die Angst zu analysieren, um dann das Richtige zu tun, aber ist es nicht grundsätzlich so, dass derjenige im betreffenden Moment gar nicht einmal weiß, dass sein Tun der Angst unterliegt? Wie oft möchten Individuen aus Sicherheits- und Angstgedanken heraus, allen Gefahren und allem Zweifelhaften aus dem Wege gehen? Aber wo bliebe dann das Wahrnehmen ihrer Chancen, wenn ihre Angst immerzu siegen würde? In welcher Hinsicht gibt es eine absolute Sicherheit?

Wäre es nicht geradezu töricht, in allem was man eigentlich anpacken möchte, den möglichen Schwierigkeiten viel mehr Gewicht zu geben als den Chancen? Aber ist es nicht oftmals so, dass man sich im Nachhinein eingestehen muss, einst eine unglaublich gute Chance nicht wahrgenommen zu haben, aus Angst vor irgendwas, aus Furcht vor dem, was man dahinter vermutete, auch wenn das Vermutete in Wirklichkeit gar nicht vorhanden war?
Müsste man also nicht öfter eher »Angst vor sich selber« haben als vor dem »derzeit« Unklaren?
Standen und stehen wir letztendlich vielleicht unseren Zielen öfter im Wege als die Menschen und Gegebenheiten, denen wir die Schuld an unseren Misserfolgen zuweisen?

Andererseits, wer denkt daran, dass Probleme niemals näher stehen können, als wenn sie bei einem selbst liegen – also relativ leicht zu packen wären? Läge also der erste Schritt der Enträtselung (wieder mal) beim Analysieren und Erkennen des Selbst in Bezug auf die gerade gegenständliche Thematik?

13. Träume und Ziele nach Parameter

Ich denke mir gerade, wie wirksam eigentlich mein Entschluss war, diese alten Tonbandkassetten anzuhören, denn genau genommen brachten sie mir die Chance, oder anders gesagt, zwingen sie mich insgeheim dazu, meinen Lebensabschnitt über die Jahre zwischen damals und heute zu betrachten und auch mal ein wenig zu analysieren. Wie sonst wäre ich zu einer ähnlichen zwanglosen Lebensbetrachtung gekommen? Wann durchforschte ich jemals sonst meine Vergangenheit so intensiv? Wann sonst erhält man den Anstoß, den Beginn und das Ende einer persönlichen Phase ohne triftigen Grund zu analysieren? Meistens – wenn zurückgeschaut werden muss – sind die Gründe schlimmer.

Ehrlich gesagt, ertappe ich mich aber doch ab und zu dabei, wie ich die damalige Sachlage zu meinen Gunsten zu beschönigen versuche. Da und dort sehe ich zwar Schuldige, aber ich war auch nicht ohne Schuld. Ich höre heute, wo ich den nachträglichen Verlauf ja kenne, aus den Gesprächsgängen heraus, wie ich den einen und anderen Fehler – unbewusst – geradezu mit- »präparierte«.
Hätte ich nicht zumindest einige Debatten offener führen müssen, gezielter vorgehen müssen, direkter auf den Punkt kommen müssen, anstatt mit bestimmten Beteiligten, wie mir ja klar war, übermäßige Geduld zu haben?
Wie konnte ich hoffen, dass trotz meines soften, entgegenkommenden und offenbar sogar »das Hirngespinst« manchen unterstützenden Verhaltens, sich alles positiv entwickeln würde? Wieso habe ich nicht öfter klare Verhältnisse geschaffen? Wieso habe ich nicht auch einmal kräftig getadelt, wenn wieder mal ein berechtigter Grund vorlag? Wieso habe ich nicht dem einen oder anderen ein Ultimatum gestellt, anstatt Nachsicht zu üben? Hatte ich Angst, dass ich die Leute vor den Kopf stoße, wenn ich Korrektheit verlange? Also hatte ich auch ein ähnliches Angstverhalten wie Theodor, und die oftmalige Befürchtung, dass offene Worte der Situation schaden könnten, hat offensichtlich auch mir nichts gebracht.

Ich vermute, ich gab mich in dem bewussten Vorhaben mit Theodor auch zu wenig zielgerichtet bzw. weniger zielsicher als üblich. Wollte ich ihn nicht mit Zwischenrufen enttäuschen, weil er ein »angenehmer Geschäftsfreund« war?
Normalerweise überlegte und setzte ich mir die Ziele, die ich erreichen wollte, ziemlich genau, und ich erreichte sie irgendwann auch, und wenn nicht alle ganz, so doch annähernd, oder zumindest zufrieden stellend.

Betrachte ich die Zeiten vor dem damaligen Desaster und die Zeit danach bis zum heutigen Tage, und die Geschäfte, die gut oder schlecht liefen, dann erscheint es mir, als sei meine bisherige Lebensgeschichte doch annähernd so verlaufen, wie meine Ziele (und aber auch die Befürchtungen?) dazu gesetzt waren. Jedenfalls scheint in meinem Dasein, von Beginn meines Denkens an, eine bestimmte Planmäßigkeit vorhanden zu sein.
Dieser Gedanke lässt mich etwas überlegen. Muss ich einräumen, dass ich die negativen Aspekte in meinem »Fahrplan«, die ich im Grunde eher als Schicksal oder Ähnliches bezeichnet hätte anstatt als Planung, großenteils höchstpersönlich mit erstellt habe bzw. – von meiner Einstellung her betrachtet – auch heute immer noch »organisatorisch« mit lenke?
Wird man hier sagen müssen, dass jedes gutgemeinte Vorhaben ein erfolgversprechendes Ziel haben wird, und zugleich fragen müssen, ob das, was auf dem Wege dorthin danebengeht, eben nur »unwesentliches Beeinträchtigen am Rande« ist? Ist dem wirklich so, oder erwartet man von Anfang an auch Pechsträhnen und Misserfolge, oder holt man diese vielleicht sogar herbei, indem man ihnen sozusagen »einen Platz einräumt«?

Wenn ich meinen bisherigen Werdegang von dieser Warte aus betrachte, so verlief im Grunde alles so ähnlich, wie ich es mir vorgestellt hatte, aber auch meine Befürchtungen trafen großenteils ein; ebenfalls die Grenzen, die ich dem jeweiligen Vorhaben aus irgendwelchem Gefühl heraus, gesetzt hatte, verliefen so ähnlich wie »vermutet«.

Anders verliefen die wirklich ganz positiven Erwartungen, in Jahren, wo ich nur nach vorne wollte, ohne Befürchtung, dass etwas nicht funktionieren könnte.
Schon in meinen Schuljahren hatte ich mir immer vorgenommen, nicht das zum Beruf zu haben, was die meisten anderen machen. Ich wollte keinen »sicheren, normalen« Beruf erlernen, wie die meisten Älteren in meinem Umfeld es für das einzig Richtige hielten, und ich glaubte denen auch nicht, wenn sie behaupteten, man käme als »normaler Mensch« nicht nach oben. Auch ihre Feststellung, dass Arbeit nun einmal keinen Spaß machen kann, konnte ich nicht glauben. Ich wollte mir ein Arbeitsfeld schaffen, das einem Hobby ähnelt und doch Geld bringt, auch wenn ich dabei Risiken eingehen sollte.

Auch während meiner Kinderzeit gab ich mich mit dem »was nun einmal ist« nicht zufrieden. Ich wollte endlich Klassenbester werden, nachdem ich vorher drei Jahre lang einer der schlechtesten Schüler war. Mit ausschlaggebend für den »Aufstieg« war vermutlich auch ein großes Lob einer Lehrerin auf ein etwas schwieriges Aufsatzthema. Endlich hatte mal ein Außerfamiliäres verstanden was ich sagen wollte. Dann war ich plötzlich zwei Schuljahre über wirklich der Beste, obwohl ich nicht auf einmal fleißiger war; es lief irgendwie alles leichter. Ich erwähne dies deshalb, weil ich ein gerechtes Lob für Kinder, wie besonders auch für Menschen höheren Alters, für sehr wichtig halte in Hinsicht des Wohlergehens und manchmal auch im Sinne neuer, aufbauender Perspektiven.

Trotz vieler Erfolge später, war ich auch damals, wie heute, kein Egoist, sondern es waren mir meine Angehörigen immer viel wichtiger als ich selber. Als meine Familie durch die Krankheit meiner Mutter und andere Probleme in große finanzielle Notlage geriet, verzichtete ich natürlich auf den viel geliebten Skisport und auf vieles andere mehr und dass ich mein weniges erspartes Geld – bspw. durch Arbeiten in den Sommerferien - der Familie gab, war keine Frage. Die Entbehrungen taten mir auch nicht weh; viel mehr schmerzte mich das Pech, das wir hatten und dem ich als Kind machtlos gegenüberstand. Und ich weiß heute noch, wie oft vorher in meiner Familie (wo es uns eh schon oft finanziell schlecht ging) das Bedenken herumgeisterte, wie schlimm es erst sein könnte, wenn einmal gar kein Geld da wäre. Und so war es dann auch, und es war wirklich schlimm, wo es doch kaum zum normalen Essen reichte.

Heute scheint es mir beinahe unglaubhaft, dass es eine Zeit gab, wo ich mich nach einem Apfel sehnte und wo kein Geld da war, um sich den »Luxus« Obst und schon gar nicht Süßigkeiten zu leisten. Die Erinnerung daran ist jedenfalls geblieben und es tut mir heute noch weh, wenn ich sehe, wie manche Kinder mit Speise und Trank umgehen dürfen und Eltern danebenstehen als wäre dieses »Aus-dem-Übervollen-Schöpfen« das Selbstverständlichste der Welt.
Ich wollte es damals jedenfalls über kurz oder lang wieder besser haben. Wir erholten uns dann ein wenig, und Mutter gesundete wieder. Und weil ich musste und auch wollte, kam ich durch – teils sehr anstrengende - Zuarbeiten am Bau des Nachbarn, und durch geschicktes Tauschen und Handeln letzten Endes, und nach zwei Jahren der Entbehrung, wieder zu meinen ersehnten Skiern, und als es der Familie wieder viel besserging, bekam ich von Mama sogar eine der besten Skiausrüstungen, die es zu kaufen gab.

Die durch die Notlage erzwungene »Ruhepause« hatte ich schnell überwunden und ich gewann sofort auch einige Rennen. Ich werde es nie vergessen, wie meine Neider meinen Erfolg auf meine gute Ausrüstung münzten. Mama stand in hinterer Zuschauerreihe als die Bemerkung fiel. Sie erzählte oft davon. Aber das war ihr und mir völlig egal, denn ich war es, der gewann. Das ganze Problem über die Jahre hinweg hatte mich auffällig gestärkt und ich sehe heute noch die Szenerien vor mir, wie damals die ganze Familie abends diskutierte und offenbar wollte, dass es uns wieder bessergeht, und wie wir gemeinsam alles unternahmen um Ziele zu erreichen.
Diese kurzfristige »Ärmlichkeit« brachte mir eigentlich fast nur Gutes bei, und der Verzicht tat mir im Grunde gut, auch weil ich ja wusste, dass meine Angehörigen alles geben würden, wenn sie könnten.

Dann kamen die Studienjahre. Was hatte ich mir vorgenommen? Ich wollte Sänger und Musiker werden. Aber die meisten meiner Angehörigen, mit Ausnahme meiner Mutter, und den Tanten Johanna und Maria, hatten Angst, dass ich in irgendeinem Milieu »versinke« und verlangten mit Nachdruck, dass ich zuerst einen anständigen Beruf erlerne. Irgendwie verstand ich das auch, weil mir bewusst war, es kann nicht schaden, wenn man von mehreren Dingen eine Ahnung hat. Dass der Sängerberuf – allein schon aus dem stimmlichen Risiko heraus – tatsächlich ein Wagnis sein könnte, sah ich damals auch wie ein Damoklesschwert über mir, und ich will hier vorausschicken, dass diese Befürchtung später auch »in Erfüllung ging«.

So ging ich also in mehrere Schulen, praktizierte das eine und andere und ging nur nebenbei in eine Musikschule und zu guten Privatlehrern. Ich brauche nicht zu erwähnen, für welche Schulfächer ich die meiste Zeit und Freizeit verwendete?

Kurz vor dem 18. Geburtstag bereitete ich mich auf die Musikhochschule vor. Ich musste die Aufnahmeprüfung schaffen und übte wie verrückt. Zugleich war wieder einmal wenig Geld da, und meine Schulen, die ja alle auswärts waren, brachten viele Kosten mit sich, auch wenn ich sparte.
Ich arbeitete bei der Post und am Bau. Bei der Post bot man mir einen dauerhaften Job an, da man mit meiner Leistung anscheinend sehr zufrieden war. Das Angebot konnte ich nicht annehmen, obwohl mir alle meine Bekannten rieten, einen »solch sicheren Posten« ja nicht loszulassen. Ich wollte aber Musik studieren.
Nun kam die Aufnahmeprüfung, und da ich im letzten Moment anstatt Operngesang, Bassgeige lernen sollte, weil beim Hauptfach Gesang, was man mir vorher nicht gesagt hatte, kein Platz mehr frei war, war ich nahe daran aufzugeben. Im Ausland zu studieren kam aus finanziellen Gründen nicht in Frage. Alle Vorbereitungen und Mühen schienen vergebens gewesen zu sein. Aber ich spürte, dass es irgendwie weitergehen wird – und tatsächlich, eine ältere Gesangprofessorin aus der Prüfungskommission, eine der besten Lehrerinnen, aber an sich eine knorrige, unfreundliche Frau, bat mich in ein Lehrzimmer und sagte mir dort, ich müsse unbedingt Gesang studieren, denn solche Stimmen gäbe es in unserem Land nicht viele und schließlich müsste sie es wissen, denn sie habe die meisten aktuellen Sänger hier ja ausgebildet. Das war natürlich »Balsam auf meine Wunden«. Sie sagte, notfalls würde sie mir zu günstigen Konditionen Stunden geben, um mich, da die stimmlichen Voraussetzungen ja da waren, direkt auf eine höhere Prüfung vorzubereiten, denn in einem höheren Kurs seien dann eher Plätze frei, weil manche Schüler ja nicht weiterkommen. Die offiziellen Nebenfächer, die zum Teil gleich wie beim Gesang waren, sollte ich durch das Studium der Bassgeige über das Konservatorium belegen.

Ich begann also das Studium, obwohl ich Bassgeige nicht ausstehen konnte, und ich musste natürlich wieder auf »Sparflamme« leben, denn die Privatstunden kosteten immerhin etwas, auch wenn sie mir günstiger berechnet wurden. Zugute kamen mir natürlich die Privatlehrstunden früherer Jahre, so dass ich Vieles aus dem staatlich vorgegebenen Pensum, mit Leichtigkeit voranbrachte.
Meine Tante, die in der Hauptstadt wohnte und dort in einer gemeinnützigen Institution mitarbeitete, gab mir die Möglichkeit, das Mittagessen umsonst zu bekommen, solange ich nicht genug verdiente. Also musste ich so schnell wie möglich ein Diplom bekommen, um zumindest als Musiklehrer arbeiten zu können. Ich musste also die ersten drei Jahre möglichst in einem Jahr schaffen. Das konnte theoretisch gelingen aufgrund der Ausbildungen in den Vorjahren. Ich musste nun in mehreren Fächern intensiver als ein Normalschüler arbeiten und weiter viel in den Privatstunden erlernen. Für diesen »Lernmodus« bekam ich aber kein Stipendium, denn das gab es nur für »reguläre« Studenten.
Ich verdiente mir also einen Teil des Schulgeldes durch Musik- und Unterhaltungsabende in Gasthäusern, den Rest zahlten mir meine Mutter und meine Tanten. Allerdings musste ich die Auftritte geheim halten, weil damals eine Kombination zwischen Klassischem Studium und Unterhaltungsmusik nicht erlaubt war. Diese Geheimtuerei platzte aber, als ich irgendwann im Radio zu hören war. Aber ich war gut genug, dass man (»Klassiker«) sich nicht schämen musste, und so durfte ich mit dem Versprechen »mit dem Mist« aufzuhören, weiterstudieren. Gott sei Dank musste ich nicht »schwören«, denn ich tat alles andere, auch weil ich musste und, nebenbei gesagt, auch nicht glaubte, dass die Erfahrung in der Unterhaltungsmusik meinem Klassischen Studium schaden könnte.
Was mich am meisten Zeit und Nerven kostete, war der tägliche

»Schulweg«. In der Nähe der Schule zu wohnen wäre finanziell nicht tragbar gewesen, und meine Tante hatte bei sich keinen Platz. So musste ich zusehen, wie ich jeden Tag unter günstigen Bedingungen in die Schule komme. Immerhin lag mein Heimatort rund 110 km entfernt von der Musikhochschule.
So bekam ich von meinem Bekannten, einem Linienbus- Unternehmer, der ein großer Förderer der Musik war, die Monatskarte für die Busfahrten billiger und fuhr nun jeden Tag, mit Ausnahme von Samstag und Sonntag, am frühen Morgen den weiten Weg zur Musikhochschule und am späten Nachmittag wieder retour, das heißt täglich 6 Stunden und 220km mit dem Bus. Dies hört sich vielleicht recht machbar an, aber dies hieß auch, um 5 Uhr früh aufstehen, um 20 Uhr nach Hause kommen und darüber hinaus noch mindestens 2 Stunden üben und lernen. Dazwischen kamen noch einige Auftritte an Wochenenden.
Aus heutiger Sicht übertrieb ich es insbesondere in Beziehung auf meine Gesundheit. Nach 11 Monaten Tortur, und vor der ersten Diplomprüfung, war ich mit den Nerven am Ende. Ich war eher am Weinen als am Lachen, und mir wurde täglich schlecht während der Busfahrt, und zwar – fast komisch, aber wahr – immer in derselben Kurve, ein paar Kilometer vor der Endstation.

Schließlich kam alles wie ersehnt, ich bekam diesen angepeilten, ersten Studientitel, und mit diesem Diplom hätte ich eigentlich ungehindert an der Mittelschule unterrichten können. Ich dachte an eine bescheidene Schule auf dem Land, aber ich wurde buchstäblich »in die Arena« geworfen, denn den einzigen Job bot ein freier Platz an der größten Mittelschule der Hauptstadt. »Kleiner ging es nicht«. Ich fing also an, als Teilzeitlehrer zu unterrichten, und studierte parallel weiter. Leider war ich aber mit meinen 19 Jahren angeblich der jüngste Lehrer in dieser Stadt; und nicht nur meine langen Haare, die modischen Jeans und meine Art, den Unterricht für die Kinder etwas interessanter zu machen, irritierten meine Fachlehrer-Kollegen offensichtlich etwas. So beorderte mich plötzlich das Schulamt zu sich und wollte erst einmal ausführlich mit mir reden. Diese Hürde machte mir aber keine Angst, denn ich war davon überzeugt, dass ich mit der Zusage, weiterhin unterrichten zu können, aus dem Amt herausgehen würde. Was hatte ich zu befürchten? Ich hatte das erforderliche Diplom in den Händen, und was bedeutete dieses kleine Hindernis, verglichen mit den Strapazen die hinter mir lagen?

Ich wurde über alles Mögliche befragt und natürlich fragte man, wieso ich den Unterricht anders gestalten wolle als die erfahrenen Kollegen es tun, obwohl, wie man zugestehen musste, ich den Lehrplan an sich ja dabei nicht vernachlässigte. Ich erklärte, warum ich zum Beispiel (der ja selbst erst die Mittelschule vor einigen Jahren abgeschlossen hatte) in Musik der schlechteste Schüler war, warum mich nichts von all dem Unterrichtsstoff interessierte und dass ich einiges eben anders machen möchte. Ich konnte offensichtlich überzeugen und der Amtsleiter wurde von Minute zu Minute freundlicher. Ich durfte den Job behalten, und mein Unterricht klappte bestens, außer dass die älteren Kollegen meines Faches mich weiterhin nicht akzeptierten, dafür liebten mich die meisten anderen Lehrerkollegen, und vor allem die Schüler liebten mich, denn ich war ja kaum älter als sie selber, und trotzdem hatte ich offensichtlich weniger Disziplin-Probleme mit ihnen als meine älteren Kollegen.

Weil die Direktorin meinen Erfolg mit den Kindern sah und es in der Umgebung keine Musikschule für moderne und volkstümliche Musik gab, bot sie mir an, Schulräume für einen Privatunterricht zu nutzen. Ich startete die »Veröffentlichung« der Idee erst einmal mit einem kleinen Plakat am Eingang der Schule. Dies brachte mir prompt 95

Schüler, aber auch den offensichtlichen Neid meiner zwei Berufskollegen, die mir gar mit Disziplinarmaßnahmen drohten, allerdings wussten sie damals nicht, dass die Direktion hinter meinem Projekt stand und ihr »Anlauf« vergeblich gewesen wäre.
Ich ließ mich jedenfalls nicht beirren, suchte einen auswärtigen Kollegen, der einen Teil der Schüler übernahm. Wir unterrichteten in zwei Räumen und hatten unseren Stress, aber auch unseren Spaß, und das Angenehme war auch, dass man recht viel Geld verdiente.
Ich hatte unter den Schulkindern auch zwei sehr talentierte aus sehr armen Familien. Sie hatten beide ein derart mieses, heruntergekommenes Instrument, dass damit wenig anzufangen war, und ein Gutes konnten die Eltern sich nicht leisten. Ich kannte die Not ja selber bestens, und so kaufte ich den beiden einfache Gitarren, und die Unterrichtsstunden gab ich ihnen kostenlos. Ihre Freude, ihr Fleiß und Erfolg entschädigten mich mehr als das Stundengeld der anderen, so blieb mir diese offensichtliche Dankbarkeit bis heute gegenwärtig. Ich sehe immer noch die leuchtenden Gesichter vor mir, als sie ihre neuen Instrumente anfassen durften und es zuerst gar nicht glauben konnten, dass dies nun ohne weiteres die ihren waren.

Es ist meine ganz persönliche Anschauung, und sie wird nicht für alle gelten, aber was mir damals (vielleicht auch weil es mich an meine eigenen schlechten Zeiten erinnerte) sehr auffiel war, dass die meisten Kinder, die zuhause offensichtlich alles bekamen, so auch die besten Instrumente, selten ihre Leistung so intensiv brachten wie die ärmeren unter ihnen die unbedingt lernen wollten.
So gab es ein bekanntes wohlhabendes Elternpaar, das aber offen sagte, es habe mehr Interesse daran, dass ihre Kinder ein Instrument erlernen, als ihre beiden Kinder selbst; sie wollten aber versuchen, ihnen Freude abzugewinnen. Ein anderes vermögendes Elternpaar machte

im Gespräch gar keinen Hehl daraus, dass sie am Erfolg des Kindes zweifelten, weil vieles von dem, was es bisher erlernen durfte, bald an Reiz verlor, und sie sahen es offensichtlich ein, dass sie dem Kind zu viel zu leichtmachten und es mit zu vielen Chancen überhäuften. Andererseits schien ihnen die Fortsetzung dieses Weges nunmehr der einzig mögliche. So wurde mir auch gesagt, dass das Geld keine Rolle spiele, wenn das Kind dafür zur Weihnacht das Lied »Stille Nacht« unterm Baum spielen könnte. Ich tat ohnehin mein Bestes, auch ohne zusätzlichen »finanziellen Ansporn«, und einiges gelang ja auch. Aber ohne jemandem nahe treten zu wollen, muss ich aus meiner Erfahrung leider sagen, dass bis auf eine einzige Ausnahme die Kinder, die offensichtlich einiges entbehren mussten, mehr Eifer hatten als die, die zuhause alles hatten. Es gab zum Beispiel aber auch jene »vernünftigen« gutsituierten Eltern, die ohne Umschweife erst Beweise dafür forderten, dass ihre Kinder sich durch Leistung ein besseres Instrument verdienen, und erst dann auch ein besseres kauften. So eine Ausnahme war auch der kleine Robert. Er war ein Kind wirklich wohlhabender Eltern. Ich weiß noch, wie sein Vater ihn in die Schule brachte. Robert sagte kein Wort zu viel, außer wenn er etwas nicht verstanden hatte, und er lernte so zielstrebig und genau, dass er sehr bald schon wirklich einer der Besten war. Wie gesagt, er war eine Ausnahme, aber er ist auch heute noch eine und hat in seinem Leben bisher sehr viel Positives gezeigt.

Dann erlebte meine neu gegründete Band einen gewaltigen Aufschwung, und zwar wegen einer einfachen Idee und einem genauen Ziel. Ich komponierte ganz einfache Lieder, wegen derer mich meine Kollegen zwar erst einmal auslachten und die sie zuerst nicht einmal mehr aufführen wollten, die dann aber beim Publikum sehr gut ankamen. Wir gewannen mit einem dieser Lieder sogar den ersten

Wettbewerb im Lande, womit ein Schallplattenvertrag gekoppelt war, und wir verkauften dann auch die Tonträger »wie die Bäcker ihre frischen Semmeln«. Dies wollte ich u. a. erreichen und ich erreichte es in einer relativ kurzen Zeit.
Rückblickend möchte ich noch sagen, dass aber selten einer meiner Pläne reibungslos verwirklicht werden konnte. Irgendwie und irgendwo gab es immer Hürden, die zu überwinden waren, aber vielleicht war gerade dies das Richtige. Das zu Einfache, oder auch das zu frühe Nachgeben, hätten wohl zu nichts geführt.

14. Gibt es kein Limit außer dem persönlich gesetzten?

Insofern war also bis zu diesem Zeitpunkt fast alles so gekommen, wie ich es mir grundsätzlich vorgestellt hatte. Wie gesagt, ging nichts ohne Bemühung, aber insgesamt betrachtet, waren die meisten meiner Zielgedanken in Erfüllung gegangen.
Ähnliche Erlebnisse hatten zugleich mit mir sicherlich Millionen von Menschen, die sich irgendetwas wirklich vorgenommen hatten, auch wenn ihr Vorhaben, von anderen vielleicht vorher belächelt wurde. Solche Fälle, die dann trotz aller Unkenrufe zu Erfolgen wurden, kennt man zur Genüge und sie sollten uns stärken, falls uns Zweifel kommen oder uns andere absichtlich unsicher machen.
Wenn wir zurückschauend betrachten, sehen wir, dass die »Belächelten« sehr oft zu »Lachenden« geworden sind, und dies oftmals in Sparten, die manche als »Spinner- und Hungerberufe« bezeichneten.

Sieht man also auch hier wieder einmal, dass das wirkliche Wollen und das zielgerichtete Denken ein sehr großer Teil des Erfolgs an sich ist? Warum geht dasselbe, was dem einen gelingt und ihn reich und berühmt macht, dem anderen daneben? Der eine möchte vielleicht der beste Turnierreiter werden, würde dafür alles auf sich nehmen, und einen anderen, wie mich beispielsweise, obwohl ich Pferde mag, brächte nichts aufs Turnierpferd, nicht einmal, wenn am Ende des Galopps schönste Preisgelder winken würden. Und der Turnierreiter würde vielleicht Ähnliches sagen, wenn er meinen Weg gehen müsste. So verschieden die Menschen sind, so verschieden und oft unverständlich für die Anderen, sind ihre Wünsche und Ziele.

Ich frage mich aber, ob nicht eine eigentliche Gefahr darin besteht, dass manches Ziel von Anfang an zu hoch gesteckt ist? Oder ist in dem Falle nur der Weg dorthin zu wenig bedacht worden, so dass »der Weg eigentlich das (fragwürdige?) Ziel« war?
Leider habe ich einige »Manager« kennengelernt die zwar jahrelang theoretisch und am Schreibtisch »mit Millionen hantierten«, aber praktisch kaum das tägliche Brot verdienten und die »immerzu duldende und hoffende« Familie förmlich zugrunde gehen ließen.

Verbauen wir uns denn nicht das ganze Leben, wenn wir »zu hoch hinaus« wollen, alles dafür geben und das Leben an sich, dabei deformieren?

Oder gibt es gar kein Limit, solange wir es uns nicht (womit auch immer) selber setzen, oder von anderen setzen lassen?
Ist vielleicht das tägliche Leben auf dem Weg zum großen Ziel nebensächlich, oder ist es eben auch bereits schon ein Teil des Ganzen, das hin zum Ziel strebt?

Der-/diejenige, der/die wirklich und unbedingt an ein Ziel will – ganz egal um was es geht –, wird es vermutlich irgendwie erreichen. Mögen es auch Ziele sein, die wirtschaftlich nichts bringen oder sogar ihn/sie und andere schädigen. Das Gute wie das Schlechte, das Nutzbringende wie das Nutzlose – alles ist offenbar machbar, wenn ein absoluter Wille da ist; auch wenn der Endzweck anderen absurd erscheint.

Auch hier kann man, mit offenen Augen betrachtend, gute Beispiele erkennen. Ob nun der eine, der endlich die Frau heiraten konnte, die er sich erträumte, für die er dann alles gab, die ihm nach seiner Meinung dann das Leben versperrte, durch die er alles verlor, was er besaß, gegen die er nach irrsinnigen Jahren (und ebenso intensiver Bemühung wie seinerzeit für die Ehe) nun die Scheidung durchsetzen konnte, das Richtige tat?

Nachvollziehen wird eine solche »Wandlung« nur der Betroffene können, und der »Hintergrundsinn« des Ganzen wird vermutlich auch ihm, und nicht nur uns anderen, unbekannt bleiben, aber für beide Momente gab es für ihn vermutlich auf dem Weg zum Ziel wenig oder nichts Wichtigeres. Wenn das Ganze für denjenigen auch schädigend war, sind nicht seine Ziele erreicht worden, die unbedingt erreicht werden sollten? Waren sie sinnvoll?
Fragen wir wieder und wieder nach dem Sinn und dem Für und Wider, wenn wir uns Ziele setzen? Nein?
Läge es aber nicht nahe, regelmäßig zu kontrollieren, ob die Vernunft mit unseren Zielen einhergeht? Andernfalls könnten wir doch Gefahr laufen, ein sehr gefährliches Instrument, nämlich einen starken Willen, der nahezu jedes Ziel erreichen kann, total falsch zu platzieren und verfälscht zu »benutzen«?

So wollte eine Frau und Mutter, die ich kennen gelernt hatte, unbedingt durchsetzen, dass ihre Tochter endlich von ihrer Magersucht loskommt. Zuerst machte sie offensichtlich alles falsch und alles wurde nur noch schlimmer. Sie war ununterbrochen betreuend hinter ihrer Tochter her, versuchte sie zu hegen und zu beeinflussen, telefonierte auch in der Nacht noch mit ihr, um, wie sie sagte, schon aus dem Tonfall zu erkennen, dass es der Tochter ja an nichts fehle, aber die Tochter blockte mehr und mehr ab.
Die Mutter »funktionierte« wie ein Leibwächter, war irgendwie andauernd um ihre Tochter herum, behütete sie wie eine schützende, schwere Decke, die nichts zu ihrer Tochter lassen sollte, was dieser vielleicht schaden könnte. So verbarrikadierte sie ihre Tochter, auch vor allen möglichen positiven Erfahrungen, die eigentlich jeder Mensch alleine machen sollte. Die Mutter sah dann endlich ein, dass ihr Beschützen das Gegenteil und sogar nach und nach eine wahre Flut von Gegenwehr auslöste. Sie stellte ihrer Tochter schließlich die Bedingung, einen Psychologen zu konsultieren, aber die Tochter lehnte jede psychologische Hilfe ab, mit der Begründung, sie brauche das nicht, es gehe ihr gut und sie möchte »nur endlich« ihren Frieden haben.
Die Mutter aber, mit dem festen Ziel, der Tochter zu helfen, wollte nicht aufgeben und ging selbst zu einem Psychologen, um zu ergründen, ob möglicherweise ihr Verhalten falsch sei.

Kurzum, die Mutter »lernte« ihre Mutterrolle ausgiebig aus anderen Blickwinkeln kennen, und praktizierte anschließend ihrer Tochter gegenüber eine ganz andere Methode.
Sie bekundete der Tochter zwar, dass sie für sie da sein würde, falls sie ihre Hilfe nötig haben sollte, sagte ihr aber ebenso klar, dass sie sich als Mutter nicht wie bisher für sie aufopfern wolle und deswegen nun etwas Abstand zu ihr nehmen werde.

Die Tochter, die vorher noch »nur endlich« ihre Ruhe haben wollte, regte sich über diese Ankündigung nun heftig auf. Sie schimpfte und meinte schließlich, dass sie darüber eigentlich eh nur froh sei, und schlug der Mutter die Türe vor der Nase zu. Die Mutter verlor nach außen hin die Fassung nicht, wie früher in ähnlichen Situationen. Sie sagte nichts und ging. Die Tränen kamen ihr auf der Straße, als ihre Tochter sie nicht mehr sehen konnte.

Bereits nach etwa einer Woche meldete sich die Tochter telefonisch bei ihrer Mutter und klagte, dass es ihr nervlich schlecht gehe. Die Mutter nahm sich aber absichtlich keine Zeit für sie und verwies sie an den Psychologen. Es vergingen ein paar Tage und wieder rief abends die Tochter weinerlich an. Sie hatte immer noch keine professionelle Hilfe angenommen. Auch diesmal blieb die Mutter hart, wollte sich zwar mit der Tochter treffen, aber dies mit der vorausschickenden Bedingung, dass diese mit ihr gemeinsam zum genannten Psychologen gehe. Die Tochter machte zwar wieder Terror und verkündete wieder einmal ihren baldigen Selbstmord, aber als sie erkennen musste, dass ihr Drohen mit Suizid gegenwärtig nicht auf offene Ohren stieß und die Mutter ihr sogar noch andeutete, dass sie den Selbstmord »eines anderen« eh nicht verhindern könne, fiel die Tochter buchstäblich aus allen Wolken, nannte ihre Mutter eine Rabenmutter, warf ihr heulend vor, dass sie sowieso niemals für sie da gewesen sei, und knallte den Telefonhörer auf die Gabel. Dass die Mutter sich für sie Jahre vorher nahezu voll aufgeopfert hatte, schien sie gar nicht mitbekommen zu haben.
Als die Tochter merkte, dass die Mutter, im Gegensatz zu früheren Reaktionen auf solche Gesprächsunterbrechungen, diesmal nicht zurückrief, rief sie nach einer Weile wieder an, schien völlig aufgelöst, entschuldigte sich und gab endlich nach und ging dann tatsächlich

zum nächstmöglichen Termin und in Begleitung ihrer Mutter, zum Psychologen. Die Stimmung zwischen Mutter und Tochter war freilich alles andere als gut.

Die Mutter versicherte mir, als sie mir die Geschichte erzählte, dass ihr keine der bisherigen Anstrengungen im Leben so schwergefallen sei, wie jenes Schauspiel ihrer Tochter gegenüber. Nächtelang habe sie gezittert und gebangt, ob die Tochter am nächsten Tag noch leben werde. Es konnte sich alles ins total Negative entwickeln, es konnte sein, dass ihre Tochter sich aus dem Leben verabschiedete, aber sie wusste, dass das bisherige Spiel zwischen ihnen beiden so nicht weitergehen konnte, und sie wollte ihr Ziel hundertprozentig erreichen und die Tochter ein für alle Male aus dem Dilemma holen.
Nach einigen Monaten war der Tochter grundsätzlich geholfen. Sie ging sogar gerne zur Behandlung und erkannte endlich auch, dass viele Menschen ähnliche Probleme durchzustehen hatten. Sie nahm wieder eine Arbeit an, die ihr Spaß machte, sah ein, dass sie nicht wegen ihres untreuen Freundes, der angeblich der Hauptgrund für ihr Verhalten war, sich selbst und das ganze Umfeld terrorisieren konnte. Angeblich hatte das Desaster begonnen, weil sie glaubte, zu dick zu sein und wegen ihres Freundes fasten zu müssen, weil der sonst irgendwann fremdgehen würde, sich eine schlankere Frau suchen würde. Dass sie eh nicht zu füllig war, hatte sie scheinbar gar nicht begriffen. Es herrschte die Angst vor, ihn zu verlieren, was später dann ja soundso geschah.
Das ganze Verhältnis zwischen Mutter und Tochter wurde besser und könnte heute, wie die Mutter sagt, als eine gute Freundschaft bezeichnet werden.
Die Mutter schwieg aber ihrer Tochter gegenüber bis zuletzt über die Hintergründe ihres damaligen Verhaltens, sodass die Tochter immer

noch nicht wusste, wie sehr die Mutter damals eigentlich gelitten hatte, wie sie ihr tausendmal lieber alle ihre Liebe, anstatt Härte gezeigt hätte, aber zugleich mit bester Absicht und mit allem Einsatz unbedingt ihr Ziel erreichen wollte. Dafür, dass es der Tochter nun bessergeht, wäre die Mutter jeden Weg gegangen, eben auch den zum Psychologen, den sie unter normalen Umständen für sich eigentlich nicht gebraucht hätte.

Als sie fertig erzählt hatte, bemerkte sie abschließend noch, dass sie jedem Elternteil, der ein schwer erziehbares Kind oder einen schwierigen Jugendlichen zu betreuen hat, erst einmal den persönlichen Weg zum Psychologen anraten würde, denn sie sei heute nach all den Erfahrungen der Meinung, dass erst die eigene Sicherheit die notwendige Überzeugungskraft an andere weitergeben kann und dass man die Fehler in jeder zwischenmenschlichen Beziehung zuerst bei sich vermuten und suchen müsse. Sie hatte jedenfalls ihr Ziel erreicht, ihr Leben und das ihrer Tochter geradezurücken.

15. Ist nahezu alles erreichbar?

Darf man also, wenn man viele Beispiele richtig deutet, ernsthaft annehmen, dass wir Menschen nahezu alles erreichen können, was wir mit felsenfester Überzeugung erreichen wollen, aber dass wir ebenso auch nicht erreichen, was wir uns nicht zutrauen, woran wir von vornherein zweifeln?

Wird uns das Leben bescheren, was wir erwarten – auch das Befürchtete?

Wenn wir momentan zu gehemmt sind, um unseren eigenen bisherigen Lebensweg zu betrachten, dann schauen wir uns doch erst einmal bei unseren Angehörigen um und betrachten aus dieser Perspektive heraus ebenfalls Teile unseres eigenen Lebensweges.
Waren zum Beispiel die diversen Interessen der Familienmitglieder, an der Planung dessen, was wir heute als Familie darstellen, haben, tun oder nicht tun, beteiligt oder unbeteiligt? Oder trifft dies nur für einige zu und für einige nicht? Für wen nicht? Nur für die Inaktiven? War alles bisherige nur Zufall und Schicksal, oder stand das meiste in unseren »Überzeugungen und Aussichten«? Wogegen mussten wir uns am meisten wehren? War es nicht oft die eigene falsche Einstellung, die Angst oder vielleicht die besorgte Denkweise einiger Personen, oder das »Komfort-Denken« einiger Bequemer, das sich nie änderte, oder die falsch verstandene Rücksichtnahme gegenüber einigen, um ja das gesamte Familienbild und »den Zusammenhalt« nicht zu stören?
War nicht vieles vom Erlebten (und vieles vom Gegenwärtigen) eigentlich das Resultat, das wir (und eben auch unser Umfeld) aus ursprünglich falschen Einstellungen kommend, schlussendlich auszubaden hatten? Hatten wir uns wirklich Ziele gesetzt und sind dann auch bedingungslos auf das Ziel zugegangen? Oder gelang uns vieles nur teilweise, weil wir eh nicht an uns und an das Gelingen durch unsere eigene Kraft und Möglichkeit glaubten? Waren die »Ziele« wirkliche Ziele oder nur halbherzige Absichten?

Halbherziges, so vermute ich, ist beim Realisieren unserer Ziele absolut und in jeder Hinsicht auszuschließen. Glauben manche Menschen wirklich, nur weil sie ab und zu Träume und Wünsche haben oder mit neidischem Seitenblick das Begehrenswerte auch für sich realisieren möchten, aber den steten Gedanken auf das Ziel hin wieder aufschieben und aus den Augen lassen, ist der praktische Weg zur Realisierung des Ziels, wenn es überhaupt eines gab, schon beschritten? Was ist, wenn das richtige Verwirklichen es dann verlangt, dass ein steiniger Weg zu gehen ist? Schmeißen die Erfolgreichen dann alles hin wie die Erfolglosen es meist tun, die dann klagen, dass ihnen selten oder nie etwas gelingt?

Sehen wir nicht bei allen erfolgreichen Menschen, dass sie ihr Ziel genauestens oder oftmals nahezu besessen verfolgen, wie ihre Leistung fortwährend das gesetzte Ziel und das unbeeinflussbare Wollen beinhaltet?

Man erkennt bei diversen aufstrebenden Menschen, dass sie alles aufbringen was es braucht um ihr Ziel zu erreichen.

Und wie gesagt, es muss dabei nicht immer um Verständliches, Materielles, Hilfreiches gehen, es gelten u.U. unzählige subjektive Motive.

Ich denke gerade daran, welche Erfahrung ich machte, als ich fast 120 Kilo schwer – also fast 40 Kilo zu schwer – war und natürlich immer wieder, und möglichst viel auf einmal, abnehmen wollte. Ich suchte regelmäßig nach bequemen Möglichkeiten, und einen Apotheker der es mit mir wahrscheinlich recht ehrlich und gut meinte und geradeheraus sagte: „Da hilft dir eigentlich nur f. d. H.!", den verachtete ich danach so sehr, dass ich bei ihm lange Zeit nichts mehr kaufte. Wie konnte er sagen, ich solle die Hälfte (fr)essen, wo ich meiner Ansicht nach doch eh nicht viel aß?

Mein Gewichtsproblem musste, so war ich überzeugt, an meiner Verdauung, meinen Genen, meiner Natur liegen. Den logischen Zusammenhang zwischen Gewichtsproblemen und so manchen üppigen Gerichten, bspw. spät nachts nach den Konzerten, betrachtete ich nicht; auch nicht, dass die sehr geringe körperliche Bewegung natürlich »zu B(a)uche schlug«.

Nahezu jede verheißungsvolle Zeitungsannonce verfolgte ich, kau-

fte Erzeugnisse, welche die utopischsten, größten, schnellsten Abmagerungsmöglichkeiten verhießen. Ich prüfte sogar, ob meine Waage denn überhaupt genau geht. Ich kam drauf, dass dies nicht der Fall war, justierte sie genau, was mir schließlich aber 1 Kilo mehr Gewicht bescherte.
Ich ärgerte mich andauernd über die Misserfolge, die trotz aller möglichen Kuren sich häuften, und kam immer noch nicht zur Einsicht, dass mein Gewichtsproblem an meiner Essensleidenschaft und am Bewegungsmangel lag und das Schlemmen vielleicht meine Ersatzhandlung war für irgendwas sonst.

Eines Tages reichte es mir, obwohl ich noch vorher von allen Seiten und besonders von Freundinnen, denen ich als Begleiter doch eigentlich zu klobig sein musste, »getröstet« wurde, indem sie mir beispielsweise sagten: „Nimm dich, wie du bist, das bist du, alles ist gut so, anders wärst du nicht der, der du immer warst."
Ich konnte mich selber so nicht mehr länger ausstehen. Plötzlich betrachtete ich den vollen Teller wie meinen Feind. Ich schob die große Mahlzeit von mir weg und verkündete meiner Familie, dass ich ab sofort abnehmen werde und somit nun die meisten meiner bisherigen »Essenspraktiken« ändern und auf einiges verzichten werde. Ich beleidigte wahrscheinlich meine Mutter, die ohnehin schon, insbesondere wegen mir, auch beim Kochen für die ganze Familie nur wenig Fett und wenig Zucker verwendete und wahrscheinlich nun der Auffassung war, dass ich ihr insgeheim die Schuld für mein übermäßiges Körpergewicht zuschreibe. Ich redete ihr die Vermutung natürlich aus.

Ich fühlte plötzlich deutlich, jetzt kann ich Gewicht abnehmen. Ich ließ mich von niemandem beirren, auch wenn es hieß, ich müsste mit gesundheitlichen Problemen rechnen. In einer Woche hatte ich bereits mehr mageren Joghurt, Salate und Knäckebrot verbraucht als vorher die ganze Familie in der gleichen Zeitspanne.

Kurzum, ich verminderte in kurzer Zeit mein Körpergewicht um 15 Kilo und konnte endlich meine Anzugjacke wieder zumachen. Ich war nicht unzufrieden, aber auch nicht wirklich zufrieden mit mir. Ich wusste eigentlich nicht genau, wie weit nach unten ich mit dem Gewicht wollte. Es ging etwa 3 Jahre so dahin – mit einigen Kilos nach oben und nach unten – bis mir eines Tages im April mein Anblick wieder absolut reichte, um fast verrückt zu werden.
Jetzt hatte ich endlich total genug von mir selber, und ich wollte es nun ernstlich wissen, ob ich meiner selbst Herr werden kann, oder vielleicht für immer mit meinem Übergewicht leben muss. Ich war auf mich selbst derart böse, dass mir im Moment völlig egal war, wegen zu starkem Fasten krank zu werden.
So aß ich ab diesem Zeitpunkt nur mehr alleine, um nicht zu sehen, ob die anderen Familienmitglieder Besseres aßen. Ich hatte meine ganz besonderen Mahlzeiten, die vorwiegend wieder aus mageren Suppen, Joghurt, Salaten und Knäckebrot bestanden, und nahm zugleich ein gutes Vitaminpräparat, das mich vermutlich wieder hungriger machte, aber auch meine Leistungsfähigkeit unterstützte.
Meine Mutter verstand, was ich wollte, und wurde – hinsichtlich Fastenhilfe – eine wahre Meisterköchin. Ich setzte mir das Ziel von 80 Kilo und teilte allen Zweiflern mit, dass ich an dem Tag, wo ich es erreiche, als Belohnung eine ganze Torte alleine aufessen werde. Alle lachten mich aus, aber ich hatte ein Ziel, das ich erstens erreichen wollte und das nun auch andere kannten; also hieß es, diese Aufgabe tunlichst zu erfüllen.
Ich ging auch jeden Tag ein bis zwei Stunden auf Wald- und Wanderwegen spazieren. Laufen vermied ich wegen der möglichen Schäden an den Gelenken. Nach 6 Monaten hatte ich tatsächlich 29 Kilo

abgenommen. Menschen, die mich vorher kannten, erkannten mich nicht wieder. Einmal fragte jemand neben mir einen anderen in unserem damaligen Tanzlokal, wo ich denn zurzeit sei. Er hatte mich offenbar nicht erkannt und es machte Spaß, das verdutzte Gesicht zu beobachten. Es machte Freude endlich mal wieder normale Kleidungsgrößen- und vor allem wieder mal Jeans tragen zu können, die auch saßen, wie sie sitzen sollen.

Die 80 Kilo hatte ich also bereits unterschritten, und da ich zu dem Zeitpunkt, als die Waage zweifellos auf 80 stand, keine Zeit hatte zum Torte-essen, holte ich dies mit meinen zwei Adoptivtöchtern Petra und Christina, die ansonsten genauso wie Mama auf meinen »Gewichtsplan« achteten, an einem Nachmittag nach.
Die »Belohnung« wollte ich unbedingt »kassieren«, auch wenn ich eigentlich keine besondere Lust mehr auf Torte hatte.
Mama, Petra und Christina fanden die Idee »eine ganze Torte essen« offenbar närrisch, aber ich hatte es angekündigt und »Wort halten« war wieder mal angesagt.
Wir fanden nirgendwo in der Nähe eine ganze Torte und bestellten daher schließlich in einem Kaffee schön große Tortenschnitten.
Es schmeckte äußerst gut, aber ich werde die dritte Schnitte, die ich vor den Augen der beiden frohlockenden »vergönnenden Fräuleins« (Zwischenfrage: Wurde nicht irgendwann einmal festgestellt »die Verwandten sind die Schlimmsten«?) in Angriff nehmen musste (eine tiefblaue Waldbeeren-Torte), wohl nie mehr vergessen, da ich mittendrin das Essen aufgeben musste. Aber ich hatte mein Ziel erreicht und meine »Auszeichnung« für das Erreichen der 80kg Körpergewicht, bekommen (auch wenn meine Offenbarung »beim Erreichen des Ziels von 80kg, eine ganze Torte zu essen« nicht ganz in Erfüllung gegangen war).

Die Einstellung, die ich damals hatte, war optimal und ist leider nicht einfach wieder abrufbar. Es ist selbstverständlich schwierig, immer wieder eine Motivation zu finden, obwohl allein schon die Gesundheit mehr als genug Grund wäre, gesünder zu essen und das Gewicht zu reduzieren oder zu halten, aber wer denkt schon an das bleibende Wohlbefinden, solange er die Gesundheit hat?

Ich versuche hier dieses wirkliche Ziel, abnehmen zu wollen, folgendermaßen zu beschreiben: Man ist praktisch ein anderer als vorher, man ist einer, der sich perfekt kontrollieren kann und alles relativ leicht im Griff hat. Es bestehen plötzlich der absolute Wille, und die Bereitschaft, das Gewichtsziel vollkommen zu erreichen. Es steht auf einmal der absolute Sinn fest, schlank zu werden. Man sieht sich bereits in der Idealfigur und strebt, ohne Rücksicht auf alles andere, darauf zu. Das Abmagern wird zur Priorität Nr. 1 und ist viel, viel wichtiger (und übrigens schöner) als das Genießen oder die »alte Zufriedenheit« aufgrund des Sättigungsgefühls. Die Waage, der man sonst aus dem Wege geht, weil man eh schon weiß, dass sie wieder mehr anzeigen wird als beim letzten Mal (und man weiß, dass man nach dem Wiegen noch frustrierter sein wird als vorher), wird zur »Verbündeten«. Man wiegt sich jetzt gerne, denn man weiß, die Waage wird (spätestens nach ein paar Tagen) nicht mehr »enttäuschen«, sondern sie wird Erfolge zeigen, das bereits Erreichte weiter bestätigen, oder eben auch mal »warnen« wenn es sein muss. Es scheint fast, als »lächle« dieselbe Waage die vorher keine Miene verzog, nun fast immer am Morgen. Alles scheint auf einmal »freundlicher«, so auch die Kleidung, die Menschen, die Bewegung, das Bücken.
Man hört von Fachleuten, dass man zuerst beim Abnehmen eher nur Flüssigkeit verliert und man bei fettarmer Ernährung und entsprechender Bewegung nur ca. 20 Gramm Fett pro Tag tatsächlich

»abspecken« kann, und dass das morgendliche Tagesgewicht nicht immer sehr aussagefähig ist. Der Aspekt »Flüssigkeit verlieren« konnte in meinem Falle nicht so ganz angemessen sein, denn ich trank immerhin mindestens 2 Liter Wasser am Tag, nicht etwa um Hunger zu überwinden, sondern in Bezug auf die Gesundheit.
Wichtig scheint mir, dass die Mühe »sichtlich« belohnt wird. Man fragt sich freilich in vielen Momenten, wie lange man das ganze Vorhaben noch durchhalten wird, auch wenn man es immer noch durchhalten will.
Für die Stärkung der Motivation ist jede Belohnung in Form eines Erfolgserlebnisses bedeutend, sei es beim Wiegen, sei es, wenn frühere Kleidung wieder passt, wieder eine normale Kleidergröße gekauft werden kann, oder wenn jemand bemerkt hat, dass man nun »viel besser aussieht« als früher (wo man doch jünger war).
Ich möchte hierzu auch bezweifeln, dass bei Mann oder Frau das Kompliment für Erreichtes einen Unterschied macht, wie man es ja oft behauptet. Erfolgserlebnisse durch das Bemerken oder das Lob seitens Dritter, haben alle Menschen gern, denn jeder Mensch von klein bis groß liebt es, wenn er oder seine Erfolge anerkannt werden, und dazu gehört u.U. auch das (erreichte) gute Aussehen.
Mir ist noch nie jemand begegnet, dem es egal war, wie er/sie aussieht bzw. wie andere Menschen ihn/sie sehen oder einstufen. Sogar langhaarige und tätowierte Motorrad- Freaks und Rocker, die zwar (und ich kenne einige gut und weiß daher wovon ich rede) das Gegenteil behaupten würden und möglichst schmutzig und voller entsprechender Gerüche ihre »harte Männlichkeit« zu demonstrieren glauben, tun andererseits offenbar auch einiges, um auf ihre Art »von der Harley bis zum Helm vollendet« zu wirken, und von den Kollegen und anderen Mitmenschen, geachtet (und vielleicht auch im weitesten Sinne »angesehen«) zu werden; aber dies ist ein anderes Thema.

Aber zurück zum Thema Abnehmen. Was mich zuerst immer wieder enttäuschte und ich mir erst später erklären konnte, war, dass ich nach starker sportlicher Betätigung durch den Wasserverlust zwar verhältnismäßig weniger wog, aber am Tag darauf die Waage möglicherweise mehr anzeigte als am Vortag, also vor dem Training, abgesehen davon, dass ich ja u.a. aus Vernunftgründen ausreichend Wasser trank.
Dass ich durch die viele Bewegung der Muskulatur auch Muskelmasse aufgebaut hatte und daher natürlich auch eventuell mehr wiegen würde als vorher, war mir nicht klar.
Ebenso war mir nicht klar, dass man im Schlaf kaum Kalorien verbraucht. So aß ich, um meinen Hunger am Abend (den ich als schlimmsten betrachtete) zu besänftigen, erst spät, das heißt gegen 20 Uhr. Natürlich schlug dieses Essverhalten auf mein Gewicht, weil ich nach 20 Uhr kaum mehr Bewegung hatte. Später aß ich möglichst gegen 18 Uhr oder noch früher, und danach putzte ich bereits die Zähne, was, wie meine Angehörigen behaupteten, helfen sollte, um nichts mehr zu essen. Es half tatsächlich und noch etwas wurde offenbar, nämlich dass, wenn ich etwa gegen 17 Uhr aß, ich am späteren Abend weniger Hunger litt, als wenn ich erst gegen 20 Uhr gegessen hätte.
Und man wird von Tag zu Tag leichter satt, je weniger man am Vortag gegessen hat, und ist von Tag zu Tag lieber bereit, auf fetthaltige, süße Speisen, auf die schmackhaften Soßen usw. zu verzichten.
Dieses Verhalten beinhaltet natürlich Risiken. Bspw. Menschen, die an Magersucht leiden, werden von ähnlichen Erfahrungen zu erzählen wissen. Daher ist die ärztliche Begleitung bei einer extremen Diät und falls Nahrungsergänzungsmittel notwendig würden, bestimmt erforderlich und unbedingt anzuraten.
Erst nach solchen, wie den beschriebenen Situationen, stellt sich mir wieder mal die Frage, ob es denn nicht vernünftig wäre im Sinne der Patienten und Konsumenten die wertvollen Erfahrungen der

»Produktanwender«, deren Ärzte, Betreuer, Berater usw., seitens der diversen Anbieter wie bspw. der Pharmakonzerne, Nahrungsergänzungsmittelkonzerne u.dgl. zu sammeln, diese »Reporte« laufend fachlicher Kontrolle zu unterziehen und sie nach entsprechender Freigabe in geeigneter Form zu veröffentlichen?
Natürlich könnten eventuelle Negativberichte (auch wenn nur konzernintern bekannt) ggbfs. auch die Produkte und -Ausgaben für kurze Zeit hemmen, und vielleicht sogar da und dort zu Produktrückrufen führen. Würde aber die Chance zu nachhaltigen Produktleistungsverbesserungen nicht u.a. auch dem betreffenden Hersteller langfristig weit mehr Positives liefern und weit weniger kosten als millionenteure Forschungen? Wären vermutlich auch Berichte von »Betroffenen« den anderen Patienten hilfreicher, als die meist ellenlangen und oft wohl eher verunsichernden »Beipackzettel«? Anmerkungen (obligatorische Phrasen?) wie »...so fragen Sie Ihren Arzt oder Apotheker...« werden die Patienten oft wohl eher verunsichern als dass sie ihnen dienen? Wirken solche Floskeln nicht geradeso, als wolle der Hersteller versuchen das Unangenehme von sich auf Dritte »Arzt oder Apotheker« zu schieben? Wird es irgendwann lauten: »Arzt und Apotheker«? Sie wissen wie ich das meine?
Zurück zu meiner Betrachtung in Hinsicht Abnehmen und nachhaltiges Gewichthalten: Wichtig war mir dann auch, das abendliche Naschen vor dem Fernseher ein für alle Male zu unterbinden, indem nichts Essbares mehr auf den Wohnzimmertisch kam, auch kein Obst. Wenn jemand aus der Familie auch mir vor dem Fernseher mal freundlich Leckeres anbot (aus meiner Warte »Schädliches«) dann wurde ich ziemlich böse. Das Angebot stellte nun schließlich sowas dar wie ein »Spielverderben«.
Andererseits war es mir ganz egal, wenn im Gasthaus andere neben mir fürstlich aßen, da spielte fast Schadenfreude mit, denn ich wusste

ja am besten, welcher Körperzustand aus dem vielen Essen entstehen kann. Und wenn ich in solchen Augenblicken an mein vorheriges Essverhalten zurückdachte, kam wirklicher Groll gegen mich selber hoch, denn was hatte ich alles in mich hineingestopft, auch wenn ich eigentlich lange schon satt war? Dies, das, jenes wurde noch probiert, natürlich wurde zum fetten Essen auch kräftig Bier getrunken und vielleicht musste noch extra scharf gewürzt werden, danach wieder ein Bier mehr getrunken werden, weil ja der Durst plagte. Dann aber zu meinen, dass man eh » nicht so viel esse« bzw. »nicht mehr als andere esse« (was mitunter auch stimmte, aber wohl nie ein Maß für den eigenen Zustand sein sollte), kann natürlich nicht zur Besserung führen.

Aber wie es so geht, gute Vorsätze sind nicht immer leicht zu halten, und die Ernsthaftigkeit, das Gewicht bremsen und halten zu wollen, ließ mit der Zeit nach. Ich folgte Einladungen zum Essen, ich aß wieder großenteils »normal« und legte wieder zwischen 10 und 15 Kilo zu. Leider muss ich an dieser Stelle auch bemängeln, dass viele Menschen, die einen angeblich gernhaben, die notwendige dauernde Vorsicht nicht würdigen.
Meist wird man sogar noch von eigentlich Nahestehenden animiert zu essen, denn man sieht angeblich eh so schlecht aus. Solches animierende Verhalten ist, wenn nicht Absicht, zumindest eine gewaltige Dummheit und schädigt ungemein, denn die Qualen, um ein paar Kilo abzunehmen, sind wesentlich größer als die Qual, auf etwas, was man eh nicht mehr unbedingt essen möchte, zu verzichten. So ähnlich mag es auch Alkoholkranken gehen, die, laut »Verführer«, unbedingt ein alkoholisches Getränk trinken sollen, weil »eines ja nichts ausmacht«.
Bis heute habe ich zwar das Spazierengehen beibehalten und passe

auch beim Essen etwas mehr auf, aber ich schaffte es letztens nicht mehr, ein paar Kilo abzunehmen. Ich weiß, dass mir momentan die wirkliche Bereitschaft dazu fehlt – und nur ein wenig zu wollen, nützt da überhaupt nichts.

Was aber war damals so völlig anders als heute? Weshalb wollte ich plötzlich radikal abnehmen? War zu dem Zeitpunkt mein Plan, das Ziel zu erreichen, ganz einfach gereift, ohne auch nur im Entferntesten daran zu denken, auf medizinische Hilfsmittel zurückgreifen zu wollen? War endlich die Priorität gesetzt? Ich glaube, dass es im Ganzen so war, und wenn ich es recht bedenke, so hatte mein Plan einen entscheidenden Fehler: Ich setzte mir zwar immer wieder das Ziel abzunehmen, aber ich setzte mir nie ein tatsächliches Limit. Ich hatte sagenhafte 76 Kilo erreicht, aber hatte mir kein Zielgewicht gesetzt. Habe ich mir deshalb unbewusst erlaubt, wieder an Gewicht zuzunehmen, vor allem weil viele sagten, ich sei nun für meine Körpergröße zu mager? Ich vermute es. Alle meine anderen Vorstellungen vom Abnehmen wurden ja auch erfüllt. So war es vermutlich auch, dass ich mir insgeheim die »Erlaubnis« gab, nicht ganz schlank sein zu müssen, aber mir auch auferlegte, nicht dick sein zu dürfen. Wenn ich es recht überdenke, so hatte ich folgende Vorstellung von mir: nicht mager, aber auch nicht extrem dick. Beides ist schließlich eingetroffen. Kann ich daher auch in dieser Hinsicht davon ausgehen, dass alle momentanen, zielgerichteten Gedanken, die man in sich trägt, sich irgendwann bestätigen werden? Hieße dies aber nicht zugleich auch, dass man deshalb ganz besondere Vorsicht walten lassen müsste vor dem Negativen aber auch vor dem Unsicheren / dem »nicht genau Definierten«?

Angenommen ich hätte nicht daran geglaubt, dass ich meine beruflichen oder privaten Ziele erreichen kann und will, hätte ich dann überhaupt so zielgerichtet (wenn oft auch selbstzerstörerisch) gelebt wie ich lebte? Wäre ich ganz zurückhaltend-agierend an die Themen herangegangen?
Welche Vorhaben sind mir nicht ganz gelungen? Eigentlich hauptsächlich jene, wofür ich mir kein Gesamtbild, kein echtes Ziel mit allem Ermessen gesetzt hatte.

Kann ich also annehmen, dass ich das meiste, was ich momentan erlebe, ich mir lange schon bewusst und unbewusst selber vorbereitet habe? Folgt meine Lebensenergie meiner Aufmerksamkeit? Sind dann nicht alle negativen Gedanken, die man in sich trägt, ungemein gefährlich?
Jedenfalls sind meine negativen Einbildungen ebenso großenteils in Erfüllung gegangen wie die positiven Vorstellungen. Wie töricht müsste ein Mensch also sein, würde er negative Gedanken auf sich zukommen lassen und sie sogar noch hegen und pflegen?
Sollte man also unbedingt das »Angst-Denken« vermeiden und keinesfalls bspw. in einem Vorhaben »in Erwartung negativer Zusammenhänge sein«, weil man »glaubt« sie seien eh unvermeidlich? Sollten negative Aspekte mit in die Überlegungen einbezogen, die Risiken genau analysiert werden, aber das vermeidbare Negative unbedingt gemieden werden, weil es sonst zur Wirklichkeit werden kann?
Wird dem, der im Defizitdenken verharrt, schließlich auch immer etwas fehlen? Wird derjenige, der »reich« denkt, Bereicherung erfahren, und wird dem, der »arm« denkt, Armut zufallen?
Wird das Leben von dem bestimmt, worauf man sich konzentriert, wie Gesundheit, Glück, Erfolg, oder bei entsprechendem Negativdenken auch von den passenden Gegenteilen?

16. Motivationen

Welche Rolle spielen wohl Motivationen in unserem Zukunftsdenken? Motivationen scheinen doch sehr oft der kleine Anlass für eine große Sache zu sein?

Ein recht erfolgreicher Freund erzählte mir, nachdem ich ihn einmal nach dem Richtsatz seiner Erfolge gefragt hatte, dass er bisher keinen der großen Erfolge ohne eine entsprechende Motivation erreicht hätte. So habe er sich beispielsweise seine Villa eigentlich nur bauen können, weil er, bedingt durch die anstehende Heirat mit seiner damaligen Freundin, die er um nichts in der Welt verlieren wollte, ein eigenes schönes, luxuriöses Haus haben wollte. Er hatte aber beileibe nicht das Geld, um ein solches Domizil zu bauen, aber aufgrund der bedingungslosen Voraussetzung, »ihre Liebe in ihr gemeinsames Traumhaus einziehen lassen zu können«, unternahm er ein weiteres verheißungsvolles Geschäft, und schließlich hatte er sich die meisten Grund- und Baukosten »ganz einfach verdient«. Die Heirat fiel dann zwar ins Wasser, weil er für das Privatleben nicht mehr die Zeit hatte, die seine Freundin sich in Hinsicht »Zusammensein« bedingte, aber das Traumhaus hatte er verwirklicht.
Als er zwischendurch auch noch genau den Ferrari, von dem er immer geträumt hatte, im Angebot eines Händlers sah, konnte er in der ersten Nacht kaum mehr einschlafen, denn er überlegte pausenlos, wie er den Sportwagen bekommen könnte. Er hatte zu dem Zeitpunkt noch einiges an Schulden aus dem Hausbau und auch kein freies Kreditkapital mehr. Er behauptete lachend, dass er damals allen Ernstes sogar irgendein Risikogeschäft eingegangen wäre, falls er das Auto anders nicht hätte erwerben können, denn er war besessen von dem Gedanken, diesen Ferrari sein Eigentum zu nennen.

Er suchte sofort und fieberhaft nach einem schnellen Geschäft, reagierte auf eine Zeitungsannonce und machte, da der Ferrari-Händler nur 2 Tage warten wollte, einen so schnellen Vorvertragsabschluss, wie er ihn unter normalen Umständen, wie er sagte, gar nicht imstande gewesen wäre zu planen, geschweige denn durchzuziehen. Er hatte aber fortwährend das schöne rote Auto vor seinem geistigen Auge, auch wenn dies, wie er lächelnd meinte, für die meisten Menschen wohl eine unsinnige Triebkraft darstellen würde. Er aber sagte sich, er brauche genau dieses Auto, um wieder einmal eine neue Anregung in sein Leben zu bringen, und nichts Anderes auf der Welt interessierte ihn momentan mehr. Er sah angeblich vor seinem geistigen Auge den roten, breiten Ferrari an einem schönen Sommerabend vor seinem Haus, auf dem weiß geschotterten Parkplatz stehen. Er sah sich, wie er zufrieden bei einer edlen Zigarre und einem schönen Glas Rotwein die Faszination des Sportwagens auf sich wirken lassen wird.

So ähnlich war es tatsächlich auch, als ich ihn eines Abends in seiner Villa besuchte. Jedenfalls parkte dort sein roter Ferrari mit offenen Fenstern und offenbar »noch sehr erhitztem Motor« unter dem Kastanienbaum vor seinem wunderschönen Haus, und es fiel mir »Autonarren«, recht leicht, seine Freude an dem Auto zu verstehen. Auf meine Frage, wo er seine Grenzen sehe, schaute er mich an als habe ich ihn beleidigt und sagte, er kenne keine. Er habe nur ein vernünftiges Limit, das er fühle und gar nicht zu berechnen brauche. So sei ihm klar, was er mit seinem Wissen und Können realistisch erreichen kann, und je größer seine Motivation, desto kleiner sei seine eigentliche Anstrengung. Ein schöner Nebenaspekt sei, so betonte er, dass auf dem Weg zum Ziel viele ungewollte kleine Erfolge und viele ähnlich positiv denkende Menschen »mitgehen«. Es scheint so, als könnte/wollte alles und jeder seine »Glücksphase« mit ihm empfinden.

Und es sei fast so, sagte er, als unterstütze dann alles Nebensächliche diesen Weg zum Ziel; so als bereite es allen Menschen auch noch Freude, für ihn etwas tun zu können und ihm irgendwie beizustehen, obwohl ja keiner seine eigentliche Motivation kennt.
Er frage sich, so meinte er weiter, ob man in dem Moment vielleicht so ganz anders klinge, ganz anders aussähe und rede als sonst, und ob man in Geschäften unvergleichlich flexibel reagiere? Er meinte schließlich scherzhaft, ich sollte ihn zumindest einmal kurz anhören, wenn er einmal wieder so weit ist, und ihn dann, so gut es geht, mit dem gewohnten Zustand vergleichen.

Wahrscheinlich ist es bei uns allen grundsätzlich so, dass in unserer Realität die Motivationen eine große Rolle spielen, also sollten wir wohl darauf schauen, dass sie uns nie ausgehen? Nach den echten, realisierbaren und (sich) aufbauenden Zielen zu streben, dürfte wohl nie falsch sein, und dass das erfüllt wird, woran man felsenfest glaubt (felsenfest und nicht nebenbei), das können die meisten von uns an vielen Ereignissen ihres Lebens ablesen.
Falls wir im Vergangenen zu wenig finden, weil wir vielleicht aus momentaner Enttäuschung heraus alles, was in unserem Leben geschah, nur als selbstverständlich betrachten, so finden wir genügend positive Beispiele, wenn wir uns bekannte, erfolgreiche Menschen, deren vorausgehende Ziele und heutige Erfolge wir kennen, vor Augen halten.

17. Bestimmt der Geist die Leiden mit?

Es scheint wohl auf den ersten Blick fast unglaublich, dass wir Gutes und Schlechtes in unserem bisherigen Leben zu großem Teil mitbestimmt haben? Kann das tatsächlich sein? Oder geben wir bezüglich des Negativen doch lieber dem Schicksal die Schuld? Wie lautete die Vorbestimmung? Musste tatsächlich alles so kommen, wie es ist? Ist es gut, so wie es heute ist?
Wenn wir aber unser bisheriges Leben einigermaßen genau und ehrlich betrachten, so werden wir darin den sehr großen Anteil eines Lebensplanes erkennen, den wir gewissermaßen selber mitentworfen haben. Jetzt könnte man einwerfen, dass dieser Plan im Grunde nicht von uns, sondern von der Vorsehung kam. Aber gab uns die Vorsehung neben allem anderen auch die Chance (oder gar den Auftrag), zu wählen, aktiv zu werden, uns zu beweisen, »das Ganze« positiv und dienend mitzugestalten?

Wie wir es auch betrachten, lässt es uns daraus so oder so folgern, dass tatsächlich die meisten unserer nächsten Zukunftsbilder, die wir uns (bewusst oder unbewusst) vorstellen werden, auch irgendwann im Leben zur Verwirklichung kommen werden?
Vorausgesetzt, diese Erkenntnis gilt für Positives in unserem Leben, dann muss sie doch folgerichtig auch für das Negative gelten, das wir aus irgendwelchem Gefühl oder Grund heraus »kommen sehen«?
Wäre es aber nicht völlig unvernünftig, unsere Zukunft auf negative Erwartungen und unbegründete Befürchtungen hin aufzubauen, und bei der Gelegenheit, die gerade in unser »Befürchtungs-Programm« passt, sogar entsprechende negative Entscheidungen zu treffen, um

damit das (vielleicht auch nicht wissentlich) Einkalkulierte »planmäßig mit zu realisieren«?
Wäre es deshalb denn nicht in jedem Falle viel vernünftiger, alle unsere Sorgen zuerst einmal exakt zu analysieren, um ihren Grund genau zu begreifen? Schadet es dabei, wenn wir »den Teufel an die Wand malen«?
Wahrscheinlich nicht. Wenn ein negatives Szenario, besonnen und mit allen möglichen Folgen verbunden, betrachtet wird, dürfte uns dies schließlich doch wohl nur dienlich sein? Sobald wir die Analyse unseres negativen Vorgefühls hinter uns gelassen haben, lässt sich doch auch leichter ein annehmbarer Plan entwerfen, welcher das nun einigermaßen deutlich gewordene Negative, gewissermaßen ausschließt, mit gleichzeitiger Konzentration auf das Positive? Beziehungsweise lässt sich daraus doch wohl zumindest ein ausgewogen betrachtetes Szenario zwischen dem Für und Wider entwerfen, das schließlich zu einer objektiven Entscheidung führen kann?

Müssen wir Menschen nicht jedenfalls die Konsequenzen unseres Handelns – oder auch des Nichtstuns – tragen? Und macht Inkonsequenz denn nicht auch »etwas« mit einem, aber leider nichts Zukunftsträchtiges?

Wenn es zum Großteil an uns selber liegt, unsere positive Zukunft zu gestalten, weshalb tun wir es dann nicht viel intensiver? Wie dumm wären wir Menschen doch, wenn wir die Chance nicht wahrnehmen würden, um mit einfachen Methoden unser Leben ins Positive zu geleiten? Wäre es denn nicht völlig widersinnig, einerseits in seinem Leben das Positive erreichen zu wollen, aber andererseits in der (verborgenen, aber tatsächlichen) Erwartung, das Negative dem Positiven gleichzustellen, oder es ihm ab und zu und aus welchem Grunde auch immer, sogar vorzuziehen? Zumindest besteht doch wohl für jene von uns, die grundsätzlich alles

Negative in jedem Thema suchen, ein Widersinn darin, die negativen Einbildungen, sofern diese nicht wirklich begründet wurden, überhaupt weiter zuzulassen?
Würde etwa jemand von uns auf die Idee kommen, sein zukünftiges Haus zu planen und in diese Planung gleich das Negative als festen, bleibenden Bestandteil mit einzubeziehen? Würde der-/diejenige stattdessen nicht besonnen vorgehen, alles Negative sorgfältig in Erwägung ziehen, sich entsprechend informieren und den definitiven Plan dann so ausarbeiten, dass das Negative zwar einen Bestandteil in der Planungsbetrachtung verkörpert, aber im Endresultat absolut keine Rolle mehr einnehmen kann? Wir werden dieses Beispiel - nach logischen Gesichtspunkten betrachtet -, bejahen müssen, aber wieso machen wir dann beim »Plan unserer Zukunft und unseres Lebens« vergleichsweise große Dummheiten und »planen« dort nahezu das Negative (insgeheim) mit ein, anstatt das möglicherweise Gefährliche zwar ordentlich mit zu betrachten, aber es danach durch vernünftiges, kluges Umgehen auszuschließen?
Schließlich dürfen wir auch nicht übersehen, dass wir nicht nur für uns persönlich die Zukunft »mit entwerfen«, sondern unwillkürlich auch für unsere Angehörigen und vielleicht sogar für viele Menschen, die unser Leben begleiten (müssen), weil sie zu uns gehören.
Sind denn unsere Leben, und jene der Menschen um uns, sonach weniger wichtig als beispielsweise ein Haus, das vermutlich nach 50 Jahren wieder zum Abriss oder zum Umbau kommt? Falls wir unser und das Leben unserer Angehörigen mehr schätzen als etwa einen simplen vergänglichen Bau, weshalb gehen wir dann mit diesem Thema vergleichsweise so fahrlässig um?
Wieso verfahren wir mit unseren Gedanken (und Reden) oftmals so, als könnten sie ohnehin nichts bewegen, nichts Schädliches bei uns oder anderen anrichten?

Wie oft begegnen wir Menschen, bei denen wir im Gespräch erkennen müssen, wie sehr sie in ihren negativen Einstellungen und Erwartungen festgefahren sind? Hat man dabei nicht den Eindruck, als gäbe es für diejenigen gar keine andere Überzeugung mehr, als dass ihre bereits »eingeübte« Schwarzmalerei in ihrer (und anderer) Zukunft irgendwann realisiert wird? Bekommt man in solchen Fällen aber nicht auch den Eindruck, als würde die Person zwar schon irgendwie auch das Positive erhoffen, aber dass durch das »verwurzelte« Negative, gar keine echten positiven Hoffnungen mehr zugelassen wurden und werden? Wundert es uns dann, wenn Menschen, welche fortwährend nur das Negative ahnen, oder gar suchen, wirklich das Negative realisieren und daher auch von anderen regelrecht gemieden werden? Natürlich könnte man auch einwerfen und behaupten, dass auch alles Negative sich positiv auf unser Leben auswirken kann, weil wir aus negativen Erfahrungen lernen, aber dies hat mit der permanenten negativen Einstellung an sich wohl nichts gemeinsam? Dieses besagte Negative »organisiere« ich mir im Grunde doch laufend selber und »erfahre« es nicht auf dem Zufalls- oder Schicksalswege. Wundert es, wenn negativ eingestellte Menschen, wenngleich sie wohl im Grunde auch nur das Positive ersehnen und ihr negatives Reden vielleicht nur ein Hilfeschrei ist, aus der dauernden Situationsabwertung heraus, dann auch oft alleine stehen und damit erst recht zur Meinung gelangen müssen, dass alle Menschen gegen sie sind, dass alles, was sie äußern und entsprechend anpacken, sich negativ entwickelt?
Ich vermute, dass niemand außer die Betroffenen selber (wenn auch mit professioneller Hilfe, für die sich keine/r schämen muss), diesen negativen Betrachtungskreis wirklich durchbrechen kann.

Können wir also davon ausgehen, dass wir vieles, was uns bedrückt, gleichgültig ob körperlich oder seelisch, von uns selber ausgeht, und dass neben unseren Freuden auch die meisten unserer Leiden durch unseren Geist mitbestimmt werden?

Wird zum »Mitbestimmen« auch das Ignorieren unserer gesundheitlichen Grundlagen gehören, das Ignorieren von Chancen, das Ignorieren von Mühen der Menschen, die es gut mit uns meinen? Ist das Unterlassen nicht im Grunde auch ein Handeln – genau wie das Tun? Wie wichtig ist es also, unser Leben von Zeit zu Zeit zu analysieren? Ist es denn nicht der Mühe wert, ab und zu in sich zu gehen, wenn man bedenkt, was einem entgehen oder widerfahren kann, sofern man sich nicht die Zeit nimmt, das eigene Leben auch manchmal eindringlicher zu betrachten? Wie viel einfacher wäre oftmals unser Dasein, wenn wir rechtzeitig einsehen würden, wie töricht wir zeitweilig leben? Fehlt uns ganz einfach auch der Mut zum laufenden Analysieren? Vielleicht weil wir dann das gerade Vorherrschende endlich »über Bord werfen« müssten? Das ginge ohnehin nicht? Nein? Was aber, wenn wir dies in 5 Jahren sowieso müssten weil sich nun fast alles als falsch erwies? Sind wir dann nicht auch 5 Jahre älter und haben viel an »gutem Vermögen« im weitesten Sinne, verloren?

18. Betonen, was man will?

Die diversen Manipulationen, die Theodor gewissermaßen »als festen Bestandteil« in seiner Arbeit einsetzte, die ihm aber genauso selbst schadeten wie mir und anderen seiner Geschäftspartner, lassen mich vermuten, dass es ähnliche (wenn auch in etwas anderer Auswirkung) versteckte Manipulationen vieler Menschen gegen sich selbst, gibt.

Meine Theorie mag sich eigentümlich anhören, und deren Wirklichkeit ist auch nicht leicht zu erkennen, aber ich bin davon überzeugt, dass sehr viele Menschengedanken diesem eigenen - und eigentlich völlig gegen sich selbst gerichteten Intrigenspiel - unterworfen sind. Wie oft begegnen uns Menschen, die zwar redegewandt sind, aber ihre Bedürfnisse nicht unbeschönigt beschreiben können, sondern diese lediglich »umschreiben«, indem sie bspw. über dieses und jenes klagen?

Häufig ist zu bemerken, dass Leute nicht imstande sind, sich klar einzugestehen oder sich klar und offen zu sagen, was sie für sich (und vielleicht auch ihre Angehörigen usw.) von ihrer Zukunft erwarten, welches ihre Ziele sind. Anstatt zu betonen, was sie wollen, lamentieren sie (meist sich selbst bedauernd) darüber, was ihnen im Leben alles fehlt, was ihnen entgeht, was den Anderen gelingt und ihnen im selben Zusammenhang nicht gelingt. Dabei beseitigen sie im wahrsten Sinne »einen Weg zum Ziel«, u.a. weil sie die Chance, sich ein Ziel zu setzen, genau genommen »in pessimistischen Jammer« fallen lassen. Dass sie mit ihrer Methode niemandem Gutes tun, sondern das Gegenteil erreichen, wird ihnen offensichtlich nicht klar, sonst würden sie die »Verhinderung durch sich selbst« wohl unterlassen?

Wie viele Menschen kennen wir, die ihr ganzes Leben mit Lamentieren und Selbstbedauern begleiten, anstatt mit Konzentration auf ein gutes Leben? Anstatt sich nach vorne zu bringen, indem sie sich klare (nach individuellen Möglichkeiten realisierbare, harmonische) Ziele setzen und diese verwirklichen, lamentieren sie, »baden« in Pessimismus, »hätscheln« gewissermaßen »ihre« Angst wie eine »gute Bekannte«. Schüren sie nicht mit der Sorge vor Allem, erst recht ihre Zweifel und Ängste?

Aber was motiviert die Menschen dazu, ihren Bedarf derart zu manipulieren, zu umschreiben, anstatt klar zu sagen, was sie möchten?

Warum sagen oder umschreiben sie lediglich, was ihnen fehlt? Wem glauben sie damit etwas Gutes zu tun? Sich selbst? Ihrem Umfeld? Oder liegt es oftmals daran, dass Menschen Angst davor haben, durch das konkrete Aufarbeiten ihrer (vielleicht wackeligen) Ziele, eigene Hoffnungen zu zerstören? Haben sie Angst, es käme ihnen bereits beim ersten Versuch, eine Absicht zu konkretisieren, ihr Mut abhanden, weil sogar schon der Anlauf dahin »Schwierigkeiten« bieten kann? Oder wollen sich solche Menschen lediglich keine Blöße geben, für den Fall, dass andere ihre wahren Bedürfnisse erkennen? Haben solche Menschen einfach nur Angst vor etwas Anderem, vor etwas, das ihnen nicht einmal genau bewusstwird? Haben sie Angst vor einer eventuellen abschätzigen Betrachtung, einer Missdeutung seitens der anderen?

Aber wenn wir Menschen unseren eigenen Bedarf manipulieren, darüber lärmen, was uns fehlt, anstatt (uns und anderen) offen zu erklären, was wir möchten, müsste uns doch klar sein, wohin dies führt? Oder hoffen wir, dass das Schicksal sich unser erbarmt und uns freiwillig zukommen lässt, was uns fehlt? Dieses auf (akzeptierten?) Mangel aufgebaute Verhalten scheint doch wahrhaftig nicht effizient zu sein, aber warum praktizieren so viele Leute es dann?

Wenn wir wieder vom Prinzip ausgehen, dass alles, was wir im Leben erreichen (oder unbewusst nicht erreichen) wollen, von unserem Geist mitbestimmt wird, dann ist doch wohl auch eine negative »Eigenmanipulation« eine bedeutsame Erscheinung aufgrund unserer ganz persönlichen Einstellung? In seinen Facetten zeigt doch jedes »Sich-selbst-Täuschen« die Auswirkungen einer negativen Geisteseinstellung? Solange man nicht imstande ist, die selbst erzeugten negativen Machenschaften als solche zu begreifen, geht man doch unbewusst »auf einer falschen Fährte«, weil man sich selbst den zweideutigen (aber vermeintlich richtigen) Weg vorzeichnet, den man, bei klarer Vernunft betrachtet, nicht gehen würde?

19. Je länger der Mangel herrscht

Zeno, ein ehemals sehr erfolgreicher Geschäftsmann, ein echter deutscher Millionär mit außergewöhnlichen Besitztümern, erlitt eine wahre Katastrophe durch Fehlspekulationen, die zwar seine gut bezahlten Berater zu verantworten hatten, aber er und seine Familie alleine zu spüren bekamen, und zwar mit aller Härte und sogar mit dem Verlust seines offiziellen Privatvermögens.
Wir kannten uns damals nur vom Sehen, aber ich weiß, dass von all dem Besitz lediglich ein kleines Wohnhaus übrigblieb, das er früher einmal seiner Frau geschenkt hatte, also auf ihren Namen geschrieben wurde und deshalb nicht in die Konkursmasse geriet.
Natürlich möchte man meinen, dass ein Mensch mit vielen Beziehungen und vielen »guten Freunden« jederzeit wieder auf die Beine kommen würde, auch traute man einem gewieften Geschäftsmann wie Zeno es zu, dass er sich beizeiten ein schönes finanzielles Polster außerhalb von Zugriffsmöglichkeiten Dritter anlegen würde, aber Zeno war da anders. Er war damals wie heute ein grundehrlicher Mensch und hatte buchstäblich nichts »auf die hohe Kante« gelegt, denn er hatte ja damals, wie er heute sagt, nichts zu befürchten.
Seine Freunde zogen sich, wie erwartet, zurück, als es zum Konkursverfahren kam. Sein anschließendes Aufbäumen erzeugte tatsächlich noch einige gute geschäftliche Ansätze, die aber schließlich mangels Liquidität doch nicht zum Erfolg führten. Sein Widerstehen wurde schwächer und schwächer, und nach längerer Zeit war für ihn anscheinend nur mehr das Dasein eines »normalen« Menschen möglich denn er konnte sich geschäftlich/wirtschaftlich nicht mehr erholen.
Nicht dass ein »Normalleben« zu verschmähen wäre, aber Zenos Karriere, sozusagen »vom Millionär zum Tellerwäscher« und deren Nebenerscheinungen, kann man sich als »normaler« Mensch sehr gut

vor Augen halten, weil man als Normalverdiener ja weiß, welche Rolle das Geld im Dasein spielt; besonders dann, wenn man es nicht hat.

Das, was Zeno passiert war, kann jedem (in welcher Dimension auch immer) passieren, und er ist sehr zu bedauern und keinesfalls zu kritisieren, denn was er in seinem Leben für lange Zeit realisiert hatte, werden die meisten Menschen kaum erreichen.
Die erschreckenden, langwährenden Folgen seines Konkurses, das Gemieden-Werden, das Alleingelassen-Werden, wären vielleicht auch noch zu erwarten gewesen, aber nicht die Tatsache, dass Zeno sich nach und nach nicht nur mit einem »normalen« Dasein zurechtfand, sondern viel mehr sogar noch mit allen Nachteilen seines »neuen« Lebens. Er »arrangierte« sich buchstäblich mit den Mängeln um sich herum, anstatt immer wieder zu versuchen, ihnen aus dem Wege zu gehen.
Auch sein geschäftliches Denken veränderte sich. So verwendete er offensichtlich in seiner Abschätzung und Planung weit niedrigere Normen. Es war als wagte er es gar nicht mehr, an ein höheres Ziel zu denken, und er organisierte nur noch kleines Geschäftliches, wie es jedermann, der ihm hinsichtlich Wissen und Können keineswegs das Wasser hätte reichen können, auch leicht gehandhabt hätte. Nun, man wird vermuten es lag wieder am Geld. Ja, hinsichtlich Privatvermögen stimmt dies, aber das alleine war nicht der Grund, denn es sollten diese kleinen Handelsaktionen immer von Dritten finanziert werden, die genug Geld hatten, um ein großes Geschäft zu finanzieren.

Über einen gemeinsamen Freund, der Zeno weiterhelfen wollte, lernte ich Zeno dann näher kennen und ich hochachtete ihn alsbald als Mensch und »Denker«, aber ich vermisste bei ihm frühzeitig das höhere Ziel, das wirkliche Wollen, das ich eigentlich erwartet hatte, denn ich hatte den weltweit erfahrenen Kämpfer erwartet, der immer noch nach vorne wollte. Wir konnten schließlich nichts Geschäftliches gemeinsam realisieren, blieben aber privat in Verbindung.

Zenos Stillstand ging über eine lange Zeit, und mich erstaunte bei gelegentlichen Begegnungen, dass Zeno die Erfolgslosigkeit offensichtlich nichts mehr ausmachte. Je länger sein Zustand mit allen möglichen Mängeln herrschte, umso glücklicher schien Zeno mit seinem neuen Leben zu sein. Aber warum? War seine Verfassung nur eine Art von Müdigkeit, die irgendwann wieder verschwinden würde? War es einfach Resignation? Aber so aussichtslos war seine Lage doch nicht, wenn man seine Qualitäten als Geschäftsmann betrachtete, und dass er auf Risiken Dritter, geschäftlich hätte agieren dürfen.
Ich hätte all das, was er mitgemacht hatte, vermutlich ohnehin nicht so tapfer wie er überstanden, aber ich verstand seine derzeitige Einstellung zum vergleichsweise kläglichen Dasein nicht. Oder war sein Verhalten nur ein Schauspiel? Aber dazu kannte ich ihn, die ehrliche Haut, zu gut.
Irgendwann fragte ich ihn einfach, ob er denn wirklich zufrieden sei, oder nur so tue, als ob, denn vielleicht konnte ich ihm irgendwie weiterhelfen. Er war zwar etwas erstaunt über meine direkte Frage. Als wir ins Detail gingen, schien es mir so, als würde ihm erst jetzt bewusst, dass er dabei war, sich langsam, aber unbedenklich an das »negativere Neue« zu gewöhnen. Wir diskutierten, und es stellte sich heraus, dass, je länger sein Mangel herrschte, umso leichter er sich auch damit abfand. Gab es früher die Villa mit Schwimmbad, die Limousine mit Chauffeur, die Sekretärinnen und diversen Betreuer, so sagte er, tat es ihm zwar anfangs weh, als es das alles nicht mehr gab, als er nicht mehr am Schwimmbad entspannen konnte, selber einen alten Kleinwagen lenken musste und niemand mehr für ihn die Briefe schrieb und die

Telefonnummern wählte. Aber nach einiger Zeit pendelte sich sein Bedarf nach diesem und jenem auf ein Minimum ein. Auf einmal war auch wieder genügend »kostbare« Zeit da, an der es ihm vorher ja immer fehlte, und es blieb auch mehr als ein Moment übrig, um simple Dinge, wie bspw. die ziehenden Wolken am Himmel, zu betrachten, oder sein engstes Umfeld näher zu »erforschen«.
Zeno verglich seine neue Situation einerseits mit der Freiheit eines Vogels, der zum Leben wenig braucht und das »Überleben« lernt, aber andererseits verglich er sich auch mit einem Hund an der Kette, dem man über die Jahre hin seinen Bewegungsradius durch die Kettenlänge erkennbar macht, der sich wahrscheinlich früher oder später mit den Umständen abfindet und – wenn man ihn irgendwann von der Kette ließe – keinen Schritt mehr außerhalb seines gewohnten Umkreises machen würde.

Zeno gab meiner Vermutung Recht, dass, je länger ein Mangel herrscht, desto mehr akzeptieren wir diesen wie einen selbstverständlichen »ständigen Begleiter«.
Aber wenn es sich grundsätzlich so verhält, dass je länger ein Mangel herrscht, umso deutlicher man ihn schließlich akzeptieren wird, sollten wir uns dann nicht in Bezug auf die Mängel um uns herum äußerst entgegenwirkend verhalten? Ist es dann nicht sogar notwendig, ab und zu sein Leben (auch hinsichtlich seines Umfeldes) zu analysieren? Was ist bezüglich der möglichen Missstände, die wir persönlich, aber vielleicht auch als Familienmitglied, als Lebenspartner, als Geschäftspartner usw., unbewusst »tolerieren«?
Was schadet es, wenn wir ab und zu die entsprechenden Fragen bearbeiten und sie auch mit den wichtigsten Menschen um uns herum besprechen? Was, wenn wir dies nicht tun und stillschweigend alles, was uns zwar nicht passt, aber bereits zu unseren Gewohnheiten gehört, akzeptieren?

Wohin, außer zu weiteren Folgen von Missständen, wird dies führen? Ist es genug, wenn unser Dasein ab und zu einmal »aufwärts geht«, aber nur im Rahmen dessen, was wir (im Bereich des Mangels) einen »kleinen Aufschwung« nennen, der aber im Grunde (und verglichen mit den echten Möglichkeiten) eigentlich nahezu belanglos ist? Ist es nicht sogar eine große Verantwortungslosigkeit, wenn wir ein uns betreffendes Übel, das veränderbar wäre, grundsätzlich akzeptieren? Sollten wir also unsere Gewohnheit und Duldung ab und zu durchforsten, um zu erkennen, ob wir uns nicht schon zu lange an Missstände gewöhnt haben, so dass wir diese möglicherweise überhaupt nicht mehr als solche erkennen?

Ich begegnete kürzlich wieder einmal zwei älteren Bekannten, Menschen, denen es wirtschaftlich gut geht, die sich viel mehr leisten könnten als sie es tun, die seit ihrer Jugend in ihrem alten Haus leben, mit den schlecht schließenden Fenstern, den teils feuchten Steinmauern, der kärglichen Einrichtung. Und ich frage mich, ob dies auch eine Erscheinung, von Gewöhnung an Mängel ist? Ich fragte, um zu sehen wie sie reagieren, ob sie nie daran gedacht hatten, mit Beiträgen der öffentlichen Hand ihr Haus zu sanieren? Die Frau verneinte und sagte zugleich, sie spüre die Winterkälte oft in allen Knochen, aber sie habe »es« bisher irgendwie überstanden und werde »die paar Jahre noch« überstehen.
Die beiden wussten offensichtlich von den Möglichkeiten, zu einer Sanierungshilfe zu kommen, und dass sie dazu fast kein eigenes Kapital benötigen würden, aber sie sagten, sie wollten die Sanierung nicht mehr; ihnen genüge es für die paar letzten Jahre so, wie es ist. Ich vermute, die Begründung »für die paar Jahre« war es nicht wirklich, was sie von einer Verbesserung der Umstände abhielt. Man würde ihnen wahrscheinlich, wie den meisten Menschen in ähnlichen Umständen,

gar keine Freude machen, wenn man sie aus ihren desolaten vier Wänden in ein neues Zuhause mit allem Luxus führen würde. Aber wollten sie diesen Zustand immer schon, oder haben sie sich lediglich an die Mängel gewöhnt? Ist die Annahme also wahrscheinlich richtig, wenn auch bedauerlich, dass, je länger der Mangel herrscht, umso mehr wird er akzeptiert?

20. Kontrollieren und beherrschen?

Wenn mich irgendwas an Albuin, einen damaligen Manager in meinem Hörfunk- und Musik-Unternehmen erinnert, so wie eben eine Erwähnung aus jener Zeit, dann stellt sich bei mir ein Gefühl ein, ähnlich einem leidigen Unwohlsein, und doch ließ die Zeit mit ihm auch eine gewisse Heiterkeit zurück, denn vielerlei wirkt rückblickend wie ein mittelmäßiges Kasperletheater.

Er war ein netter und sehr intelligenter Mensch und wahrhaftig mit allen Wassern gewaschen. Seine Familie lebte im Ausland und er arbeitete von Montag bis Freitag bei uns.

Ich erinnere mich, wie ich damals wegen seiner allbekannten Raffiniertheit jedes von ihm erstellte Dokument genauestens kontrollierte, bevor ich meine Unterschrift gab. Aufgrund dessen, wie er manchmal mit unseren Geschäftspartnern umging, hielt ich ihn für so gerissen, dass ich ihm zutraute, er würde für sich persönlich immer eine Hintertür offen lassen, die zumindest ihm einen Vorteil bringen würde. Ein paarmal musste ich ihn ersuchen, Partnern gegenüber fair zu bleiben, aber für ihn war das Tricksen zu seinen Gunsten eine Art Hobby, das er einfach ausübte, wann und wo es ihm gelang. Dabei

meinte er es nicht einmal böse, sondern war einfach happy, wenn er einem anderen überlegen war, und ich sehe ihn noch vor mir, wie er übers ganze Gesicht strahlte, wenn er – wie er sagte – einen anderen so bearbeitet hatte, dass dieser schließlich davon überzeugt war, »dass der Schnee eigentlich doch schwarz ist«, oder wenn seine Argumente so durchschlagend waren, »dass sogar ein Eskimo einen Kühlschrank für den Iglu gekauft hätte«. Das Geschäftliche ist eine Geschichte für sich, die man so oder so betrachten könnte; jedenfalls trennten sich unsere Wege schließlich aufgrund einer ganz anderen Sache.
Was mich an ihm – als ich ihn mehr und mehr kennen lernte – immer wieder erstaunte, war der Widerspruch zwischen seinem unnachgiebigen Geschäftsgebaren und seinem nachgiebigen Verhalten in seinem Familienleben.

So wurde ich eines Tages von ihm zu einem großen Konzert am Wochenende eingeladen. Pünktlich fuhr ich los, und nach einigen Stunden Fahrt kam ich zum Münchner Hochhaus, wo er wohnte, und klingelte an seiner Wohnungstür, um ihn und seine Gemahlin abzuholen.
Albuin öffnete entnervt die Tür, was wohl nicht gerade die passende Begrüßung war und auch nicht seine Vorfreude zu einem berauschenden Konzert widerspiegelte. Ich hörte, während ich über die Türschwelle trat, wie seine Frau aus dem Bad heraus schimpfte, und bekam mit, dass ihr Gezeter etwas mit einem Hut zu tun hatte und dass sie Albuin diesbezüglich kritisierte.
Erst dachte ich mir nicht viel dabei, sondern amüsierte mich etwas, weil ich Albuin endlich einmal in einer sehr unterwürfigen Rolle beobachten konnte, anstatt dass er, wie im Geschäftsleben üblich, stark und in Siegerpose dastand und in seiner Haltung und Körpergröße an Napoleon in den besten Zeiten, erinnerte.

Als seine Frau dann aus dem Bad kam, befiel mich buchstäblich das Entsetzen. Ich hatte sie etwa ein Jahr lang nicht gesehen, sie war unglaublich dick und unansehnlich geworden. Sie war fast ein anderer Mensch, ihr Gesicht erinnerte an die TV-Figur »Miss Biggy« und auch die blonden Haare trug sie ähnlich wie die Genannte. Die ehemals sehr vornehm wirkende, schöne, schlanke, groß gewachsene Frau war nunmehr ein plumper Brocken von einem Weib. Obwohl ich aus eigener Erfahrung wusste, wie schnell man an Gewicht zulegen kann, war mir schleierhaft, wie ein Mensch in so kurzer Zeit so viel zunehmen konnte.

Es schien fast so, als wäre ich tatsächlich mitten in eine ernste Lage geraten. Kurzum, sie schrie – ohne mich etwa erst einmal zu grüßen – ihren Mann an, sie habe ihn mehrmals davor gewarnt, dass sie ohne einen neuen Hut nicht in dieses Konzert gehen würde, und er habe dies nicht respektiert und sie heute am Vormittag nicht zum Einkaufen begleitet. Schließlich warf sie ihm alles Mögliche vor, von dem ich keine Kenntnis hatte (und Albuin, nach seinem Gesicht zu urteilen, zum Teil auch nicht), und sie behauptete, so könne es mit ihnen grundsätzlich nicht mehr weitergehen und auf diese Weise wolle sie mit ihm nicht mehr zusammenleben. Jedenfalls gehe sie heute nicht mehr mit uns ins Konzert und er habe gefälligst auch hier zu bleiben. Sie stand während sie brüllte breitbeinig vor ihm, als wollte sie ihm zum Nachdruck auch noch eine »donnern«. Albuin tat mir fast Leid, denn er wäre wohl allein schon aus Gründen der unzweifelhaften körperlichen Unterlegenheit, gezwungen gewesen, handgreiflichen Streit mit ihr zu vermeiden und notfalls gebührlichen Abstand zu halten. Er, der ohnehin um einen Kopf kleiner als seine Frau war, wurde klein und kleiner. Ich, nachdem mir von Minute zu Minute unwohler wurde, vermutete plötzlich eine versteckte Kamera, denn da Albuin auch Film- und Fernsehprojekte mitorganisierte, sah ich mich schon als belächeltes Opfer. Ich machte deshalb sofort halbwegs gute Miene zum bösen Spiel, aber bald wurde mir klar, dass diese Frau es todernst meinte und dass da vermutlich keine Kamera versteckt und kein Verschaukeln zugange war, denn diese Szenen mit der halbnackten »Femme fatale« wären auch nicht sendefähig gewesen.

Um der Lage zu entfliehen und um nicht einen Zuschauer abzugeben, vor dem die Frau möglicherweise einen guten Grund sehen würde, um noch extremer zu werden, verabschiedete ich mich bald, und obwohl mich der Vorfall sehr irritierte und ich die zwecklose, lange Fahrt bedauerte, ging ich auch nicht mehr allein in das Konzert und fuhr alsbald nach Hause.
Albuin entschuldigte sich am Montag, als wir uns wieder im Büro sahen, für den Vorfall, und er fragte mich, ob er mir ein wenig erzählen könne, denn vielleicht könnte ich ihm ja »einen kleinen Rat« geben. Ich kannte diese ersten Schritte, die meist dazu führen, dass man schließlich auch viele andere Probleme lösen soll, und ich sagte ihm diese Befürchtung auch. Aber am Abend, beim Essen, erzählte er mir, ob ich nun wollte oder nicht, seine »Partnergeschichte« von Anfang an, die sich aber gar nicht nach dem Albuin anhörte, wie ich ihn bis dahin zu kennen glaubte.

Die Frau hatte ihn damals nicht so sehr fasziniert, aber sie behauptete, aus einer sehr vermögenden Familie zu stammen, was Albuin natürlich beeindruckte, weil es, wie er bei der Gelegenheit einmal zugab, bei ihm auch im Privaten irgendwie immer ums Geld ging und er angeblich immer schon vorhatte, möglichst »reich zu heiraten«. Er dachte sich auch, sagte er, »die Liebe schwindet meist schneller als das Gold«, und nach einer kurzen Zeit war bereits ein Kind unterwegs

und die Frau wollte deswegen heiraten.
Typisch Albuin, dachte ich, während er weitererzählte.
Die Schwiegermutter stellte ihm dann anscheinend in Aussicht, dass sie ihnen – im Falle einer Hochzeit – als Hochzeitsgeschenk den Sportwagen spendieren möchte, von dem Albuin vorher zwar geschwärmt hatte, ihn sich aber nicht leisten wollte.
»Mit Speck fängt man Mäuse«, dachte ich, und ein wenig Schadenfreude war schon dabei, weil mir ins Gedächtnis kam, mit welchen Mitteln Albuin seinerseits hantierte, wenn er etwas unbedingt erreichen wollte.
So kam es also, dass der schlaue Albuin einer simplen Manipulation zum Opfer fiel, und es wurde geheiratet mit Prunk und Aufwand.
Es kam dann der Sohn zur Welt und die Frau entschloss sich, »sich nur mehr dem Kind zu widmen«, was Albuin akzeptierte.
Albuin kam dann nach und nach darauf, dass seine Frau früher nie besonders aushaltend gearbeitet hatte und der letzte Job keineswegs ein Dauer-Job in der Chefetage war, wie sie behauptet hatte. Sie war zu jener Zeit lediglich eine Aushilfskraft im Büro der Chefsekretärin. Ebenso erfuhr er dann angeblich auch, dass in der Familie der Frau kein finanzieller Überfluss –, sondern vielmehr wirtschaftliche Probleme herrschten, und dass auch sein Hochzeitsgeschenk, der Sportwagen, auf Ratenzahlung gekauft worden war; jedenfalls hatte er angeblich bereits drei Raten indirekt selber beglichen, weil seine Frau sein Geld dafür der Schwiegermutter gegeben hatte.
Auch die Hochzeitskosten musste Albuin schließlich fast zur Gänze alleine tragen, obwohl die Schwiegermutter großzügig bestellt- und erst so getan hatte, als sei sie die bedeutende Gönnerin. Aber Albuin wollte niemanden blamieren und zahlte schließlich auch diese noch offenen Rechnungen.

Albuin war heute, wenn man seiner Aussage glauben konnte, in erster Linie der willkommene Zahler, anstatt der geliebte Ehemann, und er behauptete auch, dass die mütterliche Sorge um den Sohn sich als ein willkommener Vorwand seiner Gemahlin herausstellte, damit sie in ihren bequemen vier Wänden bleiben könne. Anstatt dass seine Frau, wie vor der Hochzeit geplant, zumindest ihren alten Job wieder aufgenommen hätte und die Schwiegermutter, die sich ohnehin den lieben langen Tag langweilte und noch relativ jung war, zeitweise das Kind betreut hätte, gingen die beiden Frauen stundenlang zum Einkaufen, amüsierten sich anschließend mit Gleichgesinnten, während der Junge derweilen bei einer Nachbarin bleiben musste, die natürlich für die Betreuung des Kindes Geld verlangte. Dem nicht genug, musste Albuin seinerseits regelrecht und ausführlich Bericht erstatten, was er zu welcher Zeit und mit wem gemacht hatte. Dies musste zumindest einmal am Tag geschehen, trotz hoher Telefonkosten, denn er arbeitete ja im Ausland.
So kam es angeblich auch dazu, dass es Albuin irgendwann reichte und er neben allem anderen, auch den bewussten Hut für den Konzertbesuch nicht mehr zahlen wollte, denn die Frau hatte schon so viele Hüte, dass sie ohnehin nicht mehr wusste, wo sie diese in der Wohnung verstauen sollte; und außerdem, so sagte er, entwickelte sich das »Kleider- und Hüte-Sammeln« zu einem wahren Teufelskreis, denn es musste meistens zum neuen Hut auch noch das passende neue Kleid gekauft werden, und da die Laune es wollte dass der neue Hut angeblich nicht mehr zum Kleid passte, welches aber wiederum seiner Frau ohnehin nicht sofort passte und nach dem Kauf umgearbeitet werden musste, artete das Ganze, inklusive Schneiderarbeiten, meist in eine »finanzielle Zentnerlast« aus. So hatte Albuins Frau angeblich bereits beträchtliche Schulden in einigen Modegeschäften angehäuft, die der Herr Gemahl Albuin »fügsam« im wahrsten Sinne, begleichen sollte.

Albuin sprach von Scheidung und wollte also meinen Rat. Was sollte ich ihm sagen? Ich war damals kein Ehemann und ich kannte ihn und seine Frau privat zu wenig, und woher wusste ich, dass er mir nicht nur eine Version erzählte, die ihn wegen des peinlichen Vorfalls am Samstag besser aussehen lässt? Wie käme ich auch dazu, mich in seine Familienangelegenheiten einzumischen; andererseits traute ich den beiden zu, dass sie mich letzten Endes zwischen ihnen als Sündenbock zermalmen, sobald sie sich wieder vertragen.
Ich musste das Gespräch nun ohnehin beenden, da ein Mitarbeiter gerade wegen Terminproblemen mit einem Geschäftspartner angerufen hatte, weshalb ich nochmals ins Büro zurück musste.
Es vergingen einige Tage, und zufällig, als ich eine Sekretärin nach einer von Albuin zu erledigenden Sache fragte, die bisher noch unerledigt geblieben war, sagte sie, sie müsse mir im Vertrauen etwas mitteilen. Sie müsse mir endlich berichten, dass die Frau Albuins, seitdem er bei uns war, jeden Tag einige Male angerufen hatte, um mit Albuin zu sprechen. Albuin habe sie allerdings darum gebeten, mir nichts davon zu sagen und sie andererseits bereits vor mehr als einem Monat angewiesen, seine Frau am Telefon nicht mehr durchzustellen und ihr zu bestellen, er sei ständig unterwegs, oder mit Kunden besetzt, und rufe sie sobald es geht zurück; was dann auch einige Male am Tag erfolgte. Auch habe er ihr vor ein paar Tagen von seinen vielen Problemen mit seiner Frau erzählt, und sie sehe sich nun dauernd genötigt, für Albuin zu lügen oder eben Ausflüchte für ihn zu finden. Während sie redete, reichte sie mir zögerlich die neu eingegangene Telefonrechnung.
Dies alles ärgerte mich, weil Privatprobleme der Mitarbeiter nicht Einzug in meine Firma halten sollten, und auch, weil mich Albuin angelogen hatte; er sprach schließlich nur von »einem täglichen« Telefonat, was ja kein großer Aufwand zum Schaden der Firma gewesen wäre,

aber zahlreiche Telefonate pro Tag kosteten wertvolle Zeit die dann bei Wichtigem fehlte, und zudem verursachten Auslandsgespräche damals noch sehr hohe Telefonspesen, was beides ja zu meinen Lasten ging; dies musste wohl nicht sein. Schließlich wurde Albuin ja nicht bezahlt, um mit seiner Frau, sondern mit unseren Kunden zu kommunizieren, und auch mir war letztens aufgefallen, dass die Telefonkosten seit kurzer Zeit merklich angestiegen waren, aber ich führte dies auf unsere häufigeren Auslandskontakte zurück und natürlich nicht auf Albuins Ferngespräche mit seiner Frau Gemahlin.

Ich stellte Albuin also zur Rede. Er entschuldigte sich, versprach, die Telefonspesen zu ersetzen und nahm, gelassen wie er nun einmal war, das Gespräch als willkommenen Grund, mir weiterzuerzählen. Also hörte ich zu, obwohl mir wirklich nicht danach war.

Seine Frau hatte angeblich, kaum dass sie verheiratet waren, die Zwangsvorstellung, er würde sie mit einer anderen Frau betrügen. War er früher abends ab und zu mit Freunden ein Bier trinken, was sie sogar zu begrüßen schien (denn er sollte sich ja, wie sie meinte, zumindest einmal am Tag ein wenig entspannen), so rief sie nunmehr sogar auch hier im Ausland in Albuins Stammlokal an, dessen Telefonnummer er ihr geben musste, und fragte, wie die Gastwirtin erzählte, ungeniert, ob Albuin in Begleitung einer Frau da sei.
Albuin schämte sich natürlich wegen der offensichtlichen Eifersucht, denn man neckte ihn deswegen bereits jedes Mal wenn im Stammlokal das Telefon läutete, und das war doch relativ häufig, wenn auch nicht immer für Albuin. Die Telefonkosten, die bei Albuin zuhause anfielen, konnte man sich leicht ausrechnen, denn schließlich telefonierte die Frau ihm ja ins Ausland nach.

Konnte er, so erzählte Albuin weiter, früher einmal zu einem Motorrad- oder Sportauto-Treffen fahren, durfte er dies heute nicht mehr, oder er musste seine Frau mitnehmen, wobei sie sich dann derart langweilte und dies, gemäß ihrer neuesten Art sich auszudrücken, rücksichtslos vor allen Kollegen kundgab, so dass natürlich der ganze Tag vermiest wurde.
Früher interessierte sie sich, wie sie vorgab, für exklusive Sportautos, heute wollte sie, dass er seines wieder verkaufe, weil er es ihrer Ansicht nach nicht mehr brauche, denn sie und das Kind müssten ihm für seine Freizeit genügen und sollten ihm wichtiger sein als alles andere. Ich zweifelte ein wenig an seinen Worten, aber andererseits stellte sich mir die Frage wieso er Lügengeschichten vorgaukeln sollte?

Albuin sagte weiter, er sei sich sicher, sie verspüre eine massive Eifersucht hinsichtlich allem was er jemals als erstrebens- oder liebenswert ansah. So war sogar auch sein Spaß in Bezug auf Sportautos zu viel »störende Fülle« die sich offenbar abstrakt gegen den Egoismus seiner Frau richtete. Sie war besessen von dem Gedanken, er würde sie betrügen. So musste sie also an jedem Tag genau wissen, wie viele Stunden er im Büro war, was er danach unternahm, wie unsere Sekretärinnen aussehen, wie alt sie sind, ob sie feste Freunde haben und ob Albuin auch mit attraktiven Kundinnen zu tun hat.
Albuin versicherte, er habe nicht einmal im Traum daran gedacht, seine Frau zu betrügen. Er habe zuerst auch ihre Gewichtszunahme toleriert, obzwar er sie ab und zu warnte, wenn sie alles in sich hineinstopfte, was essbar war, und sie tatsächlich von Tag zu Tag an Gewicht zulegte. Nunmehr hatte sie nahezu 140 kg Körpergewicht; also weit mehr als das Doppelte von damals, als sie sich kennen lernten. Oft, so sagte er, habe es ihn erschreckt, wenn er am Freitag- Abend nach Hause kam und sie offensichtlich wieder zugenommen hatte und

zugleich immer unzufriedener und mürrischer wurde. Natürlich passte ihr auch kein Kleid mehr lange, und schon gar nicht die »figurbetonten«, die sie um alles in der Welt haben musste, obwohl das Gegenteil anzuraten gewesen wäre. Aber »wer zahlt, schafft an«, sagte Albuin, und so tat das Modegeschäft alles für sie, auch wenn das Resultat noch so unsinnig aussah, und sie schien diesbezüglich einfach nichts zu kapieren. In der Wohnung bekleidete sie sich tagelang nur mit einem weiten Trainingsanzug, sodass alle ihre körperlichen »Erweiterungen« sie nicht störten und erst mal kaschiert wurden. Aber als sie samstags, um schick ausgehen zu können, in das neueste Kleid wollte, welches sie ja erst vor kurzem »maßgeschneidert« gekauft hatte, passte nichts mehr, und ihr Frust traf dann alle, vor allem auch das Kind. Schließlich musste das Modegeschäft sogar öfter eine Schneiderin ins Haus schicken, um schnell ein Kleid zu ändern, das sie zum Ausgehen brauchte.
Bewegung hatte sie fast keine und den täglichen Einkauf organisierte sie nur mehr telefonisch, weil ihr das Tragen der Taschen zu mühsam wurde, und mit dem Kind spazieren zu gehen war ihr natürlich auch zu ermüdend und die »ausführende« Nachbarin war nun deutlich mehr »Mutter fürs Kind« als die leibliche.

Ich muss sagen, mich nervte bereits das Erzählen der Geschichte und ich glaubte ihm nicht einmal die Hälfte; trotzdem, es konnte nicht alles gelogen sein, denn zumindest ihre körperliche Veränderung, ihr Benehmen und meine Telefonrechnung waren mir bekannte Tatsachen.

Albuin erzählte weiter, er habe ganze Nächte lang, nur mehr an ein Ausbrechen aus der Situation gedacht. Ihn interessierte nichts Familiäres mehr, sondern er freute sich im Grunde nur mehr auf seine Arbeit bei uns, die ihm Erfolge versprach und ihm durch die

Fortschritte zeigte, dass er »der alte Kämpfer« geblieben war. Er entwickelte eine derartige Abneigung gegen seine Frau, dass ihm sogar alles, was ihn irgendwie an sie erinnerte, zum Feindbild wurde, dass sogar das Verhältnis zu seinem Sohn, den er früher sehr liebte, darunter litt, weil der seiner Mutter sehr ähnlich sieht.
Ich bemerkte, dass Albuin plötzlich Tränen in den Augen hatte, und er tat mir natürlich Leid, als ich merkte, wie nahe ihm das Ganze ging. Ich sprach ihm Mut zu und regte an, mit seiner Frau und vor allem auch mit seiner Schwiegermutter, die ja größeren Einfluss zu haben schien, einmal ein ernstes, vernünftiges Gespräch zu führen, und ich beschwor ihn, ja nicht das Kind für irgendwas büßen zu lassen, wofür dieses bestimmt nichts kann.

Kurzum, Albuin brachte es offensichtlich nicht übers Herz, mit seiner Familie zu reden, denn etwa zwei Wochen nach unserem Gespräch »quartierte« sich seine Frau anstatt in seiner am Stadtrand gelegenen Wohnung, in einem Hotel in der Nähe unserer Büros ein, denn sie wollte »Albuin öfter einmal an seinem Arbeitsplatz besuchen«. Dies wäre ja soweit schön und gut und zu verstehen gewesen, bis sie mir aber »zu viele Male« im Büro war. Sie antwortete auf meine Frage, ob sie Langeweile habe, dass sie es in dem Hotel nicht länger untätig aushalten könnte.
Wie nicht anders zu erwarten war, »kontrollierte« sie Albuin nun ständig aus »passender« Nähe. Als ihr auch dies deutlich zu wenig »Überblick« brachte, verbrachte sie immer dann, wenn ich nicht im Hause war, fast den ganzen Tag im Vorraum zu Albuins Büro und, hielt meine Sekretärin von der Arbeit ab. Sobald Albuin keinen Kunden im Büro hatte, setzte sie sich einfach in sein Arbeitszimmer und strickte oder las Zeitung während er telefonierte und schrieb. Dies war natürlich für die Arbeitsmoral nicht sehr förderlich, denn

niemand sitzt ständig still und stumm da. Der kleine Sohn musste (mangels Nachbarin) auch mit in Albuins Büro. Er saß verständlicherweise auch nicht still und brachte im Büro meiner Sekretärin mehrmals alles drunter und drüber, schnitt einmal sogar mit einer Büroschere ein Elektrokabel durch, was natürlich für das Kind nicht schmerzlos- aber Gott sei Dank ohne größere Folgen abging, aber allerdings in mehrfachem Sinne für allgemeinen »Kurzschluss« und entsprechende Aufregung sorgte. Albuins Frau war offensichtlich nicht imstande, sich auf das Kind zu konzentrieren, entsprechend aufzupassen und ihm Benehmen beizubringen; vielmehr gab sie nach dem Vorfall der Sekretärin die Schuld, weil diese die Schere in der »zugänglichen« Schublade des Schreibtisches hat liegen lassen. Wo sonst?

Als ich von dem Vorfall und allen neuesten Nebenerscheinungen hörte, packte mich die Wut. Ich konnte nicht einfach so tun, als sei nichts geschehen, und bat Albuin in mein Büro. Ich wollte an dem Tag ohnehin mit ihm reden, weil sich in Albuins Leistungen, die bisher wirklich auffallend gut waren, plötzlich unverzeihliche Fehler einschlichen und es mir so vorkam, als schaue er bei jedem Geschäft nur noch auf seine Vorteile und nicht mehr auf die, welche auch für die Firma und die Geschäftspartner gelten sollten.
Es kam zu einem ausführlichen, harten Gespräch, und wir verständigten uns dann darauf, dass er künftig Frau und Kind während der Arbeitszeiten vom Büro fern hält und sich auch sein Verhalten bezüglich der Firmeninteressen ändern muss, andernfalls wir einen Schlussstrich unter die Zusammenarbeit ziehen würden.
Ich sah jetzt auch deutlich, dass aus dem sonst quirligen, unermüdlichen Managertyp in Wirklichkeit ein erbarmungswürdiges Nervenbündel geworden war.

Nun hatte ich allerdings nicht damit gerechnet, dass Albuin nicht den Mut aufbringen würde, seiner Frau direkt zu berichten, was ich ihm gesagt hatte. Anstatt der simplen Wahrheit verwendete er, um sie endlich untertags loszuwerden, als Druckmittel die Ausrede, er werde von mir auf die Straße gesetzt, wenn er nicht viel mehr Zeit für die Firma aufbringe. Gegen ihren unerwünschten Aufenthalt in seiner Nähe und das wiederholte Desaster, das sie und ihr gemeinsames Söhnchen hervorriefen, traute er sich offenbar nichts zu sagen.
So krachte sie plötzlich ohne anzuklopfen durch meine Bürotür und stampfte schnurstracks auf mich zu, stützte sich mit den Fäusten auf meine Schreibtischplatte und beschwerte sich mit aufgerissenen Augen und »feuchter Aussprache« über meinen »Druck« auf ihren armen Mann, und wäre ich nicht überzeugt gewesen, im Recht zu sein, wäre ich mir vorgekommen wie der letzte Unterdrücker.
Sie warf mir unter anderem vor, bei einem Geschäftsabschluss in der letzten Woche anders als Albuin entschieden zu haben, so dass Albuin weniger Vorteile davon hatte und also mit mir nicht mehr zufrieden sein könnte.
Also hatten die beiden auch über Vertrauliches aus der Firma gesprochen bzw. hatte sie – aufgrund ihrer steten Kontrolle über Albuin – über alles Bescheid gewusst, denn sie saß ja eh meistens in seinem Büro, was die ganze Angelegenheit aber nicht entschuldigte.
Schließlich eröffnete sie mir mit boshaftem Unterton, dass ein Geschäft mit einer Firma, der eine Frau vorstand, nicht zustande gekommen war, weil »sie als Frau die hinterhältigen Machenschaften anderer Frauen besser durchschauen könne« und sie daher Albuin von diesem Geschäft abgeraten habe, denn »nebenbei gesagt wollte die andere Frau ja eigentlich nur Albuin ins Bett bekommen, aber ganz sicher kein normales Geschäft mit uns machen«.
Ein Geschäft gemäß ihrer Beschreibung war tatsächlich geplatzt und

ich hatte die Begründung nicht verstanden.
Zudem, sagte sie, habe Albuin sowieso vorgehabt, eine Konkurrenzfirma zu gründen, und sich bereits mit einigen unserer Kunden über eine künftige Zusammenarbeit geeinigt.
Mir reichte es jetzt endgültig und ich holte mir Albuin her, der blass und wortlos daneben stand und offensichtlich nichts zu sagen hatte. Dies machte mich erst richtig ärgerlich. Sonst hatte er immer ein großes Mundwerk, aber in Anwesenheit dieser »Frau« benahm er sich wie ein ängstliches Kleinkind. Ich stellte ihn ob ihrer Aussage wegen der Kundenabwerbung zur Rede, was er weder zugab noch bestritt.
Mir reichte das ganze Theater mit dieser Familie nun endgültig, denn einen so weit reichenden Blödsinn, so viele negative Begleiterscheinungen, hatte ich durch all die vielen anderen Menschen, die ich kannte, wirklich noch nie erlebt oder gar erduldet.
Ich forderte die beiden auf, die Firma zu verlassen, und als Albuin immer noch schwieg und die Frau sich weigerte, weil sie, wie sie schrie, als Albuins Frau das Recht habe, hier zu sein, begleitete ich sie eigenhändig aus meinem Büro und verbot ihr, ein weiteres Mal ihren Fuß über die Schwelle meiner Firma zu setzen. Einige Mitarbeiter waren inzwischen herbeigeeilt und der größte von ihnen packte die Frau am Arm und schob sie ziemlich unsanft aus der Eingangstür, und ich sah wie er kurz den rechten Fuß schwang als wolle er ihr einen »Abschiedstritt« verpassen. Verfehlen hätte er sie ja nicht können denn breit genug war ihr »unterer Rücken« ja.
Albuin nahm wortlos seinen teuren dunkelblauen Mantel, bei dem übrigens seit ein paar Wochen schon ein Knopf fehlte (es musste zwar alles teuer sein, aber die Zeit zum Pflegen der Kleidung hatte in dieser Familie scheinbar niemand), und lief seiner Frau nach.
Ich sah vom Fenster aus, wie sich die beiden auf dem Parkplatz vor dem Gebäude stritten und wie die Frau Albuin gegen ein Auto stieß

und das Kind daneben weinte. Ich sah ihnen eine Weile zu, bis ich mich über mich selber ärgerte und mich fragte, was mich der Zirkus mit den beiden noch interessieren sollte.
Albuin kam schließlich zurück und ersuchte um eine Bedenkzeit, die ich ihm aber nicht mehr gewährte, denn ich wollte unter diesen Umständen die Zusammenarbeit endgültig beenden.

Am Abend dieses Tages fuhren die beiden dann, wie mir ein Mitarbeiter erzählte, mit ihrem Kind nach Hause. Ich war froh, denn dies ließ mich hoffen, dass ich diese aufdringliche Frau nie mehr wieder sehen musste.
Albuin kam am Montag darauf wieder ins Büro, um seine persönlichen Sachen zu holen, und bat mich erneut um ein Gespräch. Ich hatte weder Lust noch Zeit dazu, wollte ihn aber nicht vor den Kopf stoßen und erklärte ihm, dass ich mich allein auf Berufliches beschränken möchte. Er brachte jedoch, wie zu erwarten war, das Thema sofort auf die Situation in der Familie, indem er wieder seiner Frau alle Schuld zuschob.
Tat er nur so, oder verkannte er wahrhaftig, trotz seiner ansonsten großen Denkfähigkeiten, die Tatsache, dass der Schlüssel zu einer Lösung des Problems in erster Linie bei ihm lag? Oder war er gar nicht so clever, wie es immer schien? Er riskierte doch seine Zukunft, wenn er so wie bisher weitermachte. Ob es mit ihm künftig nach oben oder nach unten gehen würde lag doch wohl in erster Linie bei ihm? Da nutzte es wohl nur ein wenig, wenn er, wie er abschließend betonte, hoffte und zusehen wolle, dass er sich »irgendwie« aus den »Fängen« dieser Frau lösen kann.
Mir missfiel, wie er offenbar immerzu die Schuld für alles bei seiner Frau suchte. Vieles mochte zwar grundsätzlich stimmen, aber nicht in jeder Hinsicht. Ich konnte diesem Gerede nichts mehr abgewinnen

und sagte ihm direkt, dass ich es unfair von ihm finde, wie er in Anwesenheit seiner Frau total anders reagiert als hier unter vier Augen, und dass es mir scheint, als sage er viel, aber nicht die Wahrheit. Wir verabschiedeten uns dann bald, und seitdem habe ich Albuin nie wieder gesehen.

Natürlich ließ mich das Ganze nicht unbeeindruckt und ich werde Albuin, aber genauso seine Frau, wohl nie verstehen.
Begriffen sie denn nicht, welche Nachteile sie sich und insbesondere ihrem Kind, zufügten? Wieso verhielt sich Albuin so zwiespältig? Von der beruflichen Warte aus betrachtet, musste er doch sehen, dass er auf diese Weise seine gesamte berufliche Zukunft aufs Spiel setzte? Was riskierte er, wenn er in seiner Familie einmal reinen Tisch machte? Was riskierte er für seinen Sohn? Es konnte doch in der Situation, ein offenes Wort nur zum Besseren führen? Und wenn die Frau ihn verlassen hätte? Aber das wollte er doch? Aber wieso sollte sie?

Wie ich durch eine gemeinsame Bekannte erfuhr, hat sich Albuin etwa 3 Jahre später von seiner Frau getrennt. Albuin hatte damals angeblich einen Managerposten in Venezuela angenommen, »weil er in Europa keinen geeigneten Job fand«.
Ich will nichts unterstellen, aber den Job nahm er vermutlich nicht deswegen in Südamerika an, sondern weil er so weit wie möglich weg wollte.
Albuin hatte damals das Zeug, um ganz nach oben zu kommen, und wird es ohne die Einflüsse dieser Frau bzw. mit einer anderen, die ihn unterstützt, anstatt ihn zu beherrschen und zu kontrollieren, bestimmt auch geschafft haben.
Schade wahrscheinlich auch aus der Sicht seiner Frau, denn, wie meine Bekannte erzählte, musste sie schließlich doch wieder arbeiten gehen

und lebt nun mit dem Sohn bei ihrer Mutter. Was hätte sie Besseres haben können, als einen Mann, der ihr, nach meinem Wissen, absolut treu war und ihr eigentlich jeden Wunsch erfüllt hatte und fast alle ihre Sperenzchen tolerierte, sich gefallen ließ, was viele andere Männer sich vermutlich niemals hätten bieten lassen.
Für mich war diese Erfahrung alles in allem erschreckend und zugleich lehrreich. Ich hätte nie geglaubt, dass es so ein skurriles Eheverhältnis überhaupt geben kann. Sah die Frau denn nicht ein, wie nachhaltig ihr gedankenloses, kurzsichtiges, egoistisches Dahinleben und das zugleich unmäßige Kontrollieren und Beherrschen das Leben ihrer ganzen Familie, und somit wohl auch ihre eigene Zukunft, beeinflusste? Mich würde interessieren wie diese Frau und auch die Mutter sich verhalten hätten, hätten sie die Folgen ihres Tuns einmal ordentlich erwogen oder sich ggbfs. professionelle Hilfe dafür geholt. Gäbe es vielleicht eine glückliche Familie mehr? Wäre ein glücklicheres Kind nicht Grund genug das Möglichste zu tun?

21. Geld in falschen Händen?

Wir meinen doch, dass die Funktionen des Universums sein müssen, wie sie sind, und dass alle seine (zumindest die bisher definierten) Prinzipien nach einem festen Schema ablaufen? Und Gott sei Dank können Menschen in den Kosmos noch nicht so eingreifen, wie sie es oft bei Dingen und Kreaturen in ihrer Reichweite tun. Zum Glück ist es noch nicht so weit, dass Menschen imstande sind, im Universum dermaßen Chaos und Schaden anzurichten, wie es hier auf der Erde leider teils schon geschehen ist und noch laufend geschieht.

Und wer kann am leichtesten Negatives anrichten? Wer könnte am leichtesten Positives bewirken? Der, welcher das meiste Geld hat? Am Besitz des Geldes allein liegt es wohl kaum, wohl aber an dem, was der-/diejenige mit dem Geld machen will? Kann mit Geld demnach zu viel beeinflusst werden? Ist Geld in den falschen Händen nicht sogar eine Gefahr? Eine Gefahr auch für den Eigentümer, nicht nur für Dritte, die dadurch beeinflusst werden könnten?
An irgendeiner potentiellen Basis muss es wohl liegen, dass trotz viel gelobter globaler Fortschritte ständig die Prinzipien des Widerstandes, der Konfrontation und der negativen Einflüsse gegen andere gesucht und oft gar absichtlich provoziert werden. Ständig wird von irgendwem und von Dorf bis Staat an einer ausgedehnten und aufwendigen Kontroverse »gebastelt«. Dies alles ginge nicht ohne die finanziellen Mittel. Das Geld spielt immer eine der größten Rollen. Kommt es zu Kriegshandlungen, die mit einem riesigen Milliardenpotential Schäden anrichten, so finanzieren (wie selbstverständlich) den Wiederaufbau die Spender aus aller Welt. Damit die Gelder kräftig fließen, wird meist das Elend der Kinder und Frauen in den Vordergrund gestellt. Natürlich soll hilflosen Armen geholfen werden, aber haben die Verursacher die teils nun wieder die Profitierenden sind, dieses Elend nicht voraussehen können? Ging es ihnen vorher auch nur am Rande darum dieses zu vermeiden? Geht es, so grausig es ist, denn nicht auch darum, dass Elend gemacht wird, damit wieder Geschäfte verbunden mit der »Elendslinderung« gemacht werden können?
Profitieren nicht unzählige Firmen und Personen durch das Leid anderer? Haben nicht abertausende von Machthabern von Anbeginn der ersten Auseinandersetzungen zwischen Menschen und Völkern, so über alle Maßen von ihren Kriegen profitiert, dass es für sie unsinnig gewesen wäre solche künftig zu vermeiden?

Wie entstanden denn die großen »Reiche«? Wo kam bspw. das »Rittergut« her? Wie, wenn nicht durch Kriege, oder »Vermählungen« u.dgl. wären Befehlshaber von hoher Abkunft, kurzerhand zu ihren Ländereien und Reichtümern gekommen?
Die Grundsteine für Besitzanhäufungen seit Jahrtausenden waren doch wohl Einmärsche, Kriege, Eroberungen, Besetzungen u.dgl.? Glauben wir tatsächlich, diese »Rezeptur« haben die heutigen »Gierigen« übersehen? Glauben wir wirklich es ging und geht bei »Glaubenskriegen« primär um »Glauben«?
Aber was schauen wir entrüstet aufs Große (woran wir als »Bevölkerungsteil Mensch« eh nicht viel ändern könnten) wenn bereits das Ändern im Kleinen uns fast unmöglich ist?

Auch in kleinen, dörflichen Kreisen produzieren Menschen oftmals durch unsinnige Streite, welche die Gerichte oft jahrelang beschäftigen (sodass wirklich wichtige Fälle, wo Existenzen dranhängen, genauso lange dauern), Kosten und Belastungen für nichts, anstatt Frieden zu bewahren und von den »im Streit verwirtschafteten« Geldern jahrelang gut und frei zu leben, oder damit Gutes, anstatt Schlechtes zu tun.

Allein schon wegen des schlussendlichen Eigennutzens müssten wir Menschen doch Konfrontationen meiden und stattdessen das Miteinander und den Einklang mit dem Ganzen um uns herum fördern?
Liegt ein Teil des Rätsels am Verstehen? Erkennen die meisten von uns das Problem nicht mehr, weil sie Negatives dauernd in irgendeiner Art selber provozieren und vollenden?
Wenn sich die große Masse der Menschen beispielhaft gut verhielte, würde dadurch nicht jedes boshafte Bemühen der Minderheit zwangsläufig als völlig unannehmbar gekennzeichnet? Diejenigen »Schädlichen« würden sich doch eigenhändig und für alle Guten sichtbar selber

als Tyrannen brandmarken, sodass sie ihr Tun (welches kein positives Echo mehr bekäme) aufließen? Fehlte ihnen dann gewissermaßen der »billigende Applaus«?

Würde uns ein gutes Nebeneinander nicht eine viel bessere und befriedigendere »Lebens-Bilanz« erstellen? Würde uns nicht der korrekte Bezug zu anderen mehr Lebensqualität bringen als jede Auseinandersetzung mit ihnen?

Oder wirkt ein »über Leichen gehendes« Machtgehabe und die »selbstverliebte« Wichtigtuerei denn so reizend auf das andere Geschlecht, dass m(M)an(n) »gerne über Leichen geht«?

Wirken präpotente, rückschrittliche Verhaltensmuster nicht eher entwertend auf andere? Ja? Nein? Die »breite Masse« ist doch wohl immer wieder gerne gewillt eigennützige Despoten hochleben zu lassen?

Die Betrachtung eines offensichtlichen, aber nahezu allgemein entschuldigten Egoismus scheint auch interessant. Der Egoist darf meistens alles. Darf er es deshalb, weil wir selber, wenn wir dieselben Möglichkeiten hätten, ähnliche Egoisten wären? Oder weil wir es vielleicht gar schon, wenn auch nur im Kleinen, bereits sind?

Wir Menschen sollten endlich einsehen, dass in unserer grundsätzlichen Einstellung zueinander, erstaunlich viel nicht mehr in Ordnung ist, dass vieles in Bezug des Miteinanders weitaus schlimmer geworden ist und es endlich an der Zeit wäre, bei uns selbst und im näheren Kreise, direkt mit der »globalen« Verbesserung anzufangen. Es ist leicht, sich über die (weitentfernte(?)) »Schlechtigkeit der Welt« aufzuregen und beim eigenen Verhalten alle Augen zuzudrücken. Aber es wird uns ganz sicher nichts bringen, wenn wir stets außerhalb unseres persönlichen Kreises nach Verbesserungen suchen und dabei die Chancen auf persönliche Verbesserungen ignorieren. Wenn jeder von uns außerhalb seines Bereichs die Fehler sucht, werden wir nie zur Einsicht kommen, dass die Fehler auch bei uns selbst liegen. Suche ich beim dem Anderen die Fehler, während der Andere diese bei mir sucht, kann dann jemals ein Erkennen eintreten?

22. Über alle Maßen?

Das Geld spielt offenbar eine große Rolle in der Bestimmung der »Größen«. In unserem Alltag ist nicht der Wissendere, sondern der Wohlhabendere der Große, und der sagt, wo es langgeht. Und dass der Große einem Kleinen bescheiden und kampflos ein Recht einräumt, das werden wir in unserer Gesellschaft kaum einmal erleben.
Und ich wage zu behaupten, dass von Generation zu Generation die ärgeren Egoisten »herangezüchtet« werden. Vielleicht gibt es einige Ausnahmen, aber an vielen Beispielen, die ich nennen könnte, scheint dem vermögenden Vater durchwegs nichts daran zu liegen, dem Sohn humane Bescheidenheit beizubringen, vielmehr werden Nachkommen offenbar darauf gedrillt, noch cleverer als andere an Macht und Geld zu kommen, noch mehr Pomp zu demonstrieren.
Oder die etwas Schlaueren »demonstrieren« es nicht direkt, sondern lassen das Geld entsprechend »hinterrücks wirkend« arbeiten. Und Handlanger, die ihre Hand aufhalten, gibt es bekanntlich genug, denn gutes Geld scheint den meisten viel wichtiger zu sein als Moral, und die meisten Menschen »haben ihren Preis«, das ist Tatsache.

Dass mit allen möglichen Geldeinflüssen schließlich selten wirklich Gutes erreicht wird, sieht man an vielen Beispielen. Zu viel Geld scheint auch keine Grenzen mehr zuzulassen. Wenn es Menschen finanziell zu gut geht, sie sich nicht mehr anstrengen müssen, ist selten Gutes getan.

Ich kenne Nachkommen reicher Leute, die an dem »Zuviel« das ihnen die Vorfahren mitgaben zerbrachen, und kenne Leute die wegen des »Zuwenig« in der Kinderzeit, ins Enorme erstarkten.

Ich frage an der Stelle, ob die Moral des betreffenden Verantwortungsbewussten denn nicht irgendwo auch eine Anpassungserscheinung an den Standard des ihn angehenden sozialen Umfeldes / Soziallebens ist?

Ich möchte hier mit einer kleinen Geschichte auf das eingehen, was meiner Meinung nach durch zu lockeres Umgehen mit Geldmitteln und Vermögen erreicht wird. Es ist natürlich nur meine subjektive Anschauung und es wäre eigentlich zu wünschen, dass ich Unrecht hätte. Was bewirkt das »Zuviel«, welches offensichtlich manche Menschen ihren Nachkommen zukommen lassen? So edel auch alle Handlungen der Gebenden motiviert sein mögen – es handelt sich doch auch um Eingriffe in die Entwicklung des Nehmenden? Stören denn die Gebenden durch zu viel Beschenken nicht auch das ureigene (erstrebenswerte?) Erfolgsgefühl des Beschenkten? Was wenn die Vorsehung ihm später auch Anstrengung, und den Beweis sein Leben meistern zu können, abverlangt; vielleicht in einer Zeit abverlangt, wenn die Gebenden nicht mehr existieren?

Ich erinnere mich an einen meiner Besuche bei der Formel-1 von Monaco. Mein Freund Gerald, genauso ein Autonarr wie ich und angeblich sehr vermögend, hatte mich bereits im Jahr vorher eingeladen, einmal mit ihm und seinem Freund Remo, den ich damals noch nicht kannte, diesen Grand Prix zu besuchen. Sie hatten vor, bereits am Wochenende vor dem Rennen mit ihren Ferraris durch die Toskana zu fahren und dann nach Monte Carlo. Ich aber konnte aus beruflichen Gründen erst ab Mitte der Woche nachkommen.

Ich war Jahre vorher schon bei diesem Grand Prix, der für Formel -1- Fans der wohl allerwichtigste des ganzen Jahres ist. Während des Rennens hatte ich nie in der Stadt gewohnt, sondern auswärts, weil dies viel billiger ist und dem ganzen Erlebnis keinen Abbruch tut, und die Bahnverbindungen aus den wunderschönen Randorten in die Stadt, sind optimal. Man spart Zeit und Energie.

Ich erinnere mich, dass ich seinerzeit, im Gegensatz zu meiner Erwartung und entgegen dem gängigen Vorurteil, gar nicht so viel Geld ausgegeben habe. Jedenfalls war es kaum mehr als bei den anderen Formel -1-Veranstaltungen, die ich in demselben Jahr auch noch besuchte.

Ich hatte damals nicht etwa besonders gespart, sondern habe eben nur »vernünftig« gelebt, sah die Trainings, das Rennen, interessante Autos und Menschen, traf ein paar Bekannte und hatte sehr viel Freude in dieser Woche.

Es machte vor allem Spaß das hektische Gesamtbild von Monaco während des Grand Prix zu betrachten, das nach meiner Ansicht der übrigen Zeit im Jahr in keiner Weise entspricht. Vielmehr bekommt man den Eindruck, dass die Stadt, ausgenommen in Zeiten außergewöhnlicher Ereignisse, manchmal sogar etwas langweilig wirkt. Die eingebürgerten »Reichen und Schönen« lassen sich auch dann »sehen«. Von dort lebenden Bekannten weiß ich, dass sie die F1-Zeit über, meistens aus Monaco »fliehen« und nicht wenige vermieten ihre Wohnungen während der F1-Tage zu Höchstpreisen.

Gewisse Tagesabschnitte wie bspw. am Abend, wenn exklusivste Autos und glanzvollste Menschen »herumschwärmen« oder auf Luxusjachten »sich sehen lassen« können für einen »kleinen Bergmenschen« wie ich einer bin, schon sehr imposant wirken.

Kurzum: Diesmal mit Gerald war einiges anders als sonst. Ich freute mich zwar auf das Rennen und die typischen Abenteuer, die sich immer ergaben, wenn mein Freund Gerald in der Nähe war, aber der Vorfreude folgte bald eine Ernüchterung.
Bereits bei unserem ersten Treffen im Vista Palace Grand-Hotel, das von unten gesehen den Eindruck macht, als würde es fast vom Felsen kippen, schien Gerald ein anderer als sonst zu sein. Als ich ihm wie immer zur Begrüßung die Hand reichen wollte, meinte er, dies sei heutzutage nicht mehr üblich. Man begrüße sich in »seinen Kreisen« nunmehr, ohne sich die Hand zu geben.
Nun gut, auch egal. In »meinen Kreisen« war dies jedenfalls noch anders. Wenn man sich längere Zeit nicht gesehen hatte, begrüßte man sich zumindest mit Händedruck. Remo, etwas jünger als Gerald und sichtlich ein normalsituierter Mensch, begrüßte mich und gab mir freundlich die Hand. Wir tranken etwas und ich bezahlte. Ich kann sagen, dass ich dies gerne tat, denn Gerald hatte mir auf meinen Wunsch, und da ich niemanden in seinem Wohnbereich stören wollte, für die Woche eine schöne und preisgünstige Wohnung besorgt und ich hatte ohnehin vor, mich dafür wenigstens mit einer Einladung zum Essen zu revanchieren. Aber es ist auch zu erwähnen, dass Gerald grundsätzlich nie als Erster zur Geldtasche griff, obwohl er angeblich Millionär war und es hoffentlich noch ist.

Gerald und Remo begleiteten mich in die Wohnung und anschließend fuhren wir drei ins Zentrum von Monaco. Gerald war über das Fürstentum besser informiert als Remo und ich, und er zeigte uns viel Sehenswertes, das ich noch nicht kannte. Wieder kam er mir ganz anders vor als sonst, er wirkte protzig und sehr förmlich, als er vor uns her stolzierte. Es war so, als bemühte er sich, »königlich« zu wirken, und ich, der ihn als frohgemuten, wenn auch immer etwas zynischen Menschen kannte, hatte den Eindruck als behandle er mich heute »von oben herab«. Dazu gab es keinen Grund. Für mich war er, Millionär oder nicht, ganz einfach ein Mensch, den ich sehr gerne mochte, und ich könnte nicht einmal sagen weshalb eigentlich. Er hatte einige Semester Wirtschaft studiert, das Studium dann aber abgebrochen und sich in ein paar Geschäften versucht, die nicht sofort den erhofften Erfolg brachten. Er verlor ziemlich viel Geld, was, so viel mir bekannt ist, nicht in seinem Verschulden lag, sondern er wurde von einem namhaften Computer-Unternehmen regelrecht benutzt und betrogen. Danach entschloss er sich, keine Geschäfte mehr zu machen und nur noch von seinem Erbe zu leben, was auch leicht möglich war, denn schließlich bekam er angeblich jeden Monat so viel ausbezahlt, wie zum Beispiel ein normaler Arbeiter im Jahr verdienen kann, und er bekam zusätzlich noch seine ansehnliche Beteiligung am Firmengewinn. Die Firma leitete sein Bruder, mit dem er sich angeblich nicht verstand und weshalb er im Betrieb auch nicht mitarbeitete.

Wie gesagt, ich mochte Gerald gerne, aber mir widerstrebte sein heutiges Getue. Als wir uns später fürs Abendessen ein Restaurant suchten, musste es offensichtlich das Teuerste sein, denn es wurde – wenigstens kam es mir so vor - erst einmal geschaut, wo die höchsten Preise auf der Karte im Schaukasten standen, und nach Maßgabe der höchsten Preise wurde das Restaurant ausgewählt, auch wenn es nicht die Umgebung war, die ich mir, vor allem in Verbindung zum Grand-Prix-Geschehen, eigentlich vorstellte. Ich und auch Remo hätten lieber unten am Hafen gegessen oder eben an einem Platz, wo man mehr vom ganzen Geschehen hätte sehen können, denn dazu war man schließlich ja da.
Nun gut, so ging das Essen in dem stocksteifen Ambiente zu Ende,

worauf mir eröffnet wurde, man möchte sich erst etwas ausruhen und dann nachts noch in die bekannteste Disco gehen. Da ich diese Disco schon kannte und mich eine Disconacht wirklich nicht reizte, weil ich ohnehin auch beruflich immer wieder mit Unterhaltungsbetrieben zu tun hatte, wollte ich diesmal nicht hingehen, versprach aber am nächsten Freitag oder Samstag mitzukommen, da mich das Treiben am Wochenende dort schon mehr interessiert hätte. Ich ging dann relativ früh zu Bett und am nächsten Morgen spazierte ich fast 2 Stunden lang am sonnigen Strand, was ein wundervolles Erlebnis war und mir guttat. Viele Leute taten es mir gleich.

Am späten Vormittag, als ich wie vereinbart Gerald wecken sollte, hatte er das Telefon noch abgeschaltet. Irgendwann zur Mittagszeit rief er mich an und wir trafen uns. Er sah sehr mitgenommen aus und ich war froh, dass ich mich zur Nachtruhe entschlossen hatte, anstatt in diese Disco zu gehen. Gerald war mürrisch und machte mir versteckte Vorwürfe, weil ich in der Nacht nicht mitgegangen war. Gerald und Remo waren angeblich bis 6 Uhr unterwegs gewesen.

Wir machten uns auf den Weg, denn Gerald hatte vor, uns einige Sehenswürdigkeiten im bergigen Umkreis von Monte Carlo zu zeigen. Ich war ihm dankbar, denn ich lernte versteckte Orte kennen, wie ich sie hier nicht vermutet hätte. Es war ein wunderschöner Tag, aber sehr heiß, und so kam es wohl auch, dass mein eigentlich zuverlässiges und gut erhaltenes Auto, das nun zwar 6 Jahre alt war, einen Defekt im Kühlsystem bekam. Auf einmal, nachdem wir bereits seit einer Stunde bergauf im Stau gestanden hatten, riss ein Kühleranschluss. Nun standen wir natürlich da. In der Zeit des Grand Prix und in dem Verkehrsgewühl einen Abschleppdienst zu finden, war schier unmöglich.

In solchen Situationen ist man natürlich nicht sehr entspannt und man überlegt fieberhaft, wie man das Problem lösen könnte, und wäre dankbar für jede kleine Hilfe. Gerald nahm das alles gelassen und meinte, ich solle einfach weiterfahren, egal was passiert, auch wenn ich dabei einen Motorschaden riskiere. Er regte sich zudem auf, weil ich angeblich »immer solche alten Kisten« fahre, wo ich ja nicht gerade arm sei. Mit einem neuen Auto, meinte er, könnte so etwas nicht passieren. Ich ärgerte mich über dieses großkotzige Verhalten und versuchte – während Gerald am Auto lehnte – mit Remos Hilfe eine notdürftige Reparatur. Gerald und Remo brachte ich dann, trotzdem im Wagen alle Warnleuchten blinkten und die Temperaturanzeige natürlich ständig das überschrittene Maximum meldete, zu ihrer Unterkunft und danach das Fahrzeug noch in die Tiefgarage meiner Wohnung.
Der Abend war für mich jedenfalls gelaufen, zumal ich auch von Italien her keinen Mechaniker auftreiben konnte, und Gerald, den ich bisher immerhin zu meinen Freunden gezählt hatte, interessierte es offenbar nicht, wie ich mit dem Problem fertig werde. Immerhin musste ich mit dem Auto am Montag wieder nach Hause, und das wusste Gerald genauso gut wie ich. Ich war etwas enttäuscht von seinem Verhalten, denn wäre es umgekehrt gewesen, ich hätte Gerald bestimmt nicht hängen lassen. Außerdem, wenn ich an andere Bekannte und Freunde dachte, wäre mir niemand eingefallen, dem ich es zugetraut hätte, bei einem vergleichbaren Problem Abstand zu nehmen. Alle anderen hätten mir geholfen.

Gerald und Remo amüsierten sich also allein in der Stadt und ich organisierte derweilen die Autoreparatur. Ein Bekannter, ein Bauunternehmer aus San Remo, fiel mir ein. Ich rief ihn an, und prompt kam er in Begleitung seiner Frau angefahren. Sie hatten Ersatzteile und

Werkzeug dabei und halfen mir beide, das Auto zu reparieren. Sogar die Frau hatte sich Handschuhe übergezogen und ging uns Männern zur Hand, und beide freuten sich sogar, mir zu helfen.

Am nächsten Tag kam Remo als Erster zur Rennstrecke. Er war offensichtlich nicht gut drauf. Er äußerte sich über Gerald und ich fragte behutsam nach, warum er über ihn so abfällig rede. Angeblich waren die beiden wieder auf einer Lokal-Tour gewesen und Gerald hatte Remo angeblich ungeniert ausgenutzt. Gerald hatte, laut Remo, für beide bezahlt, wenn sie in Lokalen verkehrten wo die Preise niedriger waren. Gerald der das Angebot ja besser überblickte als Remo, wusste, welche Dancings die günstigeren sind und danach – in der Nobeldisco – musste Remo einladen, was anscheinend sehr teuer wurde. Die Flaschen Wein, die Gerald hier aussuchte, mussten ganz besondere sein, wo zwei davon bereits das Monatsgehalt eines Normalverdieners kosteten. Aber als dann Gerald wieder an der Reihe gewesen wäre, die Getränke zu begleichen, wollte der in dem teuren Schuppen nicht mehr bleiben und sie gingen wieder in ein billigeres Lokal. Das offensichtliche Ausnutzen störte Remo natürlich.
Ich sagte nichts und ließ Remo reden. Derweil kam Gerald zu uns auf die Terrasse vom Hotel de Paris, von wo aus wir uns das Training anschauten, da wir uns zeitweise und insbesondere während der Rennen in diesem Hotel aufhielten. Gerald grüßte knapp und unfreundlich und fragte nicht etwa nach, ob mein Auto wieder fahrbar wäre.

In einer Pause des Lärms hörten wir Remos Handy läuten. Seine Schwester war dran, sie hatte wiederholt probiert, Remo zu erreichen, um ihm mitzuteilen, dass ihr Vater in Österreich einen Schlaganfall erlitten hatte und wahrscheinlich die Nacht kaum mehr überleben werde. Remo, die Augen voller Tränen, sagte dann zu uns, er wolle sofort nach Hause fahren. Mit seinem Ferrari könnte er es in 4 bis 5 Stunden bis ins Uniklinikum nach Innsbruck schaffen. Er wollte seinen Vater natürlich noch einmal sehen. Ich ermutigte ihn, seinem Entschluss nachzukommen, bot ihm aber an, ihn zu fahren, da er dazu vielleicht zu aufgewühlt sei. Gerald aber war dagegen, dass Remo nach Hause fährt, und er war sich dessen wohl nicht bewusst, was er von sich gab, als er zu Remo fast lächelnd sagte, er solle lieber dableiben, denn wenn es für seinen Vater eh schon so schlimm steht und er kurz vor dem Sterben ist, könne er für ihn ohnehin nichts mehr tun. Ich und auch Remo sagten nichts dazu und ich fuhr Remo in seine Wohnung. Dort packte er eilig und hetzte dann nach Hause zu seinem sterbenden Vater. Für diesen Abend war ich auf einer Jacht eines Bekannten eingeladen. Ich war wegen des Verhaltens von Gerald sehr enttäuscht und verbrachte den Abend gerne ohne ihn, und mit Leuten, die für ihr Geld ordentlich arbeiten mussten, sich zwar auch Luxus leisteten, aber im Verhältnis zu Gerald – wie ich ihn nun in den letzten Tagen kennen gelernt hatte – mir einfach »vernünftiger, vertrauter und natürlicher« vorkamen.

Remo kam dann am Vorabend des Rennens zurück. Der Gesundheitszustand seines Vaters war angeblich so schlimm, dass er Remo nicht mehr erkannt hatte. Der konnte zwar nichts mehr für seinen Vater tun, welcher laut Auskunft der Ärzte noch Tage, wenn nicht sogar Wochen so dahinsiechen würde, aber Remo war froh, seinen Vater noch einmal lebend gesehen zu haben. Die Familie wollte unbedingt, dass Remo sich das Rennen nicht entgehen lässt, da er sich so darauf gefreut hatte und er die Teilnahmekarte und die Wohnung schon finanziert hatte. Gerald meinte nun natürlich, er habe es ja vorausgesagt und es wäre schade um die verlorene Zeit.

Am Renntag war ich bereits am frühen Vormittag im Hotel de Paris, da ich auch die Rennen der Porsche und anderer Marken sehen wollte. Remo kam bald hinzu und wir trafen wieder einige Bekannte und andere interessante Leute. Gerald kam nicht und er ging auch nicht ans Telefon. Inzwischen hatten sich einige Damen zu uns gesellt und wir aßen mit mehreren Leuten gemeinsam im großen Saal des Hotels. Gerald kam. Er grüßte nicht und stellte stattdessen Remo zur Rede, weshalb er ihn nicht abgeholt habe. Aber Remo war angeblich der Meinung, jeder von uns würde unabhängig von den anderen ins Hotel de Paris kommen, da man ohnehin mit der Bahn herfuhr, weil schon ab den Morgenstunden keine Chance gewesen wäre, mit dem Auto in die Stadt zu kommen. Remo hatte Recht, wir hatten dies tatsächlich so verabredet.
Jedenfalls war Gerald enttäuscht und ging wortlos weg. Er wollte auch nicht mehr mit uns zu Mittag essen. Ich sah das nicht ein, ging ihm nach und sagte ihm, dass Remo ihn nicht absichtlich missverstanden haben werde, aber ich konnte ihn nicht umstimmen. Auch das Rennen erlebten wir nicht miteinander – und wieder war die Stimmung angeschlagen.
Nach dem Rennen setzten wir uns mit Bekannten in der Bar des Hotels de Paris, tranken etwas und fachsimpelten über das Rennen. Gerald setzte sich zwar zu uns, aber er war sehr unfreundlich und forderte mich plötzlich auf, ich solle zu ein paar Flaschen Champagner einladen. Dies ärgerte mich, weil ich wusste, er sagte es nur, um mich zu ärgern, denn welcher vernünftige Mensch würde ein paar Minuten vor dem Abschied in einem der teuersten Hotels noch ein paar teure Flaschen bestellen, im Übrigen stand unser Tisch eh schon voller Getränke. Nebenbei gesagt, trank außer ein paar Leuten an der Bar, kein Mensch um uns herum Champagner oder Ähnliches, sondern normale Getränke, wie wir auch. So legte ich ihm etwas verärgert

nahe, er solle sich die Flaschen selber bestellen, wenn ihm danach sei. Dies tat er natürlich nicht. Als er mich und die anderen dann aufforderte, am Abend mit ihm zum »Le Pirat« zu gehen, sagte ich ganz einfach nein, obwohl ich ursprünglich eigentlich vorgehabt hatte, ihn und Remo dorthin einzuladen, denn ich war ja – nach meinem Empfinden – immer noch ein Essen schuldig, und das »Piratenlokal«, das ich kannte, gefiel mir wegen seiner Lage und Aufmachung recht gut, auch wenn es dort oft sehr ausgelassen herging.
Gerald regte sich auf und meinte, dass mit mir überhaupt nichts mehr anzufangen sei, und sah anscheinend nicht, dass er in der momentanen Phase einer meiner Gründe dafür war, dass ich keinen Bedarf hatte, auch noch mit ihm den Abend zu verbringen. Ich verabschiedete mich von allen herzlich und von Gerald mit einem kurzen Gruß. Gerald grüßte ebenso kurz zurück. Als ich am Dienstag nach Hause kam, überwies ich ihm sofort eine Summe für eine Leistung, die er für mich erledigt hatte, aber ich schrieb keine Zeile dazu. Seitdem haben wir uns bei einem Rennen in Monaco zwar wieder gesehen, aber er hat mich nicht gegrüßt und ich ihn auch nicht. Ich fand unser Missverhältnis einerseits schade, weil ich ihn früher wirklich gerne mochte, aber die Seite, die er damals gezeigt hatte, die konnte ich als sein Freund nicht akzeptieren, denn es sollte jedem freistehen, wie er mit seinem Geld umgeht, aber nicht, wie er mit Freunden umgeht. Und schließlich besitzen nicht alle Menschen den Vorteil, ihr Geld geschenkt zu bekommen, und ich musste mir meines von jeher meist selbst verdienen.
Ich frage mich, was der Vater von Gerald, von dem dieser öfter in Dankbarkeit sprach und der angeblich sein Vermögen wirklich selber erarbeitet hatte, über die Art und Weise, wie Gerald (wohl aufgrund seiner wirtschaftlich untermauerten Sorglosigkeit) mit Freunden, Menschen und Umständen umsprang, gesagt hätte? Hätte er ihm

vielleicht deutlich gemacht, dass Menschen, die keine finanziellen Sorgen kennen, nicht an der Realität anderer und der eigenen vorbeischauen sollten? Hätte er ihn darauf aufmerksam gemacht, dass heute Geld zu haben nicht automatisch auch die Sicherheit für das ganze Leben und eine Bevorzugung für immer bedeutet? Hätte er ihm gesagt, wie grundsätzlich bedeutungslos es ist, wenn mit Geld herumgeworfen wird, nur um in gewissen Kreisen und für ein paar Stunden »der King« zu sein? Hätte er ihn gefragt, ob es für das Leben wichtig sein wird, ein bedeutungsloses Event nach dem anderen zu »absolvieren«, um bei gewissen Leuten »in« zu sein? Hätte er ihm vielleicht auch gesagt, dass ein guter, bedächtiger, wenn auch nicht immer jasagender Freund vielleicht mehr wert ist, als einer, der sein Vermögen kundmacht und aber vielleicht sogar hintenherum darauf aus ist die Gutmütigkeit des Anderen zu benutzen?

Weil Gerald darüber belustigt erzählte, denke ich, dass er das Großtun gewisser Leute überaus faszinierend fand. So empfand ich im Gegenteil zu ihm eine Abneigung dabei, wenn ich hörte, dass in einem Luxushotel in Monaco zwei junge reiche Herren das Angebot der gesamten Speisekarte für sich bestellten, welches dann in einem Mal aufgetischt werden musste, nur weil es nach ihrem Ermessen »amüsant« ist, wenn die Küchenmannschaft und die Hotelführung einmal beweisen müssen, was sie wirklich draufhaben. Am Ende dieses »Experiments« musste natürlich der Großteil der Speisen weggeschmissen werden, und dass die Rechnung einem Jahresgehalt eines guten Arbeiters entsprach, war natürlich egal. Solch ein, nach meiner Ansicht, hirnverbranntes Verhalten soll faszinierend sein?
Dass zur gleichen Zeit wenige hundert Kilometer entfernt Menschen hungern, sogar an Hunger sterben, ist egal und bedenkenlos?
Natürlich können wir nicht auf alles Schöne und Gute verzichten

und damit alle Menschen dieser Welt vor Hunger und Entbehrungen retten. Aber nach meinem Empfinden sollte kein Mensch jemals so leben, als gäbe es nur seine Interessen und als ob sein über alle Maße übertriebenes Gehabe (auch wenn ihm dies keiner verbieten kann) selbstverständlich und richtig wäre.
Wenn ähnliches Fehlverhalten auch noch mit vollem Bewusstsein geschieht und der-/diejenige weiß, dass das, was er/sie gerade tut und glorifiziert, ethisch gesehen der völlige »Nullpunkt« ist, dann möchte ich jedenfalls nicht mehr zum Freundeskreis solcher Menschen gehören (was denen zwar egal sein wird). Ich fühle mich mit empfindsamen Menschen in meinem Umkreis, deutlich wohler.

23. Wertstellung dank Geld?

Es gibt bestimmt viel Besseres, womit wir Menschenkinder unsere Individualität demonstrieren können, als mit degeneriertem Verhalten. Fragen wir doch einmal, wovon die uns Menschen geläufige Überzeugung kommt, dass alles Positive um uns herum als selbstverständlich anzunehmen ist? Haben wir für das meiste Positive, was uns zukommt, auch das Entsprechende geleistet? Wenn nein, wer gibt uns dann das Recht, die (wohlgemerkt vergängliche) Möglichkeit, Positives zu genießen, ins Grenzenlose auszureizen? Und auf wessen Belastung hin? Nehme ich nicht einem irgendwo etwas weg, wenn ich mein Konsumverhalten übertreibe? Habe ich überhaupt das Recht dazu, blindlings zu raffen, was immer ich bekommen kann?
Wer gibt uns das Recht, mit anderen Menschen so umzugehen, als wären sie weniger wert als wir selbst, nur weil sie vielleicht weitaus weniger besitzen oder zu sein scheinen als wir selbst? Menschen,

die mehr als andere haben, bestimmen die Wertstellungen anderer Menschen? Nur weil einer mehr Glück, Geschick oder mehr geerbt hat als ein anderer, ist er deswegen auch als Mensch mehr wert? Man wird zwar verneinen müssen, aber die Realität ist doch die, dass manche Menschen so leben, als wäre dies der Fall? Dass viele Mitmenschen die entsprechenden Situationen des/der anderen so interpretieren, als fuße deren menschliche Qualität primär auf dem Vermögen, das ist doch wohl augenscheinlich?

Wenn Eltern ihren Kindern so viel Reichtum vererben, dass sie keine Leistung zur Bewältigung des Lebens mehr erbringen müssen, tun sie ihnen dann wirklich Gutes? Sollten sie nicht lieber vor allem in die Entwicklung des heranwachsenden Menschen investieren, anstatt in dessen angebliche wirtschaftliche Sicherheit, die auf Vermögen gebaut ist, anstatt zum Beispiel auf Wissen und Können? Kann Reichtum jemals ein derart stabiler Faktor sein, dass damit das Leben eines Menschen wirtschaftlich »gesichert« ist? Wäre, wenn man dürfte, nicht jedem Erblasser nahe zu legen, vom Erben erst einmal gewisse Beweise zu verlangen für den Umgang mit Materiellem und mit der Macht des Geldes, wenn er ihm mit Finanziellem Gutes tun will? Oder ist es gut und im Sinne eines Erblassers, wenn ein Erbe die gesamte Erbmasse in Anspruch nehmen kann, mit der er im Grunde als Mensch (zumindest von der geistigen Einstellung her) »nicht fertig wird«?
Vorausgeschickt, Eltern wollen für ihre Kinder das Beste. Ist es so gesehen nicht absolut widersinnig und riskant, einem Menschen, der offenbar nichts tun will außer exzessiv nach Spaß und Genuss zu leben, so viel zu schenken, dass er damit in die Lage versetzt wird ist, dieses ihm eigentlich schädliche, unersättliche Leben überhaupt entstehen zu lassen? Niemand möchte mit einem ehrenhaften »Geschenk« Schäden anrichten, aber im Grunde tun es viele.

Natürlich können wir auch hier wieder argumentieren, dass alles, wie es ist, vorherbestimmt ist. Dann dürfen wir in solchen Fällen aber auch fragen, ob ein Erblasser, der dem Erben das Leben derart »verfärbt«, dass der eigentliche »unverdorbene Farbenreichtum« des Lebens völlig verfremdet wird, nicht das eigentlich Vorherbestimmte dieses Menschen mit erfüllt? Erfüllt er auch wenn er gänzlich (ungewollt) negativ beeinflusst? Ist zu argumentieren, dass Gott, die Vorsehung, oder wie immer wir diese höchste Macht nennen mögen, es sogar wollte, dass manche Menschen an den wirklichen Bedingungen des Menschenlebens (die sie zumindest vom Hinsehen kennen und vielleicht teils sogar begreifen) vorbeileben? Zu Lasten anderer?
Gott hat uns Menschen doch auch die Möglichkeit gegeben, das, was wir tun (oder nicht tun), genau zu betrachten, zu überlegen und der Situation entsprechend zu agieren? Sind wir uns da sicher? Vielleicht? Höchstwahrscheinlich? Ja und Nein?
Schieben Eltern die Verantwortung von sich weg, wenn sie den Kindern in wirtschaftlicher Hinsicht alles geben? Ist es in unserer Gesellschaft nicht geradezu üblich, dass von einer Generation auf die andere primär darauf geschaut wird, im finanziellen Gefüge alles zu erreichen, den Nachkommen Dementsprechendes auf den Lebensweg mitzugeben, ohne zu bedenken, dass das Schöpferische an sich oft verhältnismäßig verkümmert? Und gibt es so gute Beispiele für den Erfolg dieses »Anlagemodells« dass fast alle es nachahmen müssten? Macht Geld denn so sehr glücklich, dass fast alles, was wir tun, irgendwie in diese Richtung tendieren muss?
Wenn nicht, warum tun wir es dann? Sehen wir mehr Glück bei der Gattung von Menschen, die sich mit »normaler« Unterstützung anderer eine ausgezeichnete Existenz gestalten konnten, oder bei denjenigen, die mit Hilfe des Ererbten ihre Existenz »behalten« und oft nicht wissen, wie vor lauter Nichtstun der liebe lange Tag zu verbringen ist?

Sehen wir nicht oft genug, was aus den Menschen wird, denen es zu gut geht? Können wir ein Beispiel anführen, woraus hervorgeht, dass unverdienter Reichtum zum absolut Positiven führte?
Was ist, wenn der reiche Erbe nach einigen Jahren alles Geerbte verpulvert hat und er auf einmal »normal« leben und arbeiten muss, um seinen Lebensunterhalt zu verdienen? Was, wenn der, der die Ärmeren als minderwertig betrachtete, plötzlich auf gleicher Stufe mit denen arbeiten muss und plötzlich mit gleichen normalen Chancen wie andere, auch um sein wirtschaftliches Überleben kämpfen muss? Was, wenn derjenige sehen muss, dass sein Monatsgehalt dem entspricht, was er früher an einem Tag oder sogar oftmals in wenigen Stunden vergeudete? Wird ihm dies überhaupt nichts ausmachen? Wird er diesem Druck des plötzlichen Gegenteils zum Früheren standhalten? Er wird wohl irgendwann einsehen, was in seinem Leben alles verkehrt lief, dass kein Freund von früher mehr für ihn zu sprechen ist, dass all der Glanz seiner Umgebung nichts als Fassade war, und er wird auch sehen, dass er aus dem neuen Kreis der »Normalität« kaum mehr so leicht herauskommt, denn wahrscheinlich wird ihm keiner aus dem Dilemma heraushelfen. Er wird sich vermutlich nur auf sich selbst verlassen können, aber auch dies wird schwierig, denn er hat wahrscheinlich das Wichtigste dazu, nie gelernt.

Ich hoffe, dass das alles auf Gerald nie zutreffen wird, aber jetzt, wo ich an die Begebenheiten zurückdenke, fällt mir ein, welchen Stimmungsschwankungen Gerald oftmals unterlag. Rief ich ihn an, war er fast jedes Mal anders aufgelegt. Einmal euphorisch und voller Erlebenspläne und ein andermal, wie er sagte, »fiel ihm die Decke auf den Kopf«, sodass er schnell ein Ticket nach irgendwo in die Sonne lösen musste, »um der nebligen Stadt zu entfliehen«. Warum ging es ihm schlecht? Inwiefern? War es Langeweile und Überdruss?

Ebenso fiel mir auf, dass er nicht unbedingt den Geschäftssinn hatte, der »normalen« Menschen, die ums Geld hart arbeiten müssen, meist automatisch eigen ist. So hatte er sich zum Beispiel damals bereits 15 Jahre lang eine luxuriöse Stadtwohnung gemietet, deren Monatsmiete in etwa drei monatlichen Arbeitergehältern entsprach, was wiederum, wenn man über die Jahre hin alle Mietzahlungen addierte, bereits dem Kaufpreis der Wohnung entsprochen hätte. Da er, wie er sagte, »in dieser Stadt« ja für immer bleiben wollte, hätte er die Wohnung ja leasen oder sonst alternativ finanzieren können, um am Ende einen festen Wert zu besitzen. So zahlte er dasselbe Geld wie für ein Leasing, oder Zins und Tilgung, Monat für Monat an den Vermieter, und am Ende dürfte ihm wohl nichts gehören von dieser Wohnung, außer seinen Möbeln und seine Vergangenheit.
So kann man, von außen betrachtend, Menschen – und damit meine ich nicht nur Gerald – nur bedauern, die anscheinend durch die (vom Vermögen verfälschte?) Euphorie ihres Lebens, wenig von der Wirklichkeit des gewöhnlichen menschlichen Daseins mitbekommen und sich selber Schäden zufügen (müssen?).
Aus ihrer Warte betrachtet, kann man ihnen nicht einmal böse sein, denn wer nimmt nicht, wenn er kann? Und im Umgang mit dem geschenkten Vermögen gilt vermutlich meistens auch, dass sie »nicht wissen, was sie tun«; vielleicht eben auch, weil selten jemand von ihnen verlangt, dass sie es wissen sollten oder müssten.

24. Entwicklung im Miteinander?

Ich weiß, ich wiederhole mich zum Teil, wenn ich nochmals auf die fehlende Eintracht zwischen Menschen eingehe. Die grundsätzlichen Prinzipien eines menschenwürdigen Miteinanders wären zwar allgemein verständlich, aber da ein »Nebeneinander« heute von den meisten offensichtlich gar nicht mehr erwünscht ist, macht sich der Großteil der Menschen über die entsprechenden Grundsätze wohl auch keine Gedanken mehr? Vielmehr scheint es doch so, als ob viele Menschen es als ihre primäre Lebensaufgabe ansehen, cleverer als andere zu sein, um die anderen möglichst für die eigenen Zwecke benutzen zu können, egal wer oder welche ehrbare Auffassung dabei auf der Strecke bleibt?

Dieses Phänomen scheint sich von Generation zu Generation zu verstärken. So sieht man heute öfter als beispielsweise zu meiner Jugendzeit, dass bereits Kinder so erzogen werden, als gelte es, die (anscheinend unbedingt durchzusetzende) Überlegenheit im späteren Leben mit Unverfrorenheit und Ellenbogen-Methoden, anstatt etwa durch Wissen und Bildung, zu erreichen.

Offenbart sich allmählich, dass Menschen darauf »gedrillt« werden sollen, imstande zu sein, bedenkenlos »über Leichen gehen« zu können? Geht es in unserem Leben nur mehr um persönliche Vorteile? Sollte nunmehr für alle Zeiten gelten, dass je durchtriebener und härter einer ist, desto erfolgreicher und angesehener ist er, und je rücksichtsvoller, humaner ein Mensch ist, umso »blöder« und minderwertiger ist er? Möchte denn jemand von uns in einer Zukunft leben, die von lauter Egoismen dominiert wird? Aber wenn man selber kein Egoist sein möchte, was dann? Glaubt jemand von uns im Ernst daran, dass, wenn wir unsere eigenen Nachkommen zu Egoisten erziehen (und andere Eltern, Erzieher usw. dies ebenso fertigbringen), dieses

»Modell« nicht irgendwann auf uns alle, und auch auf die Nachkommen, die danach leben, zurückschlägt? Glauben wir ernsthaft, die Welt könnte auf Dauer ohne »Hand in Hand« bestehen? Glauben wir wirklich, wer unterdrückt, Kriege führt, nimmt und nicht auch aufmerksam gibt, steht schlussendlich »perfekt« da?

Gilt das Gleichgewicht, das immer und überall in einer heilen Natur zu finden ist, bei uns Menschen nicht? Kann jemals Harmonie herrschen, wenn Egoismus herrscht? Können egoistische Menschen diese Prinzipien einfach ignorieren? Wenn wir auf die vergangenen Jahrzehnte zurückblicken, die das Leben einiger Generationen prägten, dann fragen wir uns, wann und wie ereigneten sich die größten wirtschaftlichen und persönlichen Entwicklungen? Geschah es, als das Miteinander der Menschen gefordert wurde, als man gemeinsam den »Weg nach vorne« gehen musste, oder war es die Zeit, als die puren Egoisten am Werk waren? War es, als jeder tat, was er wollte, oder war es, als die Absicht zum gemeinschaftlichen Vorwärtskommen den Ton angab?

Und was passierte damals im Bereich der Erziehung? Welchen Status hatte der gute Lehrer? Wieso war man damals eher gewillt, sich möglichst großes Wissen anzueignen? Und wer war der primäre »Überbringer« des Wissens? Welchen Stellenwert hatten Lehrer und Eltern? Welcher Wert kam der autoritären Erziehung zu?

Bestimmt war auch damals nicht alles in Ordnung, aber weshalb hat man nach und nach auf die meisten Autoritätsmerkmale verzichten wollen? Ist autoritäre Erziehung in Maßen denn so furchtbar schlecht? Ist die antiautoritäre Erziehung wirklich besser? Was haben wir heute nun im Praktischen von der antiautoritären Erziehung? Seit Jahren schon offenbarte sich eine starke Tendenz zum Radikalen hin. Hauptsächlich in den Städten machte diese Entwicklung auch vor den Toren der Schulen nicht Halt. Bewaffnete Jugendliche, wenn nicht sogar Kinder, gehören heute praktisch zum Schulbild. Jeder darf fast alles,

aber darf nicht gemaßregelt werden? Dass die Hemmschwelle dann irgendwann überschritten wird, und die Waffen irgendwann benutzt werden, das war doch wohl vorauszusehen? Dass die Hemmschwelle immer niedriger und niedriger wurde, war ebenso offensichtlich. Höchst bemerkenswert scheint, dass diese gefühlskalte Entwicklung den meisten Menschen innerhalb und außerhalb der Schulen bewusstwurde, aber wenig oder fast nichts dagegen unternommen wurde. Offensichtlich ist vielmehr, dass, sobald Lehrer Maßnahmen ergriffen, sie meist mit massiven Gegenmaßnahmen der Eltern rechnen mussten. Wir fragen nun wahrscheinlich: Was für ein Unsinn? Wie kann man nur? Sah man die Gefahren tatsächlich nicht?
Mag sein, dass die Schule die Gefährlichkeit erkannte, aber was kann die Schule tun, wenn Eltern den Wahnwitz ihrer »Defensive gegen die Schule« nicht erkennen? Wenn Eltern, anstatt dem Grundsatz einer gemeinsamen ordentlichen Erziehung zu folgen, sogar gerichtlich gegen den »Mit-Erzieher Schule« vorgehen, nach dem Grundsatz: »Ich entscheide allein, was zu tun ist«, oder »Mein Kind ist perfekt, die Schuld muss beim Lehrer liegen«, wen wundert es dann, wenn Zwietracht entsteht, die irgendwann garantiert ins Chaos führt? Das Kind – zuerst vielleicht sogar »der frohlockende Dritte«, wenn Eltern sich gegen Lehrer stemmen – ist schließlich der eigentliche Verlierer, aber auch Eltern gehen in die Irre, denn ihre Funktion wird »entfremdet«, genauso wie jene der Lehrer.

Ist der Lehrerstatus heute mancherorts nicht nahezu erbärmlich? Es scheint fast so, als wäre die Lehrkraft nach und nach zum Diener der Eltern und Kinder degradiert worden und müsste beinahe befürchten, irgendwann mit körperlichen Schäden aus der Schule getragen zu werden.
Nicht selten sind ältere Lehrer nahezu psychische Krüppel, die ihr

Lehrer-Dasein eher fristen als leben. Haben sie das verdient? Haben sie nicht vielen Generationen gedient mit ihrem beträchtlichen Potential an Wissen?
Wie kurzsichtig muss eine Gesellschaft sein, die einerseits unzählige Milliarden von Euro in die Ausbildung der Lehrenden, in die Schulen und das schulische Umfeld steckt, und andererseits nicht imstande ist, dem Lernenden das »Daraus-profitieren-Können« verständlich zu machen? Sehen wir denn nicht, welches Reservoir wir da zunichtemachen? Anstatt vom »Potential Wissen« so viel wie irgend möglich zu profitieren, wird das Überbringen des Wissens vielfach boykottiert? Andererseits aber gilt noch »Wissen ist Macht«, oder sagen wir nunmehr analysefrei »Macht ist wo Macht ist« und das genügt als Faktum?
Es scheint bei vielen Eltern also in Hinsicht »Ergebnis« ein Missverständnis zu herrschen, denn wie will ein heranwachsender Mensch, der die Schule vernachlässigt, der aber »wunschgemäß« irgendwann mächtig und clever über allen anderen stehen sollte, die bestimmte Macht erreichen, wenn ihm das erforderliche Wissen dazu fehlt?

Wo bleibt also die Kooperationsbereitschaft zwischen Elternhaus und Schule – oder ist das Gemeinsame in der Erziehung heute nicht mehr notwendig? Weiß da jeder Beteiligte noch, wo seine eigentlichen Aufgaben liegen?
Kann es sein, dass viele Eltern die Schule als (von ihren Steuergeldern finanzierte) Erziehungsanstalt betrachten, die sich gefälligst überwiegend um das Erziehen des Sprösslings zu kümmern hat? Aber nur so weit, es angenehm ist und das »Familienglück« nicht stört? Schließlich zahlt man ja Steuern, damit die Erziehungsfunktionen des Staates reibungslos ablaufen, denn man muss ja viele andere Elternaufgaben erfüllen, da hat man nicht mehr die Zeit, sich auch noch um die

Erziehung der Kinder zu kümmern? Mag es wirklich oftmals auch so sein, dass so mancher vom Alltag »getriebene« Elternteil beim besten Willen nicht mehr dazu kommt, sich auch noch umfassend um die Erziehung der Kinder zu kümmern, aber dann fragen wir vielleicht auch einmal mit Recht, wieso man dann Kinder in die Welt setzt? Zufällig passiert dies wohl selten? Sind schließlich die Kinder nicht unsere Zukunft, oder wenigstens ein beachtlicher Teil davon? Wollen wir »diesen Teil unserer Zukunft« demnächst mit dem »Überbleibsel« unserer Zeit (vielleicht morgens beim Frühstück und abends neben dem Fernseher) »gestalten«? Und vielleicht passt es da gerade gut in die »familiäre Gemütslage« hinein, im Chor gegen Lehrer und Schule zu schimpfen? Vielleicht weil dies auch momentan bequemer ist, als eine offene Untersuchung der Fragen? Oder wollen wir gar, damit die Kinder »richtig lebenstüchtig« werden, einen Teil der Erziehung vorwiegend durch die »Erziehung auf der Straße« erreichen?

Natürlich – und Gott sei Dank – gilt das, was ich hier anführe, nicht für den Großteil der Eltern/Kind/Schule-Situationen, aber leider für zu viele, um darüber hinwegzusehen. Und was erwartet uns, wenn wir nicht mehr imstande sind, für uns selber die echten Werte zu ermitteln, um diese den kommenden Generationen beizubringen? Was ist mit Ehrlichkeit, Rücksicht, Freundlichkeit, Hilfsbereitschaft, Respekt? Ist nunmehr fast jede gute Tugend »unmodern« geworden? Aber kann denn eine gute Tugend einfach »aus der Mode« gehen? Wo endet unser notwendiges Miteinander, wenn wir uns künftig vielleicht von Jahr zu Jahr gründlicher zu launischen Egoisten entwickeln?

Wir Erwachsenen dürfen uns nicht aus der Verantwortung stehlen, wenn wir die absehbaren Folgen der Ignoranz vermeiden wollen. Wieviel Positives aus der völlig liberalen Erziehung geworden ist, ist

offensichtlich. Gewiss hatte und hat auch diese einige guten Seiten, aber das »tun und lassen können«, was der Heranwachsende will, das dürfte dem früheren Grundgedanken wohl auch nicht entsprechen. Zu leichtfertig erziehen wird nicht gut sein, zu gefühllos, fast gewalttätig, wie auch oftmals in meiner Kinderzeit (aber gottseidank nicht in meiner Familie) es war, natürlich auch nicht, und aus diesem Erleben heraus könnte ich sofort verstehen, dass Generationen ein alternatives System dem anderen vorzogen und es »probierten«. Das Resultat ist eine besondere Geschichte. Die Ausgewogenheit zwischen Strenge und Freiheit wird sich irgendwann zwangsweise ergeben müssen, vielleicht durch das beinharte Erleben der Zusammenhänge, wobei Menschen irgendwann gezwungenermaßen darauf kommen werden, dass ein vorbildliches Vorleben der Werte – mit gegenseitigem Respektieren der Grenzen – erfolgsversprechender ist, als andere Methoden?
Die schulische Erziehung, wie ich persönlich sie großenteils erlebte, kann wirklich auch nicht als das Wahre betrachtet werden, denn Schläge führen nicht unbedingt dazu, ein Unrecht einzusehen, denn um »zum Guten zu gelangen« wäre oft ein einfaches gutes Beispiel und ein gewöhnlicher Fingerzeig mehr wert gewesen als die Brutalität. Andererseits führte die Aussicht, nach jedem Verstoß eine entsprechende Maßregelung einzufangen, dazu, dass man von sich aus viel vorsichtiger lebte und handelte. Schule und Elternhaus waren, zumindest in meiner Jugendzeit, eine gut funktionierende Einheit. Da gab es keine Möglichkeit, eine entstandene Situation zu manipulieren. Was geschehen war, musste geklärt und ausgestanden werden.
Natürlich darf auch nicht vergessen werden, dass früher durchwegs größere Familien existierten und der zwischenmenschliche Kontakt viel intensiver war. Der Medienkonsum spielte eine relativ kleine Rolle, denn es gab fast nichts außer Tageszeitungen und Hörfunk. Fernsehen kam erst nach und nach, und die Programmangebote

waren noch spärlich und übersichtlich. Kinder wuchsen, mehr als heute, im Miteinander auf, und die meiste Freizeit über im Freien zu sein, war zumindest bei uns und in unserer Nachbarschaft selbstverständlich. Meist war auch ein Großelternteil zugegen, dessen (ältere, aber meist weisere) Erziehungsansicht der Persönlichkeitsformung des Kindes bei weitem nicht schlecht tat.
Die Lebensbetrachtung der älteren Generationen hatte früher immer einen recht großen Wert. Erinnern wir uns noch an die Geltung des »Dorfältesten«? Diesen Personenstatus gab es – zumindest in meinem Ort – in meiner Jugendzeit auch nicht mehr, aber schon der Begriff sagt uns, dass es eine Zeit gab, wo die Lebenserfahrung der Alten noch geschätzt wurde, welche junge Generationen nun einmal nicht besitzen können. Die Weisheit der Älteren scheint heute wenige mehr zu interessieren, eher werden sie als »Alte« mitleidig von den (scheinbar bereits gescheit geborenen) Jungen belächelt. Das »Auseinanderleben« der Generationen, wie wir es heute zum Großteil haben, sollte uns auch eine Überlegung wert sein. Die Generationen leben heute durchwegs nicht mehr im selben Haus. Es muss aus wirtschaftlicher Sicht weniger »zusammengerückt« werden als früher. In ökonomisch härteren Zeiten gab es selten die Möglichkeit, dem Sohn, der Tochter, kaum dass sie mündig waren, irgendwo eine Wohnung oder ein Haus zu kaufen. Heute scheint es nahezu pflichtig für die Eltern »das Nest der Jungen mit zu bauen«. Schön und gut für diejenigen die es können, aber dann, anstatt dass oftmals mögliche, kostengünstige Ausbauten von Dachgeschossen oder Zubauten an bestehenden Wohnhäusern realisiert würden, werden (und nicht immer aus beruflichen Gründen) entlegene-, möglichst zentrumsnahe Wohnungen und Häuser gekauft, was vor allem auch dazu führt, dass sich die Familien nach und nach noch mehr auseinanderleben. Reden wir nicht von den finanziellen Belastungen, die oft das ganze Leben mehrerer Generationen bee-

influssen. Fragen wir, ob es heute nicht mehr zeitgemäß wäre, dass mehrere Generationen unter einem Dach leben? Wenn die Folgen genau betrachtet würden, dann bin ich sicher, dass verschiedene Generationen gerne wieder unter einem Dach, wenn auch in getrennten Wohnungen, leben würden.
Großeltern und Enkel sehen sich heute vielfach nur noch an Wochenenden. Berufstätige Eltern haben wenig Zeit für die Kinder. Dass Erziehung in jedem betreffenden Moment stattfinden müsste und nicht nur an Wochenenden, das sehen wohl am besten jene Elternteile, die unter der Woche, zum Beispiel aus beruflichen Gründen, kaum bei den Kindern sind. Und am Wochenende, in der Phase der Freude sich wiederzusehen, fällt es schwer, über weniger Erfreuliches nicht hinwegzusehen, denn das Gefühl der Liebe und Zusammengehörigkeit soll nicht gestört werden.
Natürlich meint es die heutige Zeit mit manchen Menschen nicht gut. Das, was wir uns leisten, müssen wir – und die Menschen die mit uns gemeinsam leben – meist mehr als teuer bezahlen, auch wenn wir dies erst spät bemerken. In dieser Hinsicht kann man sich wohl auch mal fragen, ob das übermäßige »Hochschaukeln« unserer so genannten »Lebensqualität« wirklich auch als endlos betrachtet werden darf?

Es ist aber auch immer wieder erstaunlich, mit welchen Argumenten die Politik agiert. So wird das Familiäre meistens groß auf das Banner politischer Parteien geschrieben, aber die logischen familiären Aspekte, wie etwa das Zusammenleben von Generationen unter einem Dach, was von diversen Gesichtspunkten her, nicht zuletzt aus der Sicht der Altenpflege, sinnvoll, wenn nicht sogar notwendig wäre, werden kaum beachtet.
Ebenso unverständlich wird von politischer Seite meistens hinsichtlich der Erweiterungen von Bauten vorgegangen. Natürlich spielen

viele berechtigte Überlegungen eine Rolle, dass aber auch mit verschiedenen »Moral-Maßen« gemessen wird, durfte ich selbst in der Zeit erfahren, wo ich als Mitglied einer Kommission tätig war. So war es beispielsweise nicht möglich, sein Dachgeschoss zu erweitern, wenn die Größe des Gebäudes bereits bestimmte Kubikmeter aufwies. Auch nicht, wenn es sich beim Ausbau des Dachgeschosses um eine verhältnismäßige Kleinigkeit von einem Meter Dacherhöhung auf den Seiten gehandelt hätte und kein Nachbar- oder ebenso wenig das Gesamtbild des Dorfes oder Baues, damit gestört worden wäre. Dafür aber hätte die Familie für mehrere Generationen Platz in dem Gebäude gehabt.
Andererseits wurden wertvolle Grünflächen umgewandelt in neue Baugründe, weil angeblich Menschen Wohnungen brauchten. Dies bedeutete natürlich auch größere Kosten für die Familien, wie auch für die jeweilige Kommune. Mag sein, dass bestimmte politische Interessen ganz gerne auch einmal eine so genannte »Grundenteignung« durchziehen möchten, damit einigen und nicht zuletzt den Grundeigentümern (die sich meist nur pro forma wehren als ginge es um ihre Existenz) geholfen ist, denn diese Summe wie für eine enteignungs-bezogene »Entschädigung«, bekommt der Eigentümer für die reine Grünfläche nie wieder. Bekanntlich wird im Enteignungswege das Sechs- bis Zehnfache von dem bezahlt, was der Grund sonst wert wäre.

Ich habe in jener Zeit selbst erlebt, welche heuchlerischen Methoden ein Bauer an den Tag legte. Seitdem ist mir lieber, ich höre von solchen fragwürdigen »Heimatschützern« nichts mehr, denn diesen Heuchlern geht es offenbar genauso wie den meisten anderen scheinheiligen »Erbe-Verfechtern« nicht primär um den Erhalt des Geerbten, was ja sehr löblich wäre, sondern vor allem um möglichst viel Geld, das durch geschickte Schachzüge einkassiert werden kann. Die Suche des Vorteils

wäre ja auch noch verständlich, aber die Scheinheiligkeit lässt das Ganze nach dem riechen, was es ist.
Zudem könnte man oftmals beanstanden, dass beinahe jeder Kuh mehr Räumlichkeit zugestanden wird, als einem Kind. So wurde in der vorgenannten Zeit einer Familie mit mehreren Kindern maximal 110 m^2 Wohnfläche zugestanden, was ungefähr 350 m^3 Raum ausmachen dürfte. Ein Bauer mit 5 Kühen hingegen durfte zur gleichen Zeit seinen Stall und Stadel ohne weiteres auf 1000 m^3 erweitern.
Natürlich will ich damit nicht sagen, dass Tiere nicht auch ein ordentliches Sein haben sollen – dies ist selbstverständlich. Aber Menschen sollten doch wohl wenigstens nicht schlechter eingestuft werden als Tiere? Aber die Politik handelt offensichtlich gerne nach dem Gesetz des Stärkeren und mancher frustrierte Wähler wundert sich einige Zeit später, dass die gewünschte Reform wieder einmal nicht funktioniert (auch wenn er vielleicht aus Frust den weißen Stimmzettel abgegeben hat?).

25. Ignoranten und Egoisten

Ist es nicht immer wieder erstaunlich, welchen Leuten wir uns immer wieder ausliefern, wie wir uns buchstäblich von anderen quälen lassen und wie wir sie, und mit ihnen verbundene Erscheinungen, die längste Weile stillschweigend erdulden? In vielen Beziehungen, ob in der Ehe, am Arbeitsplatz usw., kann man den »Tyrannen« und seine/n »Untergebene/n« beobachten, wobei mancher Fall sicherlich an die Grenzen des Erträglichen stößt. Der Vorteil des Miteinanders wäre eigentlich einleuchtend, aber das »Hand in Hand« scheint für manche einfach nicht zu existieren. Aber wieso geben sich anständige, liebenswerte Menschen mit jenen ab, die gefühlsmäßig so grobschlächtig sind, dass eigentlich jede Gemeinsamkeit mit ihnen absurd erscheint? Wenn wir den Tyrannen und den Duldsamen, den Einfluss aufeinander und die daraus resultierenden Folgen, parallel betrachten, könnten wir tatsächlich auch zynisch fragen, wer von den beiden nun die größere Schuld an der Misere hat? Man ist vermutlich gedrängt zu behaupten, es wäre der Tyrann, und man wird damit vermutlich grundsätzlich Recht haben. Der Tyrann mag zwar der Initiator sein, aber überlegen wir einmal was wäre, wenn der Unterdrücker nicht immer einen Hinnehmenden finden würde? Man braucht nicht lange zu suchen, um bald einen Unterdrückten zu entdecken, denn oft ist man es sogar selber, oder man war es zumindest zeitweise. Wie oft passierte es uns, dass man uns benutzte und kaltschnäuzig über den Tisch zog?

Was mich diesbezüglich im Nachhinein wurmt, ist, dass ich vieles ahnte, aber trotzdem auf mich zukommen ließ. Viele Male war es so, und immer wieder schwor ich mir, dass mir Ähnliches nicht mehr passieren wird, aber dann gab es doch immer wieder Menschen, die es fertigbrachten, mir mit sorgfältiger Diplomatie einen Nachteil zuzufügen. Mit mehr und mehr Lebenserfahrung wird man zwar imstande sein, einiges leichter zu verhindern, aber ich schließe nicht aus, dass mir Vergleichbares wieder passieren kann. Setzt man nicht (hoffentlich) unbewusst sogar manchmal die Signale, dass jemand anderer einen benutzen darf? Aber worin läge hier die Vernunft? Oder ist es einfach so, dass sich Gegenteile wechselseitig bestimmen müssen, da es die Opfer ohne Täter, die Armen ohne die Reichen, die Benutzten ohne die Benutzenden nicht geben könnte?

Liegt manchmal vielleicht beim Benutzenden überhaupt kein gezielter Gedanke vor, einen anderen nach Bedarf »zu gebrauchen«, sondern spürt der vielmehr nur, dass er ihn benutzen darf und kann? Macht er sich über den Vorgang selbst auch gar keine besonderen Gedanken,

sondern folgt einfach dem Instinkt? Wenn dem so wäre, wie schützt man sich vor solcherart Geschehen? Erkennt man solches, wenn man gut darauf achtet? Befinde ich mich vielleicht gerade mitten in einem oder gar in einigen solcher Geschehen, ohne dass ich es bemerkte? Wie oft ist es beispielsweise in den Familien so, dass ein Partner den anderen, der den Haushalt führt, als »billige« Arbeitskraft ausnützt? Eine Bekannte, deren Mann am Bau arbeitet, jammerte kürzlich darüber, dass, wenn der Mann nach Hause kommt, er meist bereits durch seinen abweisenden Blick erklärt, dass er des Alltags überdrüssig ist, und wenn sie mit ihm endlich ein Problem bereden müsste, weil es nun einmal nicht anders geht, dann sagt er nach einigen bösen Blicken: „Lass mich doch endlich in Ruhe!“, obwohl sie von ihm eh schon alles fernhält, was ihn privat irgendwie belasten könnte. Dass die Frau den ganzen Tag über genauso gerackert hat wie er, das bleibt unbesehen, denn ihr Waschen, Kochen, Staubsaugen, Flicken, Nähen, Kinder zur Schule bringen und wieder abholen, Einkaufen, beantworten der Briefe, Rechnungen prüfen usw., sieht man nicht so deutlich, wie beispielsweise die rote Ziegelmauer, die ihr Mann an dem Tag aufbaute.
Aber wird sich für sie, wie für ihn, etwas ändern, wenn sie weiter duldet?

Dann kenne ich andererseits einen Mann, der tagtäglich rackert, während seine Frau buchstäblich nichts tut, nicht einmal im Haushalt. Sie haben eine Haushälterin, die alle Arbeiten macht. Am Abend ist die Frau Gattin natürlich noch putzmunter und möchte zumindest zweimal pro Woche mit ihrem Mann ausgehen, egal ob er wieder mal bereits so kaputt ist, dass er sich buchstäblich »auf allen Vieren« durch die Tür schleppt und dem »Ausgehen« gar nichts mehr abgewinnen kann. Es kam oftmals sogar zu heftigen Attacken ihrerseits, als der Mann wieder mal zu ihrer Ausgeh-Vorstellung nicht sofort und begeistert ja sagte, und erst einmal in Ruhe duschen und zur Ruhe kommen wollte. Öfter einmal wurde ihm dann erklärt, dass man sich auf diese Art besser scheiden lassen sollte. Ihr schien es nicht bewusst zu werden, dass sie mit ihrem Gezeter tatsächlich eine Scheidung und somit ein angenehmes Leben aufs Spiel setzte.

Ist dem, der den anderen terrorisiert oder ausnutzt, eigentlich nicht klar, dass er in der Gesinnung des Anderen, nachhaltiges Unheil anrichtet? Ist denn nicht klar, dass man einem Menschen das Gefühl für die Partnerschaft nachhaltig vermiesen kann, wenn man ihn als Partner andauernd überfordert oder vor den Kopf stößt?
Nicht alle Menschen bringen die Besonnenheit auf, um zu verstehen, dass »ihr Tyrann« eine Ausnahme sein könnte und dass es im Leben gottlob Alternativen gäbe, die man jetzt und nicht übermorgen suchen sollte.
Was wird sich für jene Personen ändern, die tatenlos weiter gedulden? Wie töricht muss ein Mensch sein, der zwar offensichtlich die Energie aufbringt, einem Tyrannen zu dienen, aber nicht den Mut aufbringt, sich selbst und den eigenen Perspektiven zur Verfügung zu stehen? Wofür braucht dieser Mensch, realistisch betrachtet, täglich mehr Heldenhaftigkeit, einem Tyrannen zu dienen, oder den eigenen Erfordernissen? Die Antwort dürfte auf der Hand liegen.

Ist es auch nur irgendwie entschuldbar, wenn jemand aus lauter Egoismus oder Ignoranz einen anderen so lange ausnutzt, bis es zur Vernichtung des Gequälten kommt? Ist Egoismus jemals entschuldbar? Ist Ichbezogenheit einfach ein Naturell, und das kann man niemandem verbieten? Ist Egoismus in unserer Gesellschaft nicht eher verwurzelt als Selbstlosigkeit? Woher kommt das?
Aber wäre andererseits Selbstlosigkeit sinnvoll? Ist ein selbstloser

Mensch sich irgendwann nicht »selbst los«? Braucht es nicht auch einen gewissen Eigensinn, um »den eigenen Sinn« zu finden? Man könnte ähnliche Wortspiele endlos aufzählen, und sie würden vermutlich Egoisten immer noch zur Aussage bringen, dass ein gesunder Egoismus immer noch besser ist als übertriebene Selbstlosigkeit. So gesehen, ist wohl auch darin ein gutes Stück Lebenswahrheit zu finden?

26. Zerstörung des/der Anderen?

Ich denke gerade, da mich ein Bekannter kürzlich fragte, ob ich wüsste, wie es Ralf gehe, an eine Situation zwischen einem Freund namens Ralf und einer Freundin namens Lissy, die nach mehr als 15 Jahren außerehelichen Zusammenlebens plötzlich auseinandergingen. Hätte dies jemand prophezeit, hätte ich es stark bezweifelt, denn die beiden schienen unzertrennlich, und in meinem Inneren hatte sich bezüglich der beiden bereits ein festes Doppelbild geformt, denn sah ich Ralf irgendwo, dann war meist auch Lissy in der Nähe, und umgekehrt war es auch so. Jedenfalls waren sie ein Paar, das mehr als gut zu harmonieren schien und auch optisch sehr gut zusammenpasste.
Sie hatten nie geheiratet, weil sie angeblich beide der Ansicht waren, der Trauschein sei nicht erforderlich, um »das Band der Liebe« zwischen ihnen beiden zu beglaubigen. Damit hatten sie wohl grundsätzlich Recht, jedenfalls bezüglich ihrer momentanen persönlichen Ansicht. Aber was die beiden nicht bedacht hatten, war wohl (und so sah es jedenfalls Lissy, wie sich dann herausstellte), dass das gemein-

same Leben ohne ein »Siegel nach außen hin« auch immer wieder fundamentale (wenn auch unbegründete) Zweifel aufleben lassen kann. Diese Zweifel gibt es zwar innerhalb der Ehen auch, aber hier, beim »freien« Zusammenleben, kann die vergleichsweise einfachere Trennungsmöglichkeit auch dazu animieren, bei Schwierigkeiten voreilig einen »Schlussstrich unter die Beziehung« zu ziehen, denn »man ist ja nicht gebunden«.

So erzählte mir Lissy, als wir uns auf ihre Einladung hin getroffen hatten, dass sie sich gelegentlich doch fragte: Warum eigentlich möchte Ralf mich nicht mehr heiraten? Früher hatten wir doch noch ab und zu darüber geredet, dass eine Eheschließung auch Vorteile hätte? Heute sagt er nichts mehr zu diesem Thema. Ist es deshalb, weil Ralf sich meiner nunmehr so sicher fühlt und er daher keine Angst mehr hat, dass ich ihm eines Tages weglaufe oder dass ich ihn mit einem anderen Mann betrügen würde? Bin ich so wenig attraktiv, dass ich nach Ralfs Ansicht Männern ohnedies keinen Reiz mehr bieten könnte, und welchen Reiz biete ich dann Ralf? Also keinen mehr? Läuft er mir deswegen dann irgendwann davon?

Lissy bemerkte, dass sie aus dem Eifersuchts- oder Unsicherheitsgedanken heraus anfing, viele Phantasien und Energien auf diesen von ihr konstruierten und eingebildeten Umstand zu richten. Was sie früher nie tat, fing sie nunmehr an zu tun: Sie beobachtete und kontrollierte Ralf misstrauisch. Sie schaute nun heimlich in Ralfs Aktenkoffer und durchstöberte seine Sachen, durchsuchte das Handschuhfach seines Autos und prüfte sein privates Bankkonto, um vielleicht etwas zu entdecken, was auf eine andere Frau in Ralfs Leben hinweisen könnte.
Sie fand dort zwar nichts, aber sie deutete die eine oder andere gute

oder schlechte Stimmung oder Veränderung an Ralf so, dass sie »nun genau wusste«, dass da jemand anderes sein muss. Und eine Frau, so sagte sich Lissy, spürt so etwas sofort. Zumindest hatte ihre Mutter dies immer behauptet.

Lissy hielt es eines Tages nicht mehr aus und fragte Ralf direkt, ob er nie mehr an eine Heirat gedacht habe oder ob es in seinem Leben vielleicht eine andere Frau gäbe. Ralf, wahrscheinlich überrascht und tatsächlich unschuldig, war äußerst erbost und wurde vor lauter Aufregung rot im Gesicht, was Lissy sofort als Geständnis interpretierte. Und auf die nachfolgende wahrheitsgemäße Verneinung Ralfs kam es zu einer Auseinandersetzung. Nach Lissys Meinung log Ralf. Sie stellte ihm schließlich die Frage, ob er lieber eine andere Frau haben wolle, worauf Ralf sagte, er wolle überhaupt keine Partnerin mehr, er wolle, falls sie beide auseinandergingen, alleine leben. Diese Aussage war nach Lissys Ansicht wiederum endlich die Eröffnung von Ralfs lang gehegter Denkweise, dass er und Lissy sowieso auseinandergehen würden. Ralf hatte sich, nach ihrer Ansicht, offensichtlich bereits Gedanken darüber gemacht, alleine zu leben und (also jedenfalls ohne Lissy) sein Leben irgendwann neu zu gestalten.

So ging es mit ihnen beiden ein paar Monate schlecht und recht dahin und am Ende, bei einer neuerlichen Kontroverse, eröffnete ihr Ralf plötzlich, dass es nun vielleicht eine andere Frau in seinem Leben gäbe, dass es zwar noch nichts absolut Ernstes sei, dass aber auch er der Meinung sei, er und Lissy würden nicht mehr zusammenpassen.

Lissy, vor den Kopf gestoßen und in der ersten echten Panik, bat Ralf darum, es noch einmal mit ihr zu versuchen, sie erniedrigte sich wie noch nie zuvor in ihrem Leben, aber sie dachte, ihre Verzweiflung und ihre Tränen

würden ihn umstimmen. Ralf blieb aber reserviert und meinte schließlich, sie könnten ja Freunde bleiben.
Letztlich führte sie Ralfs Abweisung ihr gegenüber auch auf ihre doch ziemlich veränderte Figur und momentane berufliche Erfolglosigkeit zurück und beschloss, radikal abzunehmen und beruflich weiterzukommen. Sie musste Ralf ihre Vorzüge beweisen, sie wollte und durfte Ralf nicht verlieren.
Lissy fastete, schwamm, lief, und innerhalb von ein paar Wochen brachte sie ihr Gewicht bereits um 10 kg herunter, aber Ralf schien das nicht einmal zu sehen oder zu interessieren. Ralf nahm offensichtlich nicht mehr wahr, was Lissy ihm Gutes bot, stattdessen stellte er auf einmal Bedingungen hinsichtlich seiner Freiheit. Er wollte freie Wochenenden, freie Abende usw. und verhehlte gar nicht, dass er da manchmal seine neue Freundin dabeihaben werde. Lissy kränkte dies zutiefst und sie stellte sich natürlich die Frage nach dem weiteren Sinn des Zusammenseins, denn Ralf betrachtete sie offensichtlich nur noch als preiswerte Haushaltshilfe – jedenfalls nicht mehr als seine geliebte Lebenspartnerin.
Lissy fasste nun den Entschluss, sofort Abstand von Ralf zu nehmen, und zog aus der gemeinsamen Wohnung aus. Sie ließ viele ihrer Sachen zurück und hoffte natürlich, dass Ralf sie bald bitten würde zurückzukommen und dass sich alles wieder bereinige.

Ihr Fitness-Programm behielt sie bei, und ich kann sagen, dass ich Lissy – während sie so sprach – bewunderte wegen dem, was sie aus sich gemacht hatte, und wegen ihres überaus guten Aussehens, denn sie war tatsächlich um vieles attraktiver geworden.
Lissy erzählte weiter, wie sie vergeblich hoffte, dass Ralf sich bei ihr meldet, und dass sie von Tag zu Tag hoffnungsloser wurde und zeitweise sogar daran dachte, freiwillig aus dem Leben zu scheiden. Ihr

Dasein schien keinen Sinn mehr zu haben, und vieles, was sie sonst hochschätzte, schien ihr nunmehr eigenartig. Wo Ralf früher war, war jetzt eine riesige Leere. Was früher irgendwie mit Ralf zu tun hatte, schien ohne Ralf berührungslos. Nahezu jedes wichtige gemeinsame Teil ihres Lebens von früher, schien nunmehr irgendwie »verfallen«. Auch gemeinsame Freunde wurden nun von Lissy gemieden, da sie sich nicht dauernd vor allen »rechtfertigen« wollte, und weil immer wieder neue (auch an allem was war zweifelnde) Trauer entstand, wenn das Gespräch auf Ralf und gemeinsame Zeiten kam.

Lissy spürte ganz deutlich, dass jetzt ein Abschnitt ihres Lebens entschieden wurde, dass sie Erfahrungen sammelte, die ihr auch nutzen konnten. Sie wollte Ralf nicht aufgeben, dachte aber, dass sich für eine gemeinsame Zukunft grundsätzlich alles verändern müsse, und sie glaubte nach wie vor, die erste Änderung müsse bei ihr persönlich beginnen.
Sie arbeitete weiter an sich. Dass sie die körperlichen Torturen eigentlich nur auf sich nahm für den Tag, an dem ihr Ralf wieder über den Weg laufen würde, das war ihr ganz deutlich bewusst, aber sie zweifelte nicht an der Wirksamkeit.
Sie hatte sich das Wiedersehen irgendwie so ausgemalt, dass Ralf, wenn sie so schlank und attraktiv wie damals, als sie sich kennen lernten, sein würde, vor lauter Bewunderung und Erinnerung an das Schöne, was zwischen ihnen einmal war, zur ursprünglichen Zuneigung zu ihr, zurückfinden würde. Sie war überzeugt davon, dass dann die andere Frau in Ralfs Leben absolut keine Rolle mehr spielen würde.

Eines Tages – erzählte Lissy – stand Ralf vormittags vor ihrer Tür. Sie hatte ihn natürlich nicht erwartet und war unglücklicherweise

sogar gerade dabei, den Küchenherd vom Ruß zu säubern, was ja nun wirklich selten vorkam.
Was für ein Pech? Natürlich sah sie in dem Moment fürchterlich aus. Dabei hatte sie sich ihre nächste Begegnung immer festlich vorgestellt, mit neuen Kleidern, neuer Frisur, Essen bei Kerzenlicht usw.
Ralf sagte ihr zwar sofort, wie gut sie nun aussehe, aber was sie so sehnlichst erwartet hatte, das blieb aus. Ralf sagte nichts davon, dass er wieder zu ihr zurückkehren würde.
Lissy war enttäuscht und sah sich gezwungen, von ihren weiteren Vorzügen zu berichten, denn schließlich hatte sie sich inzwischen auch weitergebildet und beträchtliche wirtschaftliche Fortschritte gemacht. Aber auch dies schien Ralf nicht zu ihr zurückzuführen, und als Lissy die Tatsache des endgültigen Endes zwischen ihnen nun ein für alle Male erkennen musste, wurde ihr regelrecht flau im Magen und sie beendete das Treffen bald mit dem Vorwand, sie habe heute noch sehr viel zu tun. Kurz hoffte sie noch, dass Ralf ein neues Treffen vorschlagen würde, aber nichts desgleichen kam aus seinem Munde.
Was, fragte Lissy sich, hatte Ralf eigentlich gewollt, wieso war er überhaupt hergekommen? Ralf hatte eigentlich nichts gesagt, keinen Wunsch geäußert und auch nichts über seine neue Freundin oder seine Zukunftsplanung gesagt. Lissy machte sich den Vorwurf, sie habe wieder einmal zu viel geredet und ihn vielleicht »mit ihren Vorzügen überfahren«, ihm zu wenig Chancen gegeben zu erzählen, wie sein Leben nun aussieht oder aussehen sollte. Aber wenn ihr Wunsch in Erfüllung gehen sollte, dass Ralf zurückkommt, musste sie ihre Vorzüge doch zumindest beschreiben, ihm aufzeigen, wie viel Positives ihn nun in einem neuen gemeinsamen Leben mit ihr erwarten würde.

Als Ralf gegangen war, war auch Lissys »neue Traumwelt mit Ralf« endgültig zerfallen. Sie hatte heute mit Ralf, obwohl der sich dessen wohl nicht bewusst sein konnte, neuerlich eine negative Erfahrung gemacht, denn er hatte ihr »bewiesen«, dass er ihre Liebe offensichtlich ignorierte, sie nicht mehr liebte oder begehrte.

Lissy weinte bitterlich und wollte alles, was ihr vorher noch etwas bedeutet hatte, hinschmeißen, denn viele ihrer Vorstellungen, auch die berufsmäßigen, waren in Trümmer gegangen, denn Ralf war auch in ihrem beruflichen Zukunftskonzept ein fester Bestandteil. Sie sah ein, dass der Aufbau des Ganzen, zumindest auf die Beziehung mit Ralf hin, ein Trugschluss war; in dieser Hinsicht hatte sie sich vergeblich bemüht, wieder schöner und schlanker zu werden und im Geschäftlichen zu beweisen, was in ihr steckt.

Ralf, sagte sie, kam nicht zurück und ließ seitdem auch nichts mehr von sich hören. Lissy erzählte weiter, dass sie in dieser Phase, Gott sehr bedrängte, er solle ihr Ralf zurückbringen, dass sie alles getan hätte, um ihn zurückzubekommen, aber Ralf kam nicht zurück.

Lissy fiel plötzlich wieder in den vormaligen Zustand, sie schaute nicht mehr auf Ernährung und Sport und legte wieder Gewicht zu, bis sie eines Morgens doch wieder auf die Waage stieg, die sie, seitdem sie sich wieder so gehen ließ, nicht mehr interessiert hatte. Lissy musste natürlich feststellen, dass sie wieder drauf und dran war, ihr altes Übergewicht zu erreichen, und hämmerte in einem Anfall von Wut auf ihr Spiegelbild im Bad, sodass der Spiegel zerbrach und sie sich an einem Handballen verletzte. Nachdem sie sich die Hand verbunden und etwas beruhigt hatte, stellte sie sich Fragen, die lange schon überfällig waren. Wer und was, fragte sie, bin eigentlich ich, Lissy?

Bin ich nicht mehr ich selbst? War und bin ich ohne Ralf nichts mehr? Bin ich schlichtgesagt ein Niemand, eine, die wirklich von allem und jedem abhängt? Aber wer und was ist eigentlich Ralf, dass ich wegen ihm wie eine Verdammte leiden muss und mich langsam, aber sicher, fertigmache?

Ja, ihr gemeinsames Leben mit Ralf war zu Ende, aber sie beschwor sich nun selbst, dadurch niemals mehr leiden zu wollen. Sie zwang sich, ihren ganz persönlichen »Weg nach vorne« als einzig zukunftsentscheidend zu betrachten, und nicht für Ralf ihre Zeit und Kraft zu verschwenden.
Aber das schien leichter gesagt als getan. Es war plötzlich alles viel schwerer als damals, als sie noch das »Ziel Ralf« vor sich hatte. Sie empfand nun einfach keine Motivation mehr. Aber irgendeine begriffliche Stütze suchte sie, um sich immer wieder die Tatsachen und die Zukunft vor Augen führen zu können. So kam ihr eine simple Idee, um eine Analyse ihrer Situation zu finden. Sie schrieb sich, so als täte es eine fremde, unvoreingenommene, ehrliche Person, aufrichtige Worte in den Tageskalender. So trug sie in ihren Kalender für den nächsten Tag die simplen Worte ein: »Wenn er dich eh schon betrogen hat, könnte es sowieso nie mehr so sein wie früher, weshalb läufst du ihm also noch nach?« Sie fand ihren Eintrag eigentlich kindisch, aber es konnte ihn ja sonst niemand lesen, und so betrachtete sie die Zeilen am nächsten Tag als hätte eine dritte Person ihr eine Botschaft geschrieben: »Wenn er dich eh schon betrogen hat, könnte es sowieso nie mehr so sein wie früher, weshalb läufst du ihm also noch nach?«
Lissy merkte nach und nach, dass diese täglichen Bemerkungen tatsächlich halfen, ihr Gefühl für Ralf zu »neutralisieren«, vernünftige Überlegungen zu »festigen« und gegen sich selbst gerichtete Gedanken und Schuldzuweisungen anders zu verarbeiten als sonst. Und immer

wieder, wenn ihr danach war, schrieb sie sich Bemerkungen und Begründungen in ihre Agenda, auch für einige Wochen im Voraus, so dass sie unweigerlich darauf stoßen musste und sich dann fragen konnte, ob ihre vorherige Ansicht vernünftig und richtig war.
Lissy sagte, sie sei sich sicher, dass alle diese eigenen Feststellungen ihr tatsächlich halfen, um ihre Situation allmählich nüchterner zu betrachten und sie stufenweise zu analysieren, obwohl sie sich manchmal deswegen vor sich selber schämte und sich dann und wann vorkam, als sei sie nicht mehr ganz zurechnungsfähig.

Ihre Sehnsucht nach Ralf baute sich schrittweise ab. Sie fühlte manchmal sogar eine deutliche Abneigung ihm gegenüber.
Trotzdem nur etwa ein Jahr vergangen war, seitdem sie noch alles für ein Leben mit Ralf gegeben hätte und Gott darum angefleht hatte, ihn zu ihr zurückzubringen, dankte sie nun Gott dafür, dass Ralf keine Rolle mehr in ihrem Leben spielte, und betete jetzt ausdrücklich zu Gott, er möge Ralf und alles, was mit ihm zusammenhängt, nie wieder in ihr Leben lassen.
Lissy machte ganz deutlich, sie dankte nun Gott für jene Fügung, wegen welcher sie sich vorher beinahe das Leben genommen hätte, und wie töricht es also gewesen wäre, sich wegen Ralf etwas anzutun. Auch gestand sie sich ein, dass es wohl töricht gewesen wäre, mit einem Selbstmordversuch Ralf zu beeindrucken und ihn dadurch als Lebensgefährten behalten zu können. Auch dieser Gedanke war ihr in der höchsten Verzweiflung gekommen, und sie hatte sich sogar schon ausgerechnet, welche Menge von Tabletten sie vertragen würde, um nicht tatsächlich zu sterben, aber trotzdem den Suizid-Versuch echt aussehen zu lassen. Und sie hatte überlegt, wie sie Ralf am besten auf ihren »Notfall« aufmerksam machen konnte, wer sie »im letzten Moment finden« sollte und Ralf gebührend benachrichtigen würde,

und ihm dann ob seines Verhaltens ihr gegenüber ordentlich »die Leviten lesen« würde. Sie sah in ihrer Einbildung bereits, wie Ralf sie am Krankenbett um Verzeihung bittet und wie sie danach wieder zusammenbleiben.

Lissy sagte, sie schäme sich ganz bestimmt nicht wegen ihrer Darlegung, deren Inhalt natürlich nicht besonders großartig ist, und sie habe nach diesen Erlebnissen vielen ihrer Bekannten absichtlich über ihr Tief und dessen Auswirkungen berichtet, um Menschen in einer ähnlichen Situation wenigstens eine kleine Stütze bieten zu können. In jenen Zeiten und kritischen Momenten, sagte Lissy, war sie eine andere, die sie heute frei und mit notwendigem Abstand beschreiben könne, ohne sich dabei schlecht zu fühlen. Schlecht fühle sie sich nur, wenn sie daran denke, wie ungerecht und verantwortungslos Ralf damals mit ihr umgegangen war; und sie erkannte dies nicht einmal. Ralf, so sagte sie, hätte sie beinahe um ihr Leben gebracht, und Lissy meinte weiter, dass kein Mann eine Frau die ihn liebt- aber ebenso auch, dass keine Frau einen Mann der sie liebt, dermaßen in die Enge treiben dürfe, dass der Partner sogar manchmal darüber nachdenkt das Leben wegen des anderen zu beenden. Lissy beteuerte, dass sie ihrerseits dies alles aufgrund ihrer harten Erfahrung, einem Mann nie antun würde; auch den Partner nie mehr so bedrängen würde wie sie damals Ralf bedrängte. Sie würde im Zweifel rechtzeitig um ein offenes Gespräch bitten.

Auch, so meinte sie, sei derjenige, welcher die Partnerschaft als Erster »aufkündigt«, im Vorteil, weil er den Überraschungseffekt nutzen kann und sich bitten lassen kann und dabei den Partner zwangsläufig erniedrigt. Sie meinte weiter, dass der Bittsteller immer unterliegen wird, weil er in seiner Hilflosigkeit plötzlich ein so lächerliches Bild abgibt, dass er den letzten Funken Respekt des Partners Schritt für Schritt selber zerstört. Und sie meinte aber auch, dass solcherlei erniedrigendes Verhalten gegenüber einem Lebenspartner schließlich nie zum Guten führen kann, denn im Inneren des anderen sitzt diese wissentliche Verfehlung fest wie ein Verbrechen und wird früher oder später ihn dauernd »erinnern und rügen«, oder gar sich rächen durch ähnliche Erfahrungen im eigenen Dasein. Ob sie damit zumindest ein wenig Recht hatte? Ob der/die Partner/in bei dieser herabwürdigenden Möglichkeit auch einen versteckten Sadismus willentlich auslebt, der sich aber rächen dürfte, weil er nichtverziehen und unvergessen bleibt?

Einige Monate später – beim Skilaufen – traf ich zufällig auf Ralf. Er war, wie ich, ohne Begleitung auf die Piste gekommen und lud mich für später zu einem Glas Glühwein ein.
Der Tumult in der Skihütte war nicht gerade dazu geeignet, ein ernstes Gespräch zu führen, aber Ralf begann trotzdem, wie erwartet, mir von seiner Trennung von Lissy zu erzählen. Ich erwähnte, dass ich Lissy getroffen hatte und sie mir bereits viel erzählt hatte. Dies störte ihn nicht und ich war ein wenig gespannt, wie Ralf die Sache darstellen würde.
Irgendwann, so erzählte Ralf, habe Lissy ganz offensichtlich an ihm gezweifelt und ihm deshalb wohl eigentümliche Fragen gestellt, die seine Ehrlichkeit in der Partnerschaft betrafen und diese anzuzweifeln schienen, obwohl es nach seiner Ansicht keinen Grund zur Eifersucht gab, denn er war Lissy immer treu geblieben, obwohl es einige Frauen gegeben hätte, die ein Abenteuer mit ihm gesucht hätten. Er war damals aber sicher, dass Lissy bei seinem Seitensprung sofort ihre Partnerschaft beenden würde, dass er Lissy verlieren und schließlich alleine dastehen würde.
Lissy, so sagte er, hätte ja auch einfach sagen können, dass sie ihn heiraten möchte, wenn sie schon so gerne bei ihm geblieben wäre. Weil sie dies aber offenbar nicht wollte und am Ernst seiner Heiratsabsicht-

en zweifelte, habe sie lediglich undurchsichtige, provokante Fragen gestellt und schließlich auch alle bisherigen Lappalien, die in ihrem bisherigen gemeinsamen Leben vorgefallen waren, schwerwiegend geltend gemacht.
Er selber habe sich schließlich gedacht, es wäre vielleicht besser zu heiraten, um die Zweifel auszuräumen, doch als Lissy sich mehr und mehr so befremdend aufführte, sie ihn sogar fast nötigte, bei ihr zu bleiben, habe er sich auf einmal gefragt, warum. Er habe sich plötzlich bedrängt gefühlt und Lissy mit ganz anderen Augen gesehen als vorher, und er habe sich gesagt, unter diesen Gesichtspunkten Lissy auch noch zu heiraten, das wäre undenkbar.
Er gesteht heute ein, sagte er, dass schließlich auch er nach allen möglichen negativen Argumenten gegen sie suchte, so als wollte er sich selber triftige Entschuldigungen liefern, um danach mit Recht sagen zu können, dass er Lissy aus dem einen oder anderen Grunde nie mehr so lieben und achten könnte wie einst, und dass daher ein gemeinsames Leben zu festigen nicht mehr vernünftig wäre. Mit der Geliebten, mit der er übrigens, wie er sagte, nun nicht mehr beieinander war, begann alles erst dann, als es mit Lissy nicht mehr so gut lief. Er kannte die Frau zwar früher schon und er hatte sie ab und zu einmal zu einem Drink eingeladen, aber erst dann, als es mit Lissy nicht mehr gut lief, begann er diese Beziehung, denn er hatte einfach Angst, irgendwann alleine zu bleiben.

Ich fand Ralfs Betrachtungen etwas oberflächlich, und wenn ich die massiven Leiden Lissys vor Augen sah, verblasste auch etwas meine Sympathie, die ich früher für Ralf empfand.
Ich fragte ihn, ob er nicht glaube, dass allein schon all das Gute, das er und Lissy in 15 Jahren des Zusammenlebens miteinander erfuhren und aufbauten, es wert gewesen wäre, ehrlich und aufrichtig mitein-

ander zu reden, anstatt Lissy sogar noch Emotionen zu liefern, sie mehr und mehr im Unklaren zu lassen und somit in ihrer Vermutung, dass er sie mit einer anderen betrüge, auch noch zu bestärken? Ich fragte ihn weiter, ob er nicht ahne, dass Lissy infolge seines Verhaltens eine so schwerwiegende Erfahrung machte, die sie vermutlich ihr ganzes Leben lang nicht mehr ablegen kann? Ich fragte, ob es ihm nicht verständlich sei, dass Lissy nach so vielen gemeinsamen Lebensjahren ihre Welt zusammenbrechen sah und offensichtlich mit allen Mitteln darum kämpfte, um dies zu verhindern? Ich fragte Ralf, ob es ihm nicht aufgefallen sei, dass Lissy sich zutiefst erniedrigte, als sie ihn bat, bei ihr zu bleiben, und ob es für ihn nicht denkbar ist, dass sich ein Mensch nach langen Jahren der Zweisamkeit sogar das Leben nehmen könnte vor lauter Verzweiflung? Ralf hatte, wie er sagte, ja auch Angst, plötzlich alleine dazustehen.

Ralf schien etwas überrascht, so als sei das alles neu für ihn, und er rang offensichtlich nach Erklärungen und sagte auf einmal, es habe ihn vor allem auch gestört, dass Lissy nach und nach Gewicht zulegte. Ich fragte ihn daraufhin, ob er ihr dies auch einmal gesagt habe? Ralf meinte dazu, dies hätte Lissy selber sehen und merken müssen. Ich fragte ihn, ob er vielleicht nur so lange mit seiner Kritik gewartet habe, um sicher zu sein, dass Lissy nicht mehr sofort ein »Abnehmens-Wunder« vollbringen könne und deshalb als »ertappte Sünderin« dastehen würde, die man leichter kritisieren und erniedrigen kann? Ralf dachte etwas nach und nickte dann. „Ja“, sagte er, „wenn ich es recht überlege, so habe ich wahrhaftig diverse Motive gegen sie gesucht und gesammelt, und wahrscheinlich war mir plötzlich jeder Vorwand willkommen, obwohl ich vorher keinesfalls an ein Auseinandergehen gedacht hatte und ich Lissy liebte, wie sie war.“

Ich hätte noch viele Fragen stellen können, aber ich hatte den Eindruck, Ralf war etwas in sich gegangen, und ich wollte ihm seine Ruhe lassen. Auf meine abschließende Frage versicherte er mir, nicht verstimmt zu sein wegen meiner Fragen und Ansichten und dass er auch schon mit einem anderen Freund über das Geschehene geredet habe, der ihm ähnlich »zusetzte«. Während ich ihn so beobachtete, wie er trotz des Trubels um uns herum konzentriert nachdachte, schien es mir als habe sich auch Ralf in der Zeit nach der Trennung von Lissy sehr verändert, aber nicht so wie Lissy zum Besseren, sondern er hatte, nach meinem Empfinden, eher etwas »die Orientierung verloren«.

Während wir durch die niedrige Holztür ins Freie gingen, erklärte ich ihm nochmals, dass meine Ansichten nur ganz persönliche sind und ich mich keinesfalls zum Schiedsrichter aufspielen möchte, aber dass ich als Freund von Lissy und ihm, der ja von ihm und ihr angesprochenen wurde, eine gewisse Verpflichtung empfinde.
Ralf war mir nicht böse, das sah ich ihm auch an, und irgendwie tat er mir leid. Ich dachte plötzlich an meine zerbrochenen Freundschaften und fragte, was ich da wohl alles »zertrümmert« habe, was wohl alles mir nicht rechtzeitig klar wurde.
Als wir vor der Ausgangstür standen, fiel mir ein Bildschmuck in Form eines Hufeisens auf, der oberhalb der Schihüttentüre hing: »Ein jeder ist seines Glückes Schmied« stand darunter eingraviert und zwei verdrehte Schier waren daneben eingekerbt. Dies gilt wohl nicht nur für die Piste, dachte ich, denn der finstere Witz passte wohl für uns beide irgendwie.

27. Sind Probleme Gelegenheiten?

Jedes Problem des Lebens beinhaltet ein Zeichen auf dem Weg zu etwas Besserem. Das behauptete jedenfalls mein älterer Freund Leo, den ich sehr schätze, dessen Erfahrungen und Betrachtungen immer wertvolle Fingerzeige geben konnten, wenn man solche suchte. Seit ich ihn kenne, war Leo der Charakter, der immer wollte, dass es allen Menschen um ihn herum gut geht. Er war immer einer, der ehrlich bestrebt war zu vermeiden, dass irgendwer dieselben Fehler, wie er sie schon gemacht hatte, macht. Manche unter seinen Bekannten fanden seine Einmischung und seine tatsächlich oft langwierigen Ausführungen etwas anstrengend und gingen ihm deshalb oft lieber aus dem Wege. Ich empfand Leos Bemühungen grundsätzlich schätzenswert, auch hatte ich einige Male sehr gute Erfahrungen durch mein Vorgehen nach seinen Betrachtungsweisen gemacht, und ich sah hinter seinen Ausführungen vor allem auch den Menschen Leo, der bestimmt den ehrlichen, guten Willen hatte, anderen etwas beizubringen, um ihnen durch seine Kenntnisse Belastungen zu ersparen. Wie oft findet man selbstlose Menschen mit derartiger Erfahrung? Leo selbst fand, wie er mir erzählte, jedenfalls keinen Freund, der ihm mit Rat und Tat zur Seite stand. So beschrieb er mir, wie er eines Tages, er war bereits über 50, ganz und gar nicht mehr weiterwusste. Sein Leben war ungemein verworren; so schien geschäftlich keine Aussicht zu bestehen, das Geld zu verdienen, das er brauchte, um die Kredite zurückzuzahlen, ja nicht einmal, um die anfallenden Zinsen zahlen zu können. Von seinem Besitz ließ sich nichts verkaufen, die Bank machte Druck auf ihn, und privat hatte er kaum mehr genug zum Überleben. Zudem kamen andauernd neue Probleme auf ihn zu, auch durch seine Frau und die beiden Kinder, und die hatten obendrein kein Verständnis dafür, dass es nun wirtschaftlich nicht mehr so gut lief wie früher,

und dass deshalb eben auch in einigen sie persönlich betreffenden Bereichen, die Ausgaben eingeschränkt werden mussten.
Leos Tochter lebte noch einigermaßen normal aber sein bereits volljähriger Sohn schien etwas missraten zu sein und bekam letztens größte Probleme mit der Drogenbehörde. Die Straffälle waren zwar ausschließlich nur aus einer jugendlichen Dummheit heraus entstanden, aber leider blieben sie nicht geheim und führten dazu, die ganze Familie in Verruf zu bringen. Und wie es meistens ist, wenn ein jugendliches Familienmitglied etwas Negatives anstellt, das in den Medien breitgetreten wird, dann ist es immer auch die Familie, die darunter leidet. Dies schmerzte Leo, der anderen jederzeit einen Ausweg raten konnte, natürlich umso mehr; insbesondere als die Spöttelei kursierte, Leo sollte lieber in der eigenen Familie organisieren und vor der eigenen Tür kehren, als sich um andere zu kümmern. Die so genannten Freunde zogen sich natürlich »auffällig unauffällig« zurück. In der Familie gab es Krach, und der einzige wirkliche Freund, das einzige Wesen, das ihm nach wie vor treu ergeben war, war sein Pyrenäenhund namens Kyra.

Leo erzählte, er habe sich seit Jahren daran gewöhnt, mit seinem Hund oder auch alleine ausgedehnte Spaziergänge zu unternehmen, um dabei in Ruhe nachdenken zu können und zugleich ein wenig körperliche Bewegung zu haben. Mehr Freizeit und auch Urlaub leistete er sich sowieso nicht mehr, denn er war ja permanent unentbehrlich. Es gab anscheinend immer Wichtigeres in seinem Leben als ihn selbst; und seine Familie war es bereits gewöhnt, ohne Leo und Kyra Urlaub zu machen.
An einem Tag, an dem beinahe jeder Telefonanruf eine neue Horrormeldung brachte, hielt er es im Büro nicht mehr aus, fuhr nach Hause und machte seinen Spaziergang, um wieder einen klaren Kopf

zu bekommen. Es wurde ihm dabei aber bald erschreckend bewusst, dass er es eigentlich schon in letzter Zeit – und ganz besonders heute –, nicht mehr schaffte, gründlich nachzudenken. Kaum hatte er einen Gedanken gefasst, schon lenkte ein anderer, wichtigerer ihn irgendwie ab und nichts Sachliches kam zustande, außer neuer Frust und Selbstzweifel, und Leo fragte sich, was aus ihm wohl werden sollte, wenn er nicht einmal mehr imstande ist, klar zu denken? Was ist, wenn ihm im richtigen Moment nichts mehr einfällt und die Kontrahenten ihm überlegen werden? Was, wenn die Partner, oder wer auch immer, ihn bei einem Geschäftsabschluss über den Tisch ziehen, weil sie nunmehr viel leistungsfähiger sind als er?
Leo wurde bewusst, dass er neuerdings, seit er diese massiven Probleme hatte, den Einzelheiten und Schönheiten des Daseins oft gar nicht mehr angemessen begegnete. Und wie eine Bestätigung dessen, sah er plötzlich Kyra neben sich, der ihn bereits von Zuhause weg begleitet hatte, ohne dass Leo dies bewusstwurde, obwohl er ansonsten den Hund, der ihm mit seiner beständigen Anhänglichkeit und Treue oft näher war als die Menschen, sofort vermisste, wenn er einmal nicht da war.
Leo steigerte sich weiter in seine negativen Gedanken hinein, und es kam ihm vor als würde selbst Kyra, als er ihn heranrief, ihn grundlos ängstlich ansehen. Leo schob den Eindruck weg, aber zweifelte zugleich, ob er überhaupt noch normal empfinden und denken kann. Alles, was in Wirklichkeit recht gut war, sah er zwar noch als existent, aber es schien ihm relativ belanglos. Alles, was er besaß, bereitete ihm einfach keine Freude mehr, auch nicht sein schönes Haus und der weitere Immobilienbesitz, der sein Umsatz werden sollte, von dem er profitieren wollte und durch dessen Verkauf er die Schulden begleichen wollte. Was, dachte er, nützen mir die Liegenschaften, die ich habe, aber nicht verkaufen kann? Wir können doch nicht von

den Mauern nagen; und was habe ich persönlich überhaupt noch von diesem Leben? Muss ich bereits dafür dankbar sein, dass ich noch ungehindert mit dem Hund spazieren gehen kann? Welcher weitere Miss-Zustand erwartet mich demnächst noch? Wo und wann endet diese heutige Situation, sofern ich die weitere Entwicklung überhaupt überleben werde? Wen könnte ich um Rat fragen und auf welchen Menschen kann ich mich überhaupt noch verlassen?
Mit Schrecken erkannte Leo, dass er wirklich niemanden hatte, den er um Hilfe bitten konnte. Eigentlich, so wurde ihm jetzt bewusst, hatte er niemals wirkliche Freunde gehabt. Er dachte angestrengt nach, ob er vielleicht wenigstens einen Geschäftspartner von früher um Hilfe bitten könnte. Keiner fiel ihm ein. Mit seiner Frau konnte er nicht reden, da sie dann sofort alles, was sie betraf, rabenschwarz ausmalte und dann erst recht nichts mehr ins Lot zu bringen war. Und die Kinder, die vom Alter her ohne weiteres hätten helfen können, wandten sich in Problemsituationen immer sofort ab, denn sie wollten keine familiären und wirtschaftlichen Belastungen mittragen und sagten auch deutlich, dass dies allein Angelegenheit der Eltern wäre. Es fiel Leo jetzt endlich einmal richtig auf, was er in der Familie und im Freundeskreis versäumt (und vielleicht mit verursacht) hatte. Er war bislang für alle genau genommen nichts als der bequeme »Lastesel« gewesen. Alle Menschen um ihn herum durften andauernd Schwierigkeiten an ihn herantragen. Selbstverständlich schien es wohl allen, dass es niemals umgekehrt sein würde, und alle, so auch Leo, hätten wohl nie gedacht, dass auch Leo einmal ernsthaft einen Freund brauchen würde. Freundschaft, was ist das eigentlich fragte Leo sich. Liegt es an mir, dass ich keine wirklichen Freunde habe? Bin ich zu konservativ, zu gründlich? Bin ich für die einen zu arm, zu unbedeutend, für die anderen zu reich, zu hochgestellt, oder ist Freundschaft sowieso ganz was Anderes als ich es mir bislang vorstellte?

Ja, dachte Leo, es wird an mir liegen, und alles andere, was nicht funktioniert, glückt im Grunde auch nur wegen mir nicht. Und wie es in kritischen Situationen meistens ist, wird der Hauptschuldige gesucht. Wenn man schließlich glaubt, dieser Verantwortliche selber zu sein, fällt die Meinung über sich selbst und der Glauben an sich und an seine Qualitäten, auf den Tiefpunkt. „Dann", so sagte Leo, „sinken tatsächlich alle positiven Aspekte auf null und man lernt in solchen Augenblicken den Selbstmörder zu verstehen".
Leo wurde bewusst, dass letztens selten jemand ihn privat anrief. Weshalb, fragte er sich, ruft mich nicht einmal jemand an, um mich zu grüßen, um einfach ein wenig mit mir zu plaudern? Konnte es denn nicht sein, dass Menschen, die sonst immer etwas von ihm wollten, einmal anrufen, um ihn zu fragen, wie es ihm geht, um zu sehen, ob er vielleicht auch einmal wenigstens einen geduldigen Zuhörer brauchen kann?
Leo erschrak bei dem Gedanken, dass er sich gerade in Selbstmitleid verliert, und es wurde ihm jetzt bewusst, dass es auch früher eigentlich nie vorkam, dass jemand ihn einfach anrief, um ihn zu fragen, wie es ihm geht.
Kaum dass ihn damals jemand aus seinem Freundes- oder Bekanntenkreis anrief und der Freundlichkeit halber die Frage ansetzte, wie es ihm gehe, klagte der/die Anrufende meistens schon über die eigenen Probleme, noch bevor Leo richtig antworten konnte. Über Leos persönliche Angelegenheiten wollte offensichtlich keiner wirklich etwas hören, denn setzte Leo an, um auch von seinen Problemen zu erzählen, fiel der/die andere ihm meist freundlich zustimmend ins Wort und seufzte sofort im gleichen Atemzuge drauflos, dass auch ihm/ihr einmal Ähnliches (oder noch viel, viel Schlimmeres) widerfahren sei, und erzählte standhaft vom eigenen Begebnis weiter, anstatt Leo auch einmal zuzuhören. Und auch im Familienkreis war die Lage nicht viel

besser, denn kaum, dass Leo von unterwegs Zuhause anrief, um zu hören, ob alles in Ordnung ist, hörte er auch von dort her sofort nur neue Probleme. Leo wusste bereits bevor jemand ans Telefon ging, dass beim Abheben des Hörers neues Lamentieren auf ihn zukommen werde, obwohl die häufigsten Lästigkeiten, die ihm zugetragen wurden, keine ernsthaften Probleme waren und leicht auch von der Frau und den Kindern hätten in Ordnung gebracht werden können. Seine Frau schob ihm grundsätzlich alle Problemlösungen zu und war nicht einmal mehr bereit, einfache Sachen selber zu erledigen, wie beispielsweise die Gartenpflege. Jedenfalls schien jeder Mensch um ihn herum den Leo zu schätzen, der »gerne« den Packesel spielt, dem man – ohne zu fragen, ob er es schafft – mehr und mehr aufbürden kann, und zwar heute noch etwas mehr als gestern noch. Keiner schien zu bemerken, geschweige denn zu verstehen, dass Leo von der ganzen Lage und ihren Zusammenhängen lange schon mehr als genug hatte. So wie zurzeit konnte es jedenfalls nicht mehr weitergehen, wenn Leo nicht riskieren wollte, eines Tages alles zu verlieren, gesundheitlich zusammenzubrechen und zumindest in einer Nervenklinik zu landen.

So ging Leo vor sich hin, sah wie Kyra am Wegrand schnupperte und im Zickzack einer Spur hinterherschnüffelte, und langsam kam Leo wieder zu etwas Ruhe und Abstand.
Leo stellte fest, dass er bis zu diesem Augenblick nicht einmal das angenehme Wetter und den leichten Südwind bemerkt hatte. Dabei hatte er sich angewöhnt, während des Gehens immer absichtlich die Energie der Natur auf sich einwirken zu lassen, diese Lebenskraft bewusst in sich »hineinzuziehen, einzuatmen«.

Leo setzte sich auf einen großen dunklen, warmen Stein an einer grünen Wiese, betrachtete die alten Bäume am Wiesenrand, die im plötzlich stärker gewordenen Wind wankten, denen das Auf und Ab nichts anzuhaben schien, und Leo dachte dabei, dass ihre mächtigen Wurzeln, die sich tief ins Erdreich graben, wohl die besseren Anker darstellen als seine momentanen Wurzeln. Seine Wurzeln schienen den gegenwärtigen Attacken von allen Seiten nicht mehr gewachsen zu sein.

Leos Gedanken spannten sich zwischen seinem Leben und der viel älteren Realität dieser Bäume; er betrachtete die Härte beider Existenzen und fragte sich vergleichend, weshalb eigentlich die Wurzeln seines Lebens, den Stürmen um ihn herum nicht mehr standhalten werden? Welches sind heute noch seine Wurzeln? Hat er überhaupt noch welche? Welches sind andererseits seine echten Belastungen und wie groß sind sie? Sind sie wirklich untragbar, oder nur als untragbar betrachtet? Scheinen sie nur im Vergleich zu seiner derzeitigen Schwäche untragbar?

Leo nahm verschieden große Steine auf, die seine unterschiedlichen Probleme darstellen sollten, und stellte diese in der Reihe ihrer Wichtigkeit zueinander. Aus der Perspektive des Abstands heraus waren die Prioritäten leichter zu erkennen, und wie in einem Schachspiel führte Leo die Züge, während Kyra ihm von einem schattigen Platz her verwundert zusah und ab und zu leicht den Kopf schwenkte, so als müsse er mit seinen ovalen schwarzen Augen die Waagrechte zwischen Leos Steinen suchen.

Am Ende der Betrachtung sah Leo die Lage tatsächlich etwas klarer und er spürte, es mussten sofort bestimmte private und geschäftliche Wesenheiten geklärt werden; vor allem die privaten, denn »seine Wurzeln« schienen sich nach und nach zu lockern.

Zuhause angekommen, ging Leo zuerst zu seiner Frau, die gerade am Schwimmbad in der Sonne lag und sein Kommen absichtlich ignorierte. Es tat ihm weh, dass sie ihn so behandelte, grüßte sie aber trotzdem freundlich. Ohne lange Vorrede sagte er dann zu ihr, dass er sie zwar noch liebe und er auch das Leben mit ihr gemeinsam fortsetzen möchte, aber dass er es ihr freistelle, sich von ihm zu trennen, falls sie sein Tief, auch wenn es noch Jahre andauern würde, nicht akzeptieren könne und nicht verstehen könne, dass er sie, ihre Liebe, ihre Kraft, ihr Mitwirken und Mitdenken heute genauso brauche wie damals, als ihre Liebe noch leidenschaftlich war, als sie sich beide nichts anderes vorstellen konnten als ein gemeinsames Leben in Glück und Frieden. Leo erklärte ihr weiter, dass er unter anderem auch das offensichtliche, andauernde »Gunst-der-Kinder-kaufen« ihrerseits nicht mehr tolerieren werde. Er wolle nicht mehr länger zuschauen, wie sie sich die »Liebe« der Kinder »erhandelt« durch regelmäßigen heimlichen Bonus und das häufige Hinwegsehen über erzieherische Notwendigkeiten. Scheinbar erkenne sie nicht, dass sie die Kinder dabei »verzieht«, anstatt »erzieht«, und dass sie im Zuge dessen meistens auch noch ihn, der die Angelegenheiten im Sinne aller zu klären versucht, indirekt als »bösen Diktator« hinstellt, gegen den man sich gemeinsam erheben sollte.
Außerdem, so forderte Leo, will er ihr unverblümtes Lamentieren, wie miserabel es ihr im Verhältnis zu anderen Frauen gehe, dass sie alle ihre Berufschancen für die Ehe und Familie geopfert habe, nie mehr wieder hören. „Wenn überhaupt“, sagte Leo, „dann haben wir beide ähnlich große Teile unseres Lebens für die Familie und für uns beide geopfert, aber schließlich auch beide unzähliges Gutes von diesem Miteinander gehabt“. Und genau betrachtet, sprach Leo weiter, ginge es ihnen heute noch, wo sie zwar am wirtschaftlichen Limit stehen, immer noch vielmals besser als Millionen anderer Menschen

in diesem Staate und jedenfalls würde er ihre destruktiven Bemerkungen, ihr bitteres Gesicht und ihr launisches Benehmen nicht mehr tolerieren. Sie solle, meinte Leo, zu begreifen versuchen, dass ihre gemeinsame Kraft, der Zusammenhalt und das Gute in der Familie einen Großteil ihrer gemeinsamen Wurzeln darstellen würden, und dass sie beide riskieren, den Halt zu verlieren, falls zusätzlich zu den Schwierigkeiten von außen auch noch ständig neuer Druck und neuerliche Sorgen vom Privaten her auf sie alle zukommen.

Leos Frau war perplex und entgegnete verärgert, dann weinte sie unvermittelt los und erklärte, weil er so rede, werde sie heute noch fortziehen. Leo blieb trotz allem äußerlich ganz ruhig und war ihr auch nicht böse, als sie dann vor Wut in ihr Zimmer lief und die Tür zuknallte. Leo ging zur Tür und bot ihr mit ruhiger Stimme an, selbst auszuziehen, wenn sie möchte, und gab Bedenkzeit, um sich dazu zu äußern.

Ähnliches wie seiner Frau wollte Leo nun seinem Sohn eröffnen, der gerade auf seinem Zimmer war und wie fast schon alltäglich in irgendwelchen Zeitschriften las und dabei rauchte und Hardrock-Musik in voller Lautstärke hörte, anstatt sich auf sein Studium zu konzentrieren.
Der Sohn erschrak über Leos unerwartetes Erscheinen. Leo grüßte, tippte auf die Stopptaste des CD-Players und begann, während er sich hinsetzte, mit der »Predigt«. Er verlangte von seinem Sohn ultimativ, in seinem Studium endlich Leistungen zu zeigen, oder sich einen Job zu suchen. Jedenfalls könne er nicht mehr länger auf Kosten Leos und nach Lust und Laune in den Tag hineinleben, aus Langeweile Musik hören und in Zeitungen blättern, sondern müsse die entsprechende Mitverantwortung für die Gestaltung seines Lebens übernehmen.

Der Sohn wurde wütend und mahnte Leo, es würde ihm noch Leidtun und er würde »mit der Praktik« bei Mutter nicht durchkommen, doch Leo blieb ganz ruhig. Es vergingen ein paar schweigsame Minuten, ohne dass der Sohn, wie Leo es eigentlich erwartet hatte, zur Mutter lief, um sich Verstärkung zu holen. Als der Sohn dann plötzlich zu seiner großen Urlaubstasche griff, die unterm Bett lag, und wohl mit der Absicht, sein länger währendes »Adieu« heftig zu demonstrieren, den Koffer voll mit Kleidung stopfte, sah Leo ihm zu und stand dann auf, um ihm noch ein paar Socken und Taschentücher oben auf die anderen Kleidungstücke zu legen. Leo ordnete die Kleidung auch etwas, woraufhin sein Sohn zusehends noch fassungsloser wurde. Leo wusste, wenn der Sohn jetzt geht, dann sieht er ihn wahrscheinlich für lange Zeit nicht wieder, aber er ermöglicht es ihm damit, endlich in einer realen Welt zu sich selber zu finden. Wenn er ihn hingegen so wie bisher dahinvegetieren ließe, würde er vermutlich definitiv auf die schiefe Bahn geraten.

Der Sohn würdigte Leo keines Blickes mehr und stürmte mit dem Gepäck aus dem Zimmer, er kam aber schnell nochmals zurück, weil er seine CDs vergessen hatte, dann rannte er die Treppe hinunter. Unten stand Leos Frau, die sich von ihrem eigenen Schock noch nicht erholt hatte und jetzt auch noch zusehen musste, wie der Sohn im Begriff war zu gehen. Sie versuchte ihn am Arm zu halten, doch der Sohn stieß sie zurück und schrie, das habe sie nun davon, und sie sei eine »selten dumme Pute«, denn er und seine Schwester hätten ihr doch lange schon erklärt, dass es unter den heutigen Umständen besser wäre, diesen untauglichen Menschen, der sich Vater nennt, aus dem Haus zu jagen, und übrigens halte er von ihr, seiner Mutter, auch nichts mehr.

Leo kochte innerlich vor Wut und brachte es trotzdem fertig, dem Sohn zu sagen, er dürfe sich jederzeit bei ihm melden, falls er seine Hilfe benötige, doch der Sohn schaute ihn nur trotzig an und meinte, dies würde ihm im Traum nicht einfallen. Leo ging daraufhin ins Arbeitszimmer und hörte noch, wie seine Frau dem Jungen hinterherrief und ihn bat, er solle doch dableiben, es werde sich bestimmt alles klären lassen. „Ja, das wird es", sagte Leo laut zu sich.
Es gab in den kommenden Stunden ein großes Durcheinander im Haus. Leo hörte, wie seine Frau umherhastete und herumhantierte und offensichtlich ihre wichtigsten Sachen ins Auto packte. Ohne sich zu verabschieden, knallte sie Stunden später die Haustüre zu. Sie hatte alle ihre Wertsachen mitgenommen, die halbwegs transportabel waren, und bis auf eine Kleinigkeit auch das wenige Bargeld, das ihnen damals noch zur Verfügung stand. Ihren VW Golf hatte sie dagelassen und dafür, wohl auch wegen der Gepäckmenge, den größeren Wagen von Leo mitgenommen.

Leo zweifelte jetzt auf einmal stark an dem, was er heute in Bewegung gebracht hatte. Einige Male war er nahe daran aufzubrechen, um die beiden zu suchen und sie um ihre Rückkehr zu bitten. Doch dann dachte er wieder an das ganze Desaster der letzten Jahre, und es war ihm klar, dass sein Einlenken die alte Situation erneuern und sogar verschlimmern würde, und dass das Leben so, wie es letztens war, wirklich zerstörend war, auch für die anderen, nicht nur für ihn selbst.

Wie bereits üblich, kam die Tochter erst gegen 3 Uhr früh nach Hause. Sie war zwar erst etwas über 17 Jahre alt, aber der Auffassung, alt genug zu sein, um tun und lassen zu können, was immer sie wolle. Trotz Leos Einspruch, aber leider mit dem Gutheißen seiner Frau, durfte sie seit dem 16. Geburtstag auch auswärts die Nächte verbringen. Allerdings waren, den Schulnoten nach zu schließen, die vielen Nächte irgendwo in der Disco oder beim Freund nicht gerade förderlich. Die Tochter war stets offen in ihrer Meinungsäußerung und meinte daher auch des Öfteren und ganz ohne Umschweife, dass ihrer Ansicht nach »die Musik irgendwo anders spiele, und nicht in den verstaubten Ansichten von Leos Generation«, und sie denke (wie angeblich auch alle ihre Freunde), es wäre heute viel besser, einen kommoden Job zu machen und schön zu leben, als jahrzehntelang zu studieren und schließlich die schöne Jugendzeit zu vermissen.

Leo, der ohnehin nicht schlafen konnte, stand auf, als er sie heimkommen hörte, und in gleicher Weise wie seinem Sohn am Tage eröffnete er seiner Tochter in der Nacht gewissermaßen dieselben Perspektiven. Wie Leo ihr sagte, dürfe sie nun, wenn sie möchte, »einem kommoden Job nachgehen«.

Sie fiel natürlich aus allen Wolken und es erschreckte sie natürlich, dass Mutter und Bruder ausgezogen waren. Sie sagte, sie sei jetzt müde und möchte erst einmal schlafen, anstatt diskutieren. Schließlich fragte sie Leo erzürnt, so als müsse er es wissen, warum Mutter und Bruder sie nicht über Leos »Ausrasten« informiert haben. Gegen sie gemeinsam, meinte sie ausfallend, hätte er nämlich dies alles nicht durchsetzen können.

Leo wunderte nichts mehr, war aber selber überrascht darüber, dass die beiden seine Tochter nicht informiert hatten, er führte dies aber auf die jeweilige persönliche Konfusion zurück, welche die beiden momentan wohl sehr beschäftigte. Andererseits traute er es zumindest seinem egoistischen Sohn zu, der Ansicht zu sein, man könne ihn ja suchen, falls man ihn sehen oder sprechen möchte.

Jedenfalls tat es die Tochter den beiden anderen gleich. Sie war heute für ihre Verhältnisse ungewöhnlich früh wach und packte schon am Vormittag die Koffer. Bereits während sie packte lenkte sie etwas ein und sprach nun auf viel moderatere Art mit Leo. Sie gab ihm wenigstens einen flüchtigen Kuss, bevor sie das Haus verließ und mit dem Taxi zu ihrem Freund fuhr.

Leo erzählte, dass noch nie in seinem Leben eine derartige Zerrissenheit herrschte wie in jener Phase, und dass er an den nächsten Tagen, als er frühmorgens aufwachte, erst nur glaubte, schlecht geträumt zu haben, bis ihm die Realität wieder schlagartig und erschreckend bewusst wurde.
Dass er sich sein tägliches Frühstück selber zubereitete, war nicht neu, denn weder Frau, Tochter oder Sohn waren jemals vor ihm auf den Beinen gewesen, und so musste er, wenn er nicht gerade beruflich unterwegs war, ohnehin täglich selber Kaffee kochen, sein Müsli zubereiten und Kyra das Fressen und den Wassernapf zur Hundehütte stellen. Sonst hatte er immer auch für die anderen das Frühstück gemacht, nun blieb das Geschirr im Regal.
Die Einsamkeit schien Leo zu übermannen. Das Familienleben und das Wirtschaftliche schienen nun total defekt zu sein. Nichts war mehr wie früher. Zugleich durfte er sich aber auch in Erinnerung rufen, dass sein Privatleben so nicht mehr hätte weitergehen können und dass dieses zum großen Teil auch die Mitschuld hatte am momentanen wirtschaftlichen Desaster.
Nach dem Frühstück und der üblichen Verabschiedung von Kyra, der sich sehr verwirrt benahm, fuhr Leo heute das erste Mal mit der U-Bahn in sein Büro in der Stadt.
Er ärgerte sich danach etwas, weil er diese behagliche Möglichkeit noch nie genutzt hatte. Sie schien ihm vorher zu minderwertig, denn er war der Meinung, er sollte allein schon wegen der Kunden und

Konkurrenten seinen teuren »Chefwagen« vorzeigen. Er war heute schneller ins Büro gelangt als sonst und nicht einmal parken musste er heute. Interessehalber rechnete er im Büro nach, was er sich zwischen der U-Bahn und seinem Prestige-Wagen an Fahrt- und Nebenkosten sparte. Als er sah, dass die Differenz pro Tag, im Ganzen gesehen, fast den Essenskosten gleichkam, entschloss er sich, künftig auch auf den VW Golf seiner Frau zu verzichten und mit der Bahn ins Büro zu fahren. Für den Fall, dass er für einen Geschäftsvorgang ein Prestigefahrzeug benötigen sollte, würde er sich eben eines ausborgen; seines hatte ja seine Frau mitgenommen.
So vergingen rund zwei Wochen, dann bekam Leo ein Schreiben eines Rechtsanwalts, der eigentlich ein gemeinsamer Bekannter von ihm und seiner Frau war, der ihm ankündigte, seine Frau in der Scheidungssache gegen ihn zu vertreten. Leo hatte grundsätzlich nichts Anderes erwartet und beauftragte seinen Rechtsanwalt zu antworten und prinzipiell der Scheidung zuzustimmen. Leo wartete darauf, was demnächst kommen würde, denn dass er wahrscheinlich das Haus an seine Frau verlieren würde und bestimmt auch monatlich einiges an sie zahlen müsse, das war ihm schon klar. Somit würde er wirtschaftlich, falls sich inzwischen nichts Positives ergibt, ganz auf den Nullpunkt kommen, aber andererseits konnte er wegen dieser Aussichten nicht klein beigeben.

Es begann für Leo eine Art von »aufrichtiger und frommer Phase«. Er war im Geschäft viel offenherziger, aber bestimmter, lebte bewusster, aß viel weniger und viel ausgewogener als früher, betete wieder öfter, aber nicht aus Angst, sondern aus Dankbarkeit für jede neue Tatkraft und für den neuen Mut, den er ab und zu doch wieder spürte.
Das Zuhause wirkte zwar leer und die Fenster waren dunkel, aber es verhieß nicht wie sonst, wenn er nach Hause kam, dass hinter den

erleuchteten Fenstern neue Probleme warteten, sondern es war still, eigentlich angenehm still, und Kyra begrüßte Leo an jedem Abend gleich frohgestimmt, und zwar weitaus entzückter als jemals seine Kinder, mit Ausnahme der ersten paar Jahre ihres Lebens vielleicht.
Zu dieser Zeit kontaktierte Leo auch öfter Menschen per Telefon, die zwar keine Freunde waren, aber mit denen er durch Beruf und Alltag in guter Bekanntschaft stand. Er fragte einfach einmal nach, wie es ihnen geht, und versuchte zuzuhören und ihnen möglichst etwas Positives zu sagen. Er wollte ihnen zeigen, dass zumindest er nicht nur dann sich bei ihnen meldet, wenn er etwas braucht. Die anderen sollten ihn und Positives in einem Atemzug erleben. So es einmal zutreffen sollte, dass er sich mit einem Anliegen an sie wende, so sollten sie dies sozusagen als »Nebenerscheinung« empfinden.
Was Leo sich hier vorgenommen hatte, wirkte dann wohl auch etwas verwirrend. Die meisten Leute fielen aus allen Wolken und nicht wenige fragten, als Leo sich wieder verabschiedete, ob er nicht etwas vergessen habe zu sagen oder zu fragen? Nur einfach so anrufen, um zu fragen wie es geht, das konnte doch kein Leo tun, der im Geschäftsleben oft beinhart reagierte und vieles um die Ohren hatte? War das noch der alte Leo, dem man besser mit Respekt begegnete? Leo spürte die Zurückhaltung der anderen und erklärte deshalb ganz offen den Hintergrund seiner ungewöhnlichen Absicht.
Kaum waren zwei Tage nach seinem ersten Anruf vergangen, da rief der erste der zuvor Kontaktierten bei Leo an, um zu fragen, wie es ihm so gehe. Leo lachte und dankte für den Anruf. Im folgenden Gespräch wurde dann einfach geplaudert und erzählt, aber Leo bemerkte auch, dass man, wie er es sich von Herzen gewünscht hatte, vor allem auch versuchte, einander zuzuhören. So entwickelte sich mit einigen Leuten ein gutes Einvernehmen, das auch den wirtschaftlichen Aspekten sehr zugute kam.

Leo kam es sonderbar vor, dass der Rechtsanwalt seiner Frau, oder auch sein eigener, wegen der Scheidungssache von sich nichts hören ließen, und auch, dass er von niemandem sonst etwas über diese Angelegenheit hörte. Seine Bekannten, die ihn angerufen oder mit ihm sonst gesprochen hatten, fragten nicht und hätten wohl von sich aus nichts gesagt, auch wenn sie etwas von seiner Frau und den Kindern gehört oder gewusst hätten.

Eines Abends, als Leo nach Hause kam, lief ihm Kyra nicht wie üblich hechelnd entgegen, sondern hechtete erst bellend um die Hecken, als Leo das metallene Gartentor absichtlich laut ins Schloss fallen ließ, um »den Aufpasser« zu beschämen. Leo sah dann, warum Kyra anderweitig beschäftigt gewesen war. Auf der Steintreppe saß seine Tochter mit Sack und Pack. Sie war offensichtlich stark abgemagert und wirkte auf ihn wie ein Häuflein Elend.
Sie kam Leo entgegen, umarmte ihn ohne etwas zu sagen und schilderte dann unter Tränen, ihr Freund habe sie auf die Straße gesetzt und sich definitiv von ihr getrennt. Er habe von ihr damals, bereits in der zweiten Woche des Zusammenlebens, verlangt, sie müsse Wohnung und Unterhalt mit bestreiten und ihr Studium müsse sie natürlich auch selber finanzieren, also solle sie Leo auffordern zu zahlen, da ihr aufgrund ihrer Minderjährigkeit auf jeden Fall väterliche Hilfe zustehen müsse, oder sie müsse eben selber Geld verdienen.
Sie habe dann, sagte sie, einen Job angenommen und die Schule, weil ihr alles zu viel wurde, kurzfristig abgebrochen. Mutter habe ihr dazu die offizielle Erlaubnis erteilt. Sie habe dann aber gemerkt, dass der Job nicht das Richtige für sie war, und die Schule wieder fortgesetzt und anderweitig versucht, nämlich von Mutter und Freunden, Geld zu bekommen, was aber schließlich nicht öfters möglich war. Mutter, die inzwischen bei einer Freundin lebte, hatte auch kein übriges Geld

mehr, und ihn, Leo, wollte sie nicht fragen.

Der Freund habe sie dann nach einem Streit schließlich aus der Wohnung geworfen, weil sie kein Geld mehr beisteuern konnte. Sie verstehe dies nicht, sagte sie weinend, wo sie doch so verliebt waren und früher alles so schön und in Ordnung war.

Leo wartete nun darauf, dass sie ihm prompt die Schuld an ihrer ganzen Misere geben würde, aber die Tochter bat ihn stattdessen, sie wieder in das Haus aufzunehmen und ihr finanziell durch das Studium zu helfen. Leo versprach ihr, im Haus wohnen zu dürfen, jedenfalls so lange, bis er dieses an ihre Mutter abgeben müsse, und danach müsste sie sich mit dieser arrangieren. Leo band seine Zusage allerdings an die grundsätzlichen Vorbedingungen, wie er sie ihr damals gestellt hatte.

Die Tochter willigte schnell ein, so als habe sie sich auf diesen Moment und die Bedingungen schon lange vorbereitet, und Leo dachte bei sich, dass die kurze Zeit der echten »Lebensschule« ihr doch einiges aus der realen Welt gezeigt haben müsse, denn früher hätte sie schon bei Unbedeutenderem viel länger für das Abwiegen zwischen Auflagen und Situationen gebraucht.

Sie umarmte Leo dankend, und als sie das gemeinsame, einfache Abendessen abgeschlossen hatten ging sie mit dem Geschirr zur Spüle und wusch es ab. Sie schien gar nicht zu bemerken, dass, wie immer, eine Spülmaschine zur Verfügung stand.

Leo schmunzelte, und die Tochter, als sie Leos Lächeln bemerkte, fragte, was er so amüsant finde, und als Leo darauf fragte, ob sie sich erinnere, dass sie früher nur unter Protest dazu zu bewegen war, auch nur das eigene Geschirr abzuräumen, geschweige denn abzuspülen, sah sie ihn erst wortlos an und schaute dann weg, so als müsse sie sich selber erst zu erinnern versuchen. Sie sagte nach einer Weile nur: „Bitte entschuldige, ich weiß nicht, was damals mit mir los war!“ Leo nickte wortlos und nahm sie in den Arm. Natürlich hatte sie bei ihrem Freund im Haushalt mithelfen müssen, denn wie sie erzählte, waren sie im Gegensatz zu früher kaum noch einmal zum Essen ausgegangen und auch nicht mehr so oft in der Disco gewesen.

Von ihrem Bruder, erzählte sie weiter, habe sie und Mutter seit damals, als sie das Haus nacheinander verlassen hatten, nichts mehr gehört. Sie habe lediglich durch Freunde erfahren, dass er in einem Hotel in England arbeitet.

So als wäre es abgesprochen gewesen, stand zwei Tage später Leos Frau mit ihren Koffern vor der Türe. Kyra freute sich so sehr, dass er vor lauter Übermut einen Koffer von der Treppe stieß. Leo war da schon etwas verhaltener. Er grüßte seine Frau gefasst und wartete auf ihr erstes Wort und auf eine Erklärung. Sie sagte ganz ohne Emotionen nur: „Lass es uns noch einmal versuchen!" Leo noch kürzer: „Okay."
Leo wusste, dass nun alles anders werden wird, denn er kannte seine Frau schließlich zu gut, um zu wissen, dass sie immer nur dann einen Rückzieher macht, wenn sie absolut sicher ist, dass die Chancen und Risiken anders aussehen, als sie es vorher geglaubt hatte.

Leos Frau ließ dann in späteren sehr ehrlich-geprägten Gesprächen durchblicken, dass sie seinerzeit ihren Daseinssinn einfach nicht mehr erkannt hatte. So sah sie schließlich nur noch, wie gut es anscheinend ihren Freundinnen ging, aber sie begriff dabei nicht, dass diese – im Gegensatz zu ihr – doch auch einiges im Sinne ihres familiären Wohlbefindens unternahmen.
Sie sah vorher nicht, dass jene unter ihren Freundinnen, denen es am besten geht, ihre Männer auch tatkräftig unterstützen, dass sie nach wie vor die gesamte familiäre Verantwortung mittragen, dass sie

alles dafür tun, dass ihr Mann vom häuslichen Kleinkram entlastet wird, damit er seine Arbeit, die ja hauptsächlich dem Wohlstand der Familie dient, in Harmonie mit seinem Privatleben ausüben kann. Sie sagte, dass die Fragen des Miteinanders sie letztens sehr beschäftigten, und sie begreife nun, dass alles zu tun, ist damit die gesamte Familie imstande ist, eine feste Einheit zu bilden, die wiederum erst dann eine natürliche Kraftquelle für alle Angehörigen darstellen kann. Leo und seine Frau sprachen so ehrlich und ausführlich wie schon lange nicht mehr über ihr bisheriges Leben und diskutierten auch unumwunden die Chancen, die vor ihnen lagen. Es gab vieles, was an Missverständnissen da war und ausgeräumt werden konnte. Schließlich einigten sie sich auch darauf, dass Leos Frau, so wie sie es sich wünschte, in Zukunft auch etwas zum Lebensunterhalt beitragen würde, denn sie glaubte fest daran, dass dies auch ihr selbst guttun würde.

Die Frau erzählte dann Leo auch davon, dass in all den Wochen ihr Sohn sie nur dreimal telefonisch kontaktiert hatte, um sie um Geld zu bitten. Auch hatte er sie gebeten, Leo nichts davon zu sagen. Er hatte scheinbar schwere Zeiten durchlebt, war mit einer Freundin nach England gegangen und hatte zwischenzeitlich bereits zweimal den Job gewechselt. Dass er angeblich nach wie vor nicht gut zu sprechen war auf Leo, sah dieser gelassen, denn er hatte es auch nicht anders erwartet. Auch wenn ihm das Verhältnis zu seinem Sohn im Innersten wehtat, sagte ihm immer noch die Vernunft, dass sein Sohn jetzt die Chance hat, eine gute Ausbildung fürs Leben zu erhalten. Nichts, kein gutes Zureden, kein Helfen, keine Verhärtung der Verhältnisse, hatten ihn bisher auf den richtigen Weg bringen können, aber der Alltag mit klaren Regeln würde es fertigbringen, ihm zu zeigen, was es bedeutet, sein Leben selbstständig meistern zu müssen.

Jedenfalls kam Leos Sohn nicht zurück, aber irgendwann, nach mehr als einem Jahr, schien er doch genötigt zu sein, Leo anzurufen, da er angeblich dabei war, seine eigene Firma aufzubauen, und dazu wohl vor allem Leos Wissen und dessen Rat benötigte.
Der Sohn fragte am Telefon kurz und bündig, ob Leo ihm einen Rat geben könne. Für eine Entschuldigung oder versöhnliche Worte schien er nicht bereit zu sein.
Leo fragte zurück, ob er nicht etwas vergessen habe. Sein Sohn zögerte erst und sagte dann, es sei ihm klar, dass es zwischen ihnen einiges zu bereden gäbe, und er möchte demnächst auch einmal länger mit Leo reden, bräuchte aber jetzt umgehend seinen Rat. Leo verstand dies und es tat ihm wohl, dass sein Sohn indirekt eingestand, welche Qualitäten sein Vater hat, auch wenn er damals beim Auseinandergehen hinreichend gegensätzlichen Unsinn dahergeredet hatte.

Leo half natürlich mit Rat und Tat, und im Laufe der Zeit fand zwischen den beiden ein Gespräch unter vier Augen statt, als Leo zu ihm nach England musste. Dieses Gespräch, weit weg von Zuhause, tat beiden gut. Es bereinigte ihre private Position grundsätzlich schon, aber sonst blieb alles wie gehabt. Leos Sohn hatte nunmehr sein Geschäft in England aufgebaut, und so sollte es auch bleiben.
Später schafften die beiden es sogar, miteinander einige gute Kooperationsgeschäfte zwischen englischen und deutschen Firmen einzuleiten.

Als Leo erzählte, schüttelte er immer wieder den Kopf und fand das alles selber unglaublich. Noch nie zuvor hatte er derart am Rande der Existenz gestanden und er hätte damals nicht geglaubt, für so viele private und wirtschaftliche Probleme eine Lösung zu erreichen. Die Ruhe, die in die Familie einkehrte, und die Geschäfte, die auf ein-

mal wieder gut gingen, schienen ihm zu erklären, dass er (und seine Angehörigen) diese »Auszeit« am Rande der Existenz nötig gehabt hatten. Ohne diese Schwierigkeiten und die »erzwungene Offenheit« wäre vermutlich Leos Dasein und das der Angehörigen früher oder später völlig ins Leere gelaufen.
Irgendwann, so meinte Leo, wären die Familie und der gesamte Besitz in die Brüche gegangen, denn er hatte damals nahezu den gesamten Überblick verloren. Er spürte den ganzen Druck und die Gefahr von allen Seiten, und er sah vor lauter Einflüssen nicht mehr, worauf seine Machtlosigkeit eigentlich gründete. Aber im Grunde, so schloss Leo seine Erzählung, hatte es nichts Anderes gebraucht, als wieder eine unverfälschte Übersicht und Erkenntnis zu gewinnen und dann strikt danach zu handeln. Das Gedulden und Wegsehen bei Problemen, meinte Leo abschließend, ist über kurz oder lang für alle Beteiligten die schlechteste Lösung überhaupt, und die »ignorante Bequemlichkeit« kann gar nichts bewegen, außer Schädliches.

28. Liebe in Schranken?

Dr. Petrana, der bereits erwähnte Franzose, von dem ich lange nichts mehr gehört habe, kommt mir in den Sinn, da ich gerade nach der Geschichte mit Leo über Petranas Überzeugung nachdenken musste, welche besagte, dass sich gute, langwährende zwischenmenschliche Beziehungen in erster Linie auf wachsende Liebe und zuverlässiges Miteinander aufbauen, und nicht etwa auf sofortigen Sex oder Leidenschaft. Letztere, so meinte Petrana, halten nicht lange, weil sie auf

relativ schnell Vergänglichem beruhen, aber jene wahre, alles Positive beinhaltende Zuneigung zu einem anderen Menschen, die als »echte Liebe« erklärbar ist, erlischt genau genommen niemals.
Petrana war, wie erwähnt, homosexuell und einer der Größen im Fach Computer und Software. Ich lernte ihn über Maximilian kennen, als unsere Firma bei einer Industrieanlage ein schier unlösbares Problem mit dem internen Überwachungs- und Netzwerk hatte. Petrana brauchte nicht lange, um alle Schwierigkeiten zu beheben.
Er war ein einfacher, freundlicher Mensch, dem man seine Homosexualität nicht anmerkte, wenn man davon nicht wusste, der sich aber auch nicht bemühte, seine Veranlagung zu verbergen, sondern sie sogar offen bekannte.
Für mich war es zu jener Zeit eine eigenartige Erfahrung, dass ein Betroffener ganz ungeniert seine Neigung gestand. Damals war Homosexualität noch nicht so selbstverständlich akzeptiert wie heute, und seine Offenheit war wahrscheinlich nicht gerade förderlich für ihn. Zugleich schien mir Petrana so »normal« wie viele andere meiner Bekannten. Hingegen erinnere ich mich jetzt, wie einige aus meinem Bekanntenkreis, bei denen ich aus mehreren Gründen vermutete, dass sie dem Benehmen nach homosexuell veranlagt sind, dauernd irgendwelche Witze über Homosexuelle machten, wohl um damit »ihre Normalität« zu unterstreichen.

Petrana übernahm später bei uns die Softwareentwicklung für eine weitere technische Großanlage, und als wir uns etwas länger kannten, sprach ich Petrana einmal auf sein mutiges, offenes Bekenntnis zur Homosexualität an. Die gute Gelegenheit ergab sich, weil er während des Essens das Gespräch auf eine berufliche Angelegenheit seines Lebenspartners gebracht hatte, der seinerseits Mediziner war, den ich aber nur flüchtig kannte.

Petrana sagte, er habe immer versucht, ehrlich zu leben, und so sei ihm auch dieses Bekenntnis zu seiner Homosexualität selbstverständlich erschienen. Er habe aber zu dem Zeitpunkt, als er seine Veranlagung bekannt gab, insbesondere Schwierigkeiten mit solchen Leuten bekommen, die sich grundsätzlich »päpstlicher als der Papst« zeigten, aber ihrerseits, und das unterstrich Petrana deutlich, nachweislich vor keiner »bedeutungsvollen Sünde« zurückschreckten. So habe sich einmal, erzählte Petrana lächelnd, ein scheinheiliger Stadtrat, dessen Namen er natürlich nicht nannte, im Zuge eines Projektgespräches ohne Umschweife und vor allen Anwesenden über das Problem, das er anscheinend mit Petranas Homosexualität hatte, ungeniert ausgelassen. Vor allen Leuten erklärte der Herr Stadtrat breitbrüstig, dass die Moral eines der höchsten Güter des Menschen sei, und dieser Tugend sei seine Partei – im Gegensatz zu den »ganzen Liberalen« – ganz besonders verpflichtet, und er stelle hier ganz deutlich die Forderung, dass im Falle eines Auftrags an Petrana, sich dessen Engagement hier im Haus ausschließlich auf das Berufliche konzentrieren müsse.
Alle anderen Anwesenden schwiegen offensichtlich betreten und Petrana, der zuerst dachte, er habe sich vielleicht verhört oder habe etwas missverstanden, weil er die deutsche Sprache ja noch nicht perfekt beherrschte, wollte jetzt zwar aufbrausen, erwiderte aber schließlich doch nichts und schluckte den Angriff auf sein Privatleben, weil er ja den bedeutenden Auftrag brauchte. Aber Petrana schwor bei sich Rache – koste es, was es wolle.

Als Petrana den Vertrag in der Tasche hatte, eröffnete ihm ein Sekretär der Stadtgemeinde in einem Gespräch unter vier Augen, dass der Herr Stadtrat nachweislich länger schon ein Verhältnis zu seiner eigenen minderjährigen Tochter habe. Für Petrana war es zwar nicht das erste Mal, dass gerade derjenige »Moralapostel«, der ihn besonders angegriffen hatte, sich schließlich in irgendeiner Manier als ein recht übler Strolch entpuppte, aber mit diesem Stadtrat, der, wie Petrana inzwischen von Geschäftspartnern erfahren hatte, auch geschäftlich vor keiner krummen Tour zurückschreckte, hatte er noch eine Rechnung offen.

Auch mit dem Risiko seinen beruflich einwandfreien Namen zu verlieren, installierte Petrana mit Hilfe des offenbar sehr mutigen Sekretärs, und weil dies zugleich bei der Vernetzung der internen Computeranlagen des Gemeindebetriebes leicht möglich war, Minikameras und Abhörgeräte im Büro des Stadtrates; und siehe da, bereits früher als erwartet, nämlich nach ein paar Tagen schon, war so viel verschiedenartiger »Unrat« auf den Video- und Tonbändern, dass Petrana den Stadtrat hätte leicht hochgehen lassen können, und zwar ein für alle Male.

Petrana ersuchte den Herrn Stadtrat um ein projektbezogenes Gespräch in dessen Büro, damit der Herr Stadtrat, wie Petrana ihm zuvorkommend vorschlug, ja nicht Gefahr laufe, mit ihm irgendwo alleine gesehen zu werden. Der Herr Stadtrat stimmte dem zu und schien nicht einmal verwundert über so viel Heuchlerisches »Einfühlungsvermögen«.
Petrana nahm zu diesem Gespräch nur eine CD-ROM mit, auf welcher er Ausschnitte einiger eindeutiger Szenen zwischen dem Herrn Stadtrat und dessen Tochter sowie einige brisante Gesprächsauszüge des Herrn Stadtrats mit seinen »Genossen« und einen Teil aus der Szenerie einer Schwarzgeldübergabe gespeichert hatte.
Er lud den Herrn Stadtrat ein, sich erst einmal ohne ihn und Dritte eine »Studie« anzusehen, die ihm, wie Petrana meinte, »die künftigen ihn betreffenden Projektängste nehmen würde«. Der Herr Stadtrat

setzte sich mürrisch in seinen großen braunen Ledersessel und legte die CD-ROM in den Computer. Petrana ging mit der freundlichen Sekretärin des Herrn, die ihn begleitet hatte, ins Vorzimmer zurück. Petrana trank Kaffee mit der plaudernden Dame, doch schon nach ein paar Minuten blinkte die Telefongegensprechanlage und der Stadtrat verlangte Petrana zu sprechen, »und zwar allein«.

Der Herr Stadtrat saß schweißgebadet vor seinem Bildschirm. Er hatte sichtlich zu warm bekommen, da er Hemdkragen und Krawatte weit geöffnet hatte. Er fragte Petrana nur, ganz bleich und gar nicht unfreundlich, wie viel dieser für sein Schweigen haben möchte, dabei konnte der Herr Stadtrat, nach Petranas Schätzung, die ganze CD noch gar nicht durchgesehen haben, aber anscheinend hatte der den Fortgang seiner Taten noch im Kopf, ohne die »Kopie« weiter einsehen zu müssen; schließlich waren alle diese Begebenheiten ja erst ein paar Tage alt.
Petrana sagte ihm kaltschnäuzig, dass da noch vieles zu sehen sei, und meinte spöttisch, dass es sich insbesondere für Menschen wie ihn, den Herrn Stadtrat, »die ausschließlich Gutes predigen«, lohne, die ganze CD-ROM und auch die Originalaufnahmen anzuschauen und anzuhören, und dieses Material würde demonstrieren, »dass gerade unter den sauberen Mänteln das Böse sich gut verstecken kann«.

Petrana, der einerseits der netteste Mensch, aber offenbar auch ein unmöglicher Hitzkopf sein konnte, verlangte, dass sich der Herr Stadtrat nun sofort und ohne Bedenkzeit entweder mit einer Selbstanzeige an die Polizei wendet und auch ihn, Petrana, anzeigt, worauf Petrana die Kopie des ganzen Materials seinen für alles interessierten Freunden aus den Medien übergeben werde, oder der Herr Stadtrat müsse einen bleibenden Deal mit Petrana eingehen. Natürlich war das Erpressung,

aber Petrana hatte keine Angst vor irgendwelchen Folgen, denn er wusste genau, wie der feine Herr entscheiden würde.
Der Herr Stadtrat, schnell von Begriff, wusste wohl, dass seine Karriere zu Ende sein würde, wenn er Petrana weiter reizte, und wollte nur noch Petranas alternative Bedingungen wissen.
Petrana verlangte Folgendes: Eine öffentliche Entschuldigung im selben Personenkreis, der damals anwesend war, als der Herr Stadtrat ihn, Petrana, bloßstellte, und weiter eine Zusage dafür, dass vom Herrn Stadtrat in der Öffentlichkeit alle Themen der Homosexualität ab sofort sehr wohlwollend und fair behandelt werden. Dazu müsse der Herr Stadtrat ab und zu in Presse und Rundfunk positiv Stellung beziehen und zudem auch dafür sorgen, dass seitens diverser Politikerkollegen eine auffällige Fairness und thematisch neutrale Öffentlichkeitsarbeit zum Thema Homosexuelle und Lesben ersichtlich wird. Sollte Petrana ein allmähliches Abflauen der Bemühungen feststellen, würden die Kopien ohne Vorwarnung an die Medien gehen.
Die Affäre mit seiner Tochter, so sagte Petrana, gehe ihn zwar nichts an, aber er wünsche sich »eine kleine Pause«, zumindest bis die Tochter volljährig ist. Petrana wusste natürlich, dass dies eine unsinnige Beschränkung war, die er sowieso nicht kontrollieren konnte.

Im Gesicht des Herrn Stadtrat wechselten zwar zwischendurch alle möglichen Hautfarben, während ihm nichts anderes übrig blieb, als bejahend zu nicken und sich an die Armlehnen des Bürostuhls zu klammern, dass die Knöchel weiß aus der Haut leuchteten. Der Herr Stadtrat schien schließlich einigermaßen erleichtert, als Petranas »Bedingungen-Programm« zu Ende war, denn wahrscheinlich hatte er noch mehr Repressalien und auch eine generelle Geldforderung erwartet, denn in »seinen Kreisen« war dies ja offenbar üblich, wie aus einer der vorliegenden Aufnahmen ja ersichtlich wurde. Er sicherte

Petrana erwartungsgemäß zu, alles zu tun, was er verlangte, und tat in der Folge tatsächlich auch recht ausführlich, was er versprochen hatte. Petrana bekam außerdem, »weil die Stadtverwaltung so außerordentlich zufrieden war mit Petranas Leistung« (was vermutlich ja auch stimmte), ein paar neue Aufträge angeboten, aber Petrana lehnte dankend ab.

Petrana erzählte mir, ihm sei damals vor lauter Wut völlig gleichgültig gewesen, ob er am Ende sogar selber ins Gefängnis gehen würde. Er sah nur, dass er etwas Entscheidendes tun müsse, und hätte einer sich angeboten, den Herrn für Geld aus dem Weg zu räumen, so vermute er, hätte er vielleicht zugestimmt, auch wenn das keine Besserung des allgemeinen Problems mit sich gebracht hätte.

Petrana sagte, er sei sich klar darüber, dass er, der im beruflichen Leben fast alles erreicht hat, wovon viele andere nur träumen können, es vergleichsweise leicht hat, seine Homosexualität zu zeigen. „Was aber", fragte er, „ist mit den Millionen anderer, die ihr wahres Ich aus berechtigter Existenzangst heraus verbergen müssen?" „Man muss sich einmal vorstellen", sagte Petrana ziemlich erbittert, „was die homosexuellen Menschen erdulden, die niemanden bei sich haben dürfen, den sie lieben, die wegen der möglichen Folgen, ihre Zuneigung zu einem Menschen, den sie sympathisch finden, nicht einmal zu zeigen wagen." „Man muss wissen", fuhr Petrana fort, „es gibt in der heutigen, doch so modernen Zeit immer noch gleichgeschlechtlich orientierte Menschen, die aufgrund ihres Ansehens, Berufes usw. ihr gesamtes Leben alleine verbringen, weil sie Angst haben vor der möglichen Verurteilung durch die anderen. Viele solcher Menschen stürzen sich oft in extreme berufliche Leistungen und ähnliche »Ausreden«, nicht zuletzt, um in der Öffentlichkeit alle möglichen Gründe zu demonstrieren, die nach außen hin eröffnen sollen, dass sie lediglich aufgrund ihres (ihnen alles abfordernden) Arbeitspensums nicht mit Lebenspartnern zusammenleben können."

Ich fragte Petrana, was dann mit jenen Homosexuellen und Lesben ist, die sogar verheiratet sind und Kinder haben? Petrana sagte, er komme später darauf zurück, und meinte vorweg, dass es hierzu ganz unterschiedliche fachliche Ansichten gäbe. Vor allem lasse der Begriff Homosexualität eines Ehepartners die berechtigte Frage offen, welcher »normale« Mann oder welche Frau schon ganz genau wisse, wie viel Gleichgeschlechtliches er/sie in sich trage? „Schließlich", so sagte Petrana, „tragen erwiesenermaßen alle Menschen auch etwas vom Eigengeschlechtlichen in sich, ob sie es nun wahrhaben wollen oder nicht." „Für heterosexuelle Menschen", so Petrana weiter, „wäre eine homosexuelle Lebenssituation wahrscheinlich unvorstellbar. Ein ganzes Leben ohne Partner leben? Unbegreiflich für die meisten Heteros! Trotzdem ist selten einer von ihnen bereit, die Rücksichtslosigkeiten zu prüfen, die in erster Linie von ihnen provoziert werden. Aus der »selbstverständlichen« Betrachtung heraus darf jeder heterosexuelle Mensch ganz offiziell einen Lebenspartner suchen und finden, aber der homosexuelle dürfte dies nach allgemeinen Moral-Ansichten auf keinen Fall tun?"
„Und man wundert sich", meinte Petrana, „welche beispielhafte Anteilnahme die meisten Menschen für die katholischen Priester aufbringen, weil die nicht heiraten dürfen, keine Lebenspartnerin oder keinen Lebenspartner haben dürfen. Dass die Homosexuellen und Lesben sozusagen »unentschuldigt« keinen Lebenspartner, keine Lebenspartnerin haben sollten, und gleichermaßen auch, wie zum Beispiel die katholischen Priester oder Nonnen, nicht zeigen dürfen, dass sie jemanden haben, den sie lieben und der sie liebt, dieser Um-

stand erscheint denselben Mitmenschen offenbar die reinste Selbstverständlichkeit!" „Dieser missliche Zustand interessiert scheinbar die meisten Christen nicht", fuhr er fort, „trotzdem sie die Liebe zum Nächsten in ihrem geistigen Banner tragen!"
Deswegen, sagte Petrana, werde er solange er am Leben ist, alles dafür tun, dass Diskriminierungen, wie immer sie auch aussehen mögen, aufhören, denn der Mensch müsse so leben dürfen, wie er von Gott, der Vorsehung, oder wie immer wir diese Macht nennen mögen, geschaffen wurde.
„Wohlgemerkt", sagte Petrana, „die Basis des Lebens mit allen seinen Eigenheiten ist den Lebewesen dieser Erde von Natur aus vorbestimmt; so auch dem Betreffenden die Homosexualität, denn diese konnte derjenige oder diejenige nicht »lernen« oder bekommen wie eine Grippe, sondern die war existent, schon vom Anbeginn des Fühlens an. Sie war ganz einfach vorhanden, ähnlich wie eine angeborene Behinderung, wofür beispielsweise der betroffene Behinderte auch nichts kann!"

Ich merkte, wie sehr ihn das Thema gepackt hatte, und je länger ich ihm zuhörte, umso mehr konnte ich ihn verstehen, und ich vermutete, dass er die Sache im Großen und Ganzen wohl treffend und gut durchdacht darstellte. Er hätte aber offenbar auch keine »unvollkommene« Gegenrede hingenommen, denn er war zu »geschult« in diesem-, seinem »Lebensthema«. Ob er wirklich ausnahmslos Recht hatte? Dem ersten Eindruck nach vermutete ich, dass er Recht hatte, denn ich kannte ihn als äußerst klugen, gewissenhaften und geradlinigen Menschen und traute es ihm schon deswegen zu, dass er jede Einzelheit seiner Ansichten hundertmal auf die Waage gelegt hatte, bevor er sich zu so etwas äußerte.

Ich beobachtete ihn von der Seite, wie er nachdachte, und im nächsten Augenblick kam Petrana wieder auf seine ursprünglich erwähnte Aussage zurück, dass sich lange und gut währende Beziehungen zwischen den Menschen in erster Linie auf die echte Liebe und Zuneigung aufbauen, nicht auf Sex oder Leidenschaft.
Aber leider, so meinte Petrana, werde gerade die Homosexualität von den Außenstehenden als eine »schnelle, oberflächliche« Beziehung betrachtet, die nach Anschauung der meisten Menschen ja keine echte Liebe, sondern nur sofortigen Sex und kurze Leidenschaft beinhalten könne. Dies sei absurd, sagte Petrana, denn die homosexuelle Liebe habe im Grunde keine anderen Motive als die heterosexuelle, wo es ebenso kurz- wie langlebige Beziehungen gibt. Und ein jeder Mensch ist im weitesten Sinne eben auch ein anderer Typ, und allein schon deswegen sind gerade im Bereich der Liebe und Partnerschaft die Verhaltensweisen auch auf den Typ bezogen und nicht auf das so genannte »Typische«, das man diesen oder jenen Gruppen zuschreibt. Da reagiert jeder anders und nicht nach dem typischen Klischee der »konsumentengerechten« Filme oder Romane.
„Was ist verwerflich daran“, fragte Petrana, „wenn Menschen sich zu lieben glauben und später sehen müssen, dass es eben nicht die echte Liebe, sondern bloße Leidenschaft war? Andere wiederum erleben eine langsam aufblühende Liebe, festigen sie durch das hinzukommende Vertrauen, »lernen sich lieben« und bleiben lange oder gar ein Leben lang beisammen.“
„In nahezu jeder Beziehung“, fuhr Petrana fort, „wird anfangs Leidenschaft eine größere Rolle spielen, als die »vernunftgeprägte Liebe«, aber erst nach der Zeit des ersten Gefühlsrausches und im Anblick vieler Probleme, die auf den einzelnen Partner und somit auch auf die gesamte Partnerschaft zukommen, kann sich zeigen, ob und wie viel echte Liebe dieses Zusammenleben jemals innehatte, oder wie viel

Innigkeit noch in ihm steckt." „Deshalb auch werden Menschen, die sich erst nach und nach richtig kennen lernen, sich dabei wirklich und innig lieben lernen, nicht auseinandergehen, wenn sich erste Probleme ergeben, und schon gar nicht, wenn eine neue Freundin oder ein neuer Freund sich am »Horizont« abzeichnen könnten."

Aber auch in diesem letzteren Punkt, so Petrana, finde er vieles in unserer Gesellschaft nicht richtig, denn wechselt der Heterosexuelle die Partnerin und hinterlässt die bedauernswerte Frau und ein paar hilflose Kinder, so ist das »normal«. Der Homosexuelle und die Lesbe hingegen dürften nicht einmal einen Partner suchen, geschweige denn einen solchen offiziell lieben oder mit ihm vor den Augen aller Probleme wälzen und sich dann gegebenenfalls nach Laune oder Empfindung einem anderen Partner zuwenden.

Die Verlogenheit dieser »Ordnung«, so Petrana, liege vor allem auch darin, dass die heterosexuelle Gesellschaft offensichtlich alles, was ihresgleichen betrifft, und somit auch jeden einzelnen Heterosexuellen betreffen könnte, grundsätzlich toleriert. So ist es beispielsweise in unserer Gesellschaft anscheinend leicht entschuldbar, wenn ein heterosexuelles Paar in aller Öffentlichkeit nahezu den Geschlechtsverkehr ausübt, aber wenn Homosexuelle ihre Leidenschaft öffentlich auch nur annähernd ähnlich unmoralisch ausleben würden, würde man sie vermutlich steinigen.

„Und ist es nicht eine Unverschämtheit", fragte Petrana, sichtlich wieder etwas aufgebracht, „dass man den Homosexuellen alle sexuellen »Schweinereien« zutraut? Manche Menschen meinen tatsächlich, dass ein homosexueller Mann jeden Mann, und jede lesbische Frau jede Frau sofort »anbaggert«, wenn sie ihnen sympathisch sind. Es scheint doch immer noch die idiotische Auffassung zu gelten, dass ein Homosexueller einen Mann, den er nett findet, direkt und ohne Umschweife »anspringt«, wenn nicht gar öffentlich vergewaltigt? Springt

etwa ein heterosexueller Mann eine Frau, die er sympathisch findet, von weitem an und notzüchtigt sie prompt und in aller Öffentlichkeit?" Ich lachte, weil ich mir die irren Szenen vorstellte. Petrana schaute mich direkt und fast zornig an und fragte: „Bin ich dir oder einem anderen in der Firma vielleicht schon einmal zu nahe gekommen, obwohl ich dich und andere Heteros dort sympathisch finde?" „Glaubst du, ich würde um dich werben oder dir an die Wäsche gehen, nur weil ich homosexuell bin, und obwohl ich weiß, dass du eine feste Freundin hast?" „Homosexuelle haben genauso Anstand und Ehrgefühl wie Heterosexuelle, das ist keine Frage!"
Ich war für einen Moment etwas verblüfft, denn diese Darstellung und Frage hatte ich nicht erwartet, und ich sagte ihm das auch und dass ich dies auch im kühnsten Traum nicht befürchtet hätte. „Was", fragte Petrana weiter, „soll bei den Homosexuellen im Verhalten zu anderen Menschen anders sein? Der Homosexuelle ist doch kein idiotischer Kranker!?"

Ich fragte Petrana, wie er zur katholischen Kirche stehe. Petrana sagte, er gehe grundsätzlich nicht zu den Gottesdiensten in die Kirche, weil nach seiner Ansicht die meisten dort herrschenden Leitgedanken zu weit an den wirklichen Angelegenheiten der Menschen vorbeigehen. Dies, so Petrana, habe aber nichts mit seiner Homosexualität zu tun, obwohl beispielsweise die katholische Kirche, nach seinem Verständnis, den Willen der Schöpfung in dieser Hinsicht nicht richtig respektiere und wahrnehme.
Wie der Glaube an Gott es ja hervorhebt, meinte Petrana, hat Gott die Basis unseres Lebens hier auf Erden so vorgesehen, wie sie ist; also hat er auch die Homosexualität vorgesehen, denn die ist ja keine Erfindung der Menschen, sondern ist natürlich wie alles Natürliche, und er persönlich könne von seiner Warte aus versichern, dass

man ihm keine frühere »Schuld« zuschreiben könnte, die begründen würde, dass er heute als Homosexueller existiert. Da habe es, sprach er weiter, weder eine »schlechte« Einwirkung der Eltern, Geschwister oder Dritter, noch jemals ein »irreguläres« gleichgeschlechtliches Interesse seinerseits gegeben; die Tatsache existierte einfach.

Petrana beschrieb dann weiter, wie er in den ersten Jahren, wo er sich seiner Neigung bewusst wurde, mit Gott haderte. Er haderte, weil er nicht so fühlte und existierte wie andere, und weil sogar die Kirche, die ihm als Kind viel bedeutete, ihn anscheinend verdammte. Heute hingegen sei ihm die diesbezügliche unschlüssige oder gar abweisende Position der Kirche gleichgültig, weil er einfach wisse, dass sie mit ihrer Antwort auf die Homosexualität im Unrecht ist. Und gerade dies, meinte er, brächte ihn heute dazu, sein Leben gottergebener und andächtiger zu leben und ein logisches Gespräch mit Gott zu führen, anstatt »nach Schema X« in der Kirche Verse und Gebete nachzusprechen, die Gott angeblich auch noch »Wohlgefallen entlocken« sollen. Das echte Gebet zu Gott, meinte Petrana, wird nicht nach festen Texten stattfinden müssen, die beharrlich bittend oder beschwörend Gottes Gunst erbitten. Das richtige Gebet, meinte er, findet vor allem wohl durch ganz persönliches, auf das eigene Leben bezogenes »Sprechen mit Gott« statt, und er sei überzeugt davon, dass dies überall dort stattfindet, wo man sich entsprechend respektvoll, korrekt und niemanden schädigend benimmt, und außerdem finde das ehrliche Gebet zu Gott ganz bestimmt aus jedem Winkel der Erde heraus Gehör. Zum Erreichen des eigentlichen Zwecks müsse es nicht in Kirchen verlesen oder durch den Mund des Priesters geleitet werden. Aber noch eines, so Petrana, müsse man in fairer Weise und zur Klarstellung sagen: Erstens ist anzuerkennen, dass die Kirche als Institution an sich und als Ort der Begegnung, für viele Menschen unverzichtbar ist, dass sehr viele Ordensleute zur Kraft der Gläubigen beitragen und unendlich viel Positives bewirken. Die Kirche an sich, habe es heutzutage, meinte er, auch nicht mehr leicht, denn einerseits hat sie sich nun einmal an alte Traditionen und Moralvorstellungen zu halten, die zweifelsohne auch sehr viel Gutes beinhalten, aber natürlich der modernen Zeit in vielen Bereichen »nachhinken«; andererseits sind Themen wie die Homosexualität relativ neue und kleine »Problemthemen«, die sich eben im Laufe der Entwicklung und im Widerstand gegen widersprüchliche Absurdität und Ungerechtigkeit langsam, aber sicher aufbäumten. Man hoffe vielleicht auch, dass sich manche Probleme im Zuge des allmählich offeneren Umgangs miteinander fast von alleine lösen würden. Tatsächlich ist dies in vielerlei Hinsicht auch passiert, denn in Zukunft, meinte Petrana, werden viel mehr Menschen es sich zu sagen trauen, falls sie gleichgeschlechtlich oder sonstwie anders als die Mehrheit veranlagt sind. Schon aus Gründen des gegenseitigen Respekts und aufgrund der reiferen Ansichten wird man diejenigen nicht mehr verfolgen, und sobald die Menschen sich nicht mehr mit negativen Vorzeichen mit dem Thema beschäftigen und erkennen, dass hier nichts zu bewerten, zu verteufeln, sondern zu akzeptieren ist, sind die natürlichen Wege für ein »anderes von der Vorsehung vorgesehenes« Leben geöffnet, und für den neutralen Betrachter wird nicht mehr der an sich rechtschaffene Homosexuelle »der Schlechte« sein, sondern eher derjenige, der ihn willkürlich und aufgrund seiner offensichtlichen Unwissenheit und Dummheit verfolgt oder herabwürdigt.

Petrana schwenkte in seinen Betrachtungen wieder zur Kirche. Vor einigen tausend Jahren, meinte er, waren die Wertvorstellungen und Probleme der heutigen Menschheit nicht vorauszusehen. So grenze es ohnehin an ein Wunder, wie die Kirche imstande war, ihre moralische Führung die ganze Zeit über zu behaupten, ohne viele Abweichungen und ohne von »innen her« durch Zweifler, Kritiker und Abtrünnige aufgespalten zu werden. Aber mehr Einsicht für das Zusammenspiel zwischen dem offensichtlichen Willen Gottes, den Tatsachen in der Welt und dem Wort der Kirche sollte die Kirche schon zeigen, denn es stünde einer »makellosen« Kirche nicht gut an, dass erst ihre vernünftigen, aber wachsam Gläubigen ihr im Sinne ihres Fortbestandes empfehlen müssten, wie sie sich im Sinne einer ausgewogenen Folgezeit verhalten sollte. Daher, so Petrana weiter, wird die Kirche gewisse Schritte hinsichtlich realer Betrachtung und Anerkennung der Fakten nicht vermeiden können, und die vielgepriesene »Liebe zwischen den Menschen« wird auch die Kirche weiter mittragen müssen und Verbundenheit kann nur gemeinsam und auf eine vernunftgerechte Art und Weise aufgebaut werden. Auch Jesus, meinte Petrana, wollte sicherlich keine hierarchische, altväterliche Kirche, welche die Menschen durch verkrustete Sinnesrichtungen von sich schiebt, anstatt sie anziehen, denn dann könnte sie früher oder später tatsächlich Gefahr laufen, als Institution zu Grunde zu gehen. Ich sagte Petrana, der sichtlich in seinem Element war, dass er mir nicht böse sein dürfe, wenn ich offen sage, dass mich zwar kein homosexueller Mensch als solcher-, aber das Getue mancher Lesben und Homosexuellen stört, wie beispielsweise das demonstrativ-feminine Gehabe von homosexuellen Männern oder das provozierend-männliche Auftreten von homosexuellen Frauen. Petrana lachte und meinte, dass dies auch ihn störe, aber dass es andererseits in unserer Gesellschaft Schlimmeres gäbe, wie zum Beispiel die Verlogenheit bezüglich dieser Veranlagung.

„Wenn wir bedenken“, meinte er, „welchen Hohn man Homosexuellen meist entgegenbringt, wie die Unwissenden unserer Gesellschaft, das »Schwul-sein« abtun, so als würde es sie selber, ihren familiären oder gesellschaftlichen Umkreis nie betreffen können, aber dass es andererseits allein in Deutschland an die drei Millionen homosexuelle Menschen gibt, dann lässt sich erahnen, wie viele versteckte andersartige Heuchler es gibt, denn wenn man sich so umsieht, entdeckt man keinen Andersartigen."

Petrana deutete auf eine auf dem Nebentisch liegende bekannte Illustrierte und meinte vergleichend, dass die Zahl der Homosexuellen in diesem Lande beispielsweise der Auflage dieser Zeitschrift entspräche, und die Zeitschrift finde man in unzähligen Haushalten.

Ich wirkte wohl etwas verdutzt so dass er gewissermaßen »untermauernd« nachlegte und meinte, er wiederhole sich zwar, aber frage nochmals, welcher »normale« Mensch ganz eindeutig sagen könne, dass er nicht auch zum Kreis derjenigen gehört, die mehr oder weniger eine »gleichgeschlechtliche Ader« in sich haben, denn falls man der Wissenschaft glauben kann, ist eben jeder »normal veranlagte« Mensch von Natur aus nicht eindeutig heterosexuell.

„Und überlegen wir einmal" fuhr er fort, „wie viele unbekannte Faktoren den gesamten Werdegang und das Schicksal eines Menschen beeinflussen und ihn dann, gebunden an diese Ursachen, bis zu seinem Tode hin so existieren lassen? Weshalb also sollten sich nicht solche Faktoren im Leben eines Menschen auch auf seine ehemals schwach oder stark ausgeprägten Veranlagungen auswirken? Warum kommen Menschen oft erst relativ spät darauf, dass sie anders veranlagt sind? So eindeutig wie manche »Allwissende« es hinstellen, ist nichts in unserem Leben, und gerade deswegen haben wir Menschen in keinem Falle das Recht, über andere, weil sie uns in irgendeiner Form unähnlich sind, auch nur andeutungsweise zu richten."

„Ich", fuhr Petrana fort, „habe mit meinem Lebenspartner einen Menschen gefunden, den ich aufrichtig liebe, dem ich vertraue, den ich nie mehr verlassen möchte, und kein Gut der Welt wäre mir mehr wert als er, und ich glaube und hoffe, dass er von sich aus, was mich betrifft, ähnlich denkt und fühlt." Und was die Wertigkeit dieser Liebe betrifft, meinte Petrana, sei er überzeugt, dass in heterosexuellen Beziehungen die ehrliche Liebe, wenn man sie vom Standpunkt der Schöpfung heraus betrachtet, um keinen Deut rechtmäßiger ist als seine. „Was kann, in welcher Beziehung auch immer, falsch daran sein", fragte er, „wenn zwei Menschen sich ehrlich lieben und füreinander da sind?" „Überlege einmal", sagte Petrana, „was auf unserer Welt für eine Revolte entstünde, würden auf einmal auch heterosexuelle Menschen ihre Liebe nicht mehr offen zeigen dürfen, nicht mehr beisammenbleiben dürfen, obwohl sie sich über alles lieben? Dies ist doch wohl unvorstellbar? Aber dass man den Homosexuellen immer noch das Recht auf eine emanzipierte Lebensführung und eine öffentliche Liebespartnerschaft aberkennt, das erscheint den meisten Heterosexuellen nach wie vor als eine Selbstverständlichkeit. Es darf also der »vermeintlich einzig normale« Menschentyp entscheiden, dass »unnormale« Homosexuelle und Lesben ihren Lebenspartner nicht lieben dürfen? Nein? Aber was ermächtigt dann Unbeteiligte dazu, sozusagen über das Empfinden solcher Menschen zu bestimmen? Nichts? Aber weshalb wird dies dann so praktiziert und von allen »Unbeteiligten« toleriert? Es darf also der heterosexuelle Menschentyp sein ganzes Leben lang nach seinem Gefühl leben, und der Homosexuelle und die Lesbe nicht? Ist dieser Umstand nicht geradezu grotesk?"

Ich gestehe, dass mich damals dieses Gespräch mit Petrana sehr, sehr anstrengte, auch deshalb, weil es mich erbarmungslos zum Betrachten und Nachdenken zwang. Ich hatte mir viel zu wenig Gedanken gemacht über solche Schicksale und konnte nun eigentlich fast nur zuhören und versuchen den Gedankengängen zu folgen. Betreffend Katholische Kirche, hatten wir wohl ähnliche Ansichten, auch wenn

ich zu ihm diesbezüglich nichts sagte. Heute glaube ich, mehr noch als damals, dass er durchwegs auch etwas Recht hatte mit seinen Ansichten.
Ich weiß noch heute, wie unwohl ich mich damals nach diesem Gespräch fühlte. Der ganze Aspekt, was die homosexuellen Menschen betraf, wühlte sehr viel Unruhe und Fragen, und manches Für und Wider in mir auf, so dass ich für den Moment eigentlich nicht mehr genau wusste, was ich von den Anschauungen halten sollte.
Ich kannte Petrana als seriösen Menschen, dem es sicherlich egal war, was ich denke, und der lediglich nur gewissermaßen »im kleinen Gesprächsrahmen« aufzuklären versuchte. Ich dachte dann auch: Was kann man konkret tun, und muss man überhaupt, etwas tun? Hilft es bereits, wenn man tolerant ist gegenüber allen Randgruppen unserer Gesellschaft, oder müsste man eigentlich mehr für sie tun, und was genau könnte man tun? Beispielsweise einschreiten, wenn Situationen entstehen, wo Menschen erniedrigt werden? Ich nahm mir jedenfalls vor Petranas Betrachtungen auch gegebenenfalls ungeschönt und nicht bewertend wei-terzugeben wenn es die Situation verlange. Soviel Achtung ist man Mitmenschen schuldig. Ich sprach am Abend mit meiner damaligen Freundin über das Thema und über mein Gespräch mit Petrana. Sie kannte ihn nur flüchtig. Ich war so verwundert über ihre neutralen Ansichten, dass mir auch der Eindruck aus diesem Gespräch mit ihr, bis heute nahegeblieben ist.

Wie es meistens so ist, wenn man plötzlich für ein Thema sensibilisierter ist, sieht man auf einmal Geschehnisse, die man vorher gar nicht bemerkte. Die kommenden Tage sollten dann wohl auch ein Teil meiner »Bewährungsprobe« werden, denn etwa eine Woche später in einem Gasthaus in der Nähe meines Büros, wo ein angeheiterter Flegel zwei Herren an der Theke, einen älteren und einen jüngeren, die sich schon länger gut aufgelegt unterhielten, plötzlich heftig anschrie, sie sollen ihre »Schwulen-Spiele« unterlassen, oder diese im Park fortsetzen, reizte es mich einzuschreiten, denn die beiden hatten, soviel ich mitbekommen hatte, tatsächlich nichts Außergewöhnliches gemacht. Ich war in diesem Lokal fast an jedem Werktag einmal mit meinen Mitarbeitern, wenn wir eine größere Kaffeepause machten, und die Besitzer und Angestellten kannten mich, deshalb wollte ich auch keine Unruhe verursachen. Normalerweise war dieses Lokal etwas voller. Auch von den anderen anwesenden Männern schritt keiner ein. Ich beobachtete erst weiter, und als der Angetrunkene tatsächlich handgreiflich wurde und die beiden körperlich Schwächeren sich offenbar nicht mehr zu helfen wussten und offensichtlich auch das Zureden der recht hilflosen Bedienung Maria nichts brachte, legte ich meine Zeitung auf die Seite und fragte den Herrn, ob er keine anderen Sorgen habe, und ich handelte mir prompt die Frage ein, ob ich vielleicht »auch vom anderen Ufer« sei, worauf ich, muss ich ehrlich zugeben, erst einmal verblüfft, beinahe daran war, einen Rückzieher zu machen. Dass man diesen Eindruck hinterlassen könnte, wenn man sich in einem solchen Falle einmischt, hatte ich nicht in Erwägung gezogen. Als ich allerdings nach ein paar Sekunden sein Wortspiel verdaut hatte und ihn fragte, woher er so genau wisse, woran man Schwule erkenne und ob es daran liege, weil er diesbezüglich selber entsprechende Praxis habe, hatte ich den Ball wohl ins richtige Tor geschossen. Jetzt stutzte er für ein paar Sekunden mit aufgerissenen roten Augen und hielt die Hände als wollte er mich anfassen, dann beschimpfte er mich zwar weiter, aber nur mehr deswegen, weil ich mich eingemischt hatte, denn das alles wäre mich, nach seiner Auffassung, gar nichts angegangen.

Ich hätte ihn natürlich fragen können, was dann die beiden anderen ihn zu interessieren hatten, aber ich schwieg, weil ich die Diskussion mit einem Besoffenen nicht sehr sinnvoll fand und die Situation nicht auf die Spitze treiben wollte, obwohl ich, ehrlich gesagt, darauf wartete, dass er gegen mich handgreiflich würde. Aber er setzte sich nur auf seinen Hocker und lästerte weiter; vielleicht auch, weil ich doch etwas größer und vor allem nüchterner war als er. Die beiden Herren waren inzwischen gegangen und Maria brachte mir einen frischen Kaffee und bedankte sich bei mir.

Nach diesem Erlebnis dachte ich natürlich an Dr. Petrana und verstand durch diese eigene kleine Erfahrung mit dieser Thematik nun leichter, dass dieses Thema, abgesehen von Petranas persönlichen Gründen, sein Engagement offensichtlich wirklich nötig hat, und ich nahm mir vor, künftig immer dort, wo es nötig sein sollte, gegen jegliche Herabwürdigung von Menschen einzutreten. Das tat ich auch bis zum heutigen Tage in vielerlei Zusammenhängen und denke dabei oft an die Haltung meiner Familienangehörigen, die das Gleiche taten: Immer auch für andere da sein; insbesondere für diejenigen denen sonst keiner mehr hilft.

29. Zivilcourage

Wie so oft, wenn man angefangen hat, über Gewesenes nachzudenken, fällt einem vieles wieder ein, das eigentlich bereits zum Vergessenen gehörte. Petrana und seine Courage waren jedenfalls das Gegenteil von dem, wie Herr Ammott, ein Bekannter, sich und seine Existenz verteidigte.

So rief mich eines Tages Herr Ammott an, nachdem zuvor unser gemeinsamer Freund Manuel mich eindringlich gebeten hatte, seinem Freund Ammott zu helfen.

Meistens kommt viel auf einen zu und selten viel Gutes dabei heraus, wenn man »schnell einmal« Fremden, Unbekannten deren Lebensgeschichte man nicht mal im Weitesten kennt, »helfen muss«, aber Manuel beschwor mich zu helfen, da bei Ammott, der ihm viel Gutes getan habe, »der Untergang vor der Tür stehe« und er ihm unbedingt helfen müsste. Wieder einmal typisch Manuel, dachte ich. Er will (oder verspricht?) zu helfen, aber die Arbeit schiebt er mir zu. Aber was will man machen? Eigentlich hatte ich keine Zeit.

So saß mir Ammott dann doch ein paar Tage später in einem Kaffeehaus gegenüber – ein Wrack von einem Menschen, obwohl er erst in etwa 50 Jahre alt war. Er rauchte wie ein Schlot, und kaum war eine Zigarette »aufgesaugt«, zerdrückte er den Rest nervös im Aschenbecher, griff zugleich zur nächsten und zündete sie hastig an. Er redete wie ein Wasserfall und zuerst verstand ich eigentlich nur, dass er über Umstände und Geschäftspartner schimpfte und lamentierte, die ihn angeblich betrogen hatten. Er ließ mich zu keiner Frage kommen und zugleich wiederholte er sich andauernd. Alle trugen die Schuld an seiner Misere und sogar die Bank, die ihm einen Kredit gegeben hatte. Ich war unschlüssig, ob ich ihm Gutes tue, wenn ich ihm einfach nur weiter zuhöre, bis er sich allen Unrat von der Seele geredet und sich ein wenig beruhigt hat, oder ob ich ihn höflich unterbreche und darauf hinweise, dass ich ihm gezielte Fragen stellen möchte, die er bitte klar beantworten sollte.

Mit seinem konfusen Gefasel konnte ich wirklich nichts anfangen und schließlich unterbrach ich ihn dann etwas unfreundlich, denn mir reichte das Theater allmählich. Trotz meiner Freundschaft mit Manuel war meine Höflichkeit am Ende. Ich hatte keinen derartigen,

zappeligen Jammerlappen jemals zuvor vor mir, und konnte ihm auf seine konfusen Vorgaben hin bestimmt auch nicht helfen. Ammott schaute mich erschrocken an, und mir schien, als habe er soeben erst bemerkt, dass ich da bin und wofür ich eigentlich da bin. Er entschuldigte sich und bat mich, ihm nun Fragen zu stellen, was ich auch tat, während ich zugleich nach seinen Vorgaben auf meinem Notizblock Skizzen anfertigte, um seine vielfältigen Probleme erst einmal in eine übersichtliche Form zu bringen.
Es stellte sich heraus, dass Herr Ammott sich weder der genauen Zusammenhänge bewusst war, noch ahnte, was wirklich auf ihn zukommen könnte. Buchstäblich keine der Komponenten im ganzen Zusammenhang hatte er im Griff, nicht einmal die Situation seiner Familie war ihm klar.

Ammott hatte sich anscheinend mit einem relativ geringen Anteil an einer dubiosen Firma beteiligt, sie aber nach und nach mit seinem gesamten Privatvermögen gestützt. Seine Geschäftspartner, welche die Quotenmehrheit besaßen und daher auch das Zepter in der Hand behielten, brachten es anscheinend irgendwie fertig, ihm die finanziellen Belastungen nach und nach und immer wieder mal, zuzuschieben. Diese Partner hatten ihn, wie er sagte, damals schwer beeindruckt mit ihren großen Häusern, den großartigen Autos, den edelsten gastronomischen Genüssen und mit ihren eleganten Freundinnen. So waren sie angeblich auch einige Male in Ammotts Heimatort aufgetaucht und bestellten im bekanntesten Restaurant ausgedehnte Festessen, weil sie angeblich gemeinsam mit Ammott Erfolge zu feiern hatten.
Vor den Einheimischen beschrieben sie Ammott absichtlich als bereits wohlhabenden Mann mit bester Zukunft, sodass er geschäftlich eigentlich auch nicht mehr umkehren konnte, ohne sich eine Blöße zu geben. Andererseits war Ammott in seinem Geburtsort nun endlich wer, wenigstens für ein paar Monate.

Wahrscheinlich, so ich es für den Moment richtig einschätzen konnte, ließen sie Ammott von Anfang an bewusst voll auflaufen. Wie er berichtete, wollten sie ihm schließlich seinen Anteil an der Firma für eine Bagatelle abkaufen, nachdem er alles, was er besaß, investiert hatte. Da er dem nicht zustimmte, drohten sie ihm, die Firma in Konkurs zu schicken, falls nicht noch mehr Geld von ihm käme. »Der Schritt in den Abgrund«, wie sie erwähnten, würde aber auch in der Bezirkspresse seinen Niederschlag finden, und sie ließen durchblicken, dass dieser Umstand im Heimatort Ammotts sein gutes Image empfindlich stören würde.
Wie ich nun allmählich herausfand, hatte Ammott niemals genauen Überblick über den Zustand der Firma. Er hatte auf mehrere ungerechtfertigte Zahlungsaufforderungen der Partner nicht etwa mit einer entsprechenden Kontrolle oder gar Einrede reagiert, sondern einfach permanent weitergezahlt, solange er konnte, solange seine Bank stillhielt.

Für das Gespräch heute, hatte Ammott endlich Bilanzkopien der letzten beiden Jahre besorgt, wie ich es angeregt hatte.
Nach diesen Firmenbilanzen zu schließen, hatte mit Ausnahme der Bank, wofür ja angeblich wieder Ammott gebürgt hatte, bisher niemand sonst die Firma finanziert außer Ammott selbst.
Auf meine Frage, weshalb er stillschweigend zugeschaut hat, wo er doch anscheinend lange schon vermutete und schließlich sehen musste, dass es seinen Partnern primär nur darum ging, ihn rücksichtslos auszunehmen, sagte Ammott, er habe die Geschäftspartner nicht enttäuschen wollen und ihnen vor allem zeigen wollen, dass er ein »echter Freund« ist und nicht ein harter Geschäftsmann, der nur an die Gewinnanteile der Firma will. Die Geschäftsaussichten, so Ammott weiter, wären nach seiner Meinung grundsätzlich immer noch gut und er glaube, dass die Firma mit etwas Glück bald wieder

gut dastehe; angeblich seien ja auch bereits wieder neue Geschäfte angelaufen.

Soviel ich aus den Bilanzen erkennen konnte, stand die Firma alles eher als gut da, und nichts aus den anderen Papieren, die Ammott mir nach und nach herüberreichte, deutete auf konkrete anstehende Geschäfte hin, wohl aber auf bestimmte Vorhaben, für die anscheinend bereits im Voraus viel Geld ausgegeben wurde für Expertisen u.dgl. Man brauchte kein Sachverständiger zu sein, um zu verstehen, was hier am Laufen war, dass das Geld großenteils indirekt wieder Ammotts Partnern zufloss, zum Beispiel durch Spesenabrechnungen für eigentlich nutzlose zeitintensive Vorleistungen.
Aus diesem Unternehmen, und unter solchen Umständen, konnte Ammott wohl nichts mehr gewinnen.
Jedenfalls stellte sich auf meine anzweifelnde Nachfrage heraus, dass Ammott aus falscher Rücksichtnahme heraus sich niemals getraut hatte, mit seinen Geschäftspartnern ein offenes Gespräch zu führen. Er duldete vielmehr alles und belastete als Bürge sein Privathaus voll mit Hypotheken, obwohl ihm klar sein musste, dass er mitsamt seiner Familie bald zu den Bedürftigen gehören könnte, falls die Firma weiter so schlecht läuft und sie nicht einmal die Zinsen bedienen kann, die wiederum ihm als Bürge im Ernstfalle mit aufgebürdet würden.
Zumindest das Haus würde er nach meiner Ansicht verlieren, und wahrscheinlich würde ihm sogar noch ein Teil seines monatlichen Lohns gepfändet, denn wie ich wahrnahm verdiente er in seinem Job überdurchschnittlich gut.

Auf meine Anregung, Ammott sollte einen Wirtschafts- und Rechtsanwalt mit dem Fall betrauen, winkte er ab; er wollte jetzt noch keinen Aufstand provozieren. Ich fragte, ob ihm klar sei, dass die

Zeit drängt, weil sonst allerhand Widerliches auf ihn und die Seinen zukommen kann. Er wusste es angeblich. Auf die Frage, wer ihm über die Runden helfen würde, falls er vor dem Nichts steht, konnte er mir keine Antwort geben. Ich fragte direkt, auch wenn es mir nicht zustand, ob ihn seine Partner irgendwie in der Hand haben, ihn vielleicht mit irgendwas erpressen? Nein, da war angeblich nichts. Ammott wurde merklich nachdenklicher und konzentrierter, dann durchsuchte er seine runzelige Aktentasche und zog eine zerknitterte Kopie eines notariellen Vertrages hervor. Dem entnahm ich bald, obwohl mir Ammott wieder andauernd dazwischenredete und es mir schwermachte, die Konzentration zu behalten, dass die grundsätzlichen Verhältnisse ganz andere sein mussten, als Ammott sie dargestellt hatte. Er besaß erst seit etwa drei Jahren die Anteile an der Firma. Auf meine Frage bestätigte Ammott, dass seine Gesellschaftsquoten vorher ein Freund von ihm hatte, der Ammott das »Geschäft« schmackhaft gemacht hatte und sein Interesse weckte, denn irgendwie wollte Ammott auch endlich mehr Geld haben als andere Leute.
Ammott zeigte mir des Weiteren eine Vorvertragskopie für die Quotenübertragung, aus dessen flüchtiger Betrachtung bereits zu vermuten war, dass Ammotts sogenannter Freund ihn in Abstimmung mit den heutigen Geschäftspartnern schamlos benutzt hatte. Aus den schwammigen Formulierungen konnte am Ende alles Mögliche herausgelesen werden, und das Resultat lag nun wohl auch in katastrophaler Form vor. Nach meiner Ansicht wäre es aber wegen einiger Gegebenheiten leicht gewesen, die Herren auch strafrechtlich zur Rechenschaft zu ziehen. Ich versuchte Ammott nochmals zu überzeugen, dass er ganz schnell einen geeigneten Juristen einschalten sollte. Ammott wollte dies immer noch nicht und bat schließlich mich, alle Dokumente mitzunehmen und an seiner Stelle mit einem Rechtsanwalt zu reden, denn er schaffe dies nicht und »kenne sich nicht aus«.

Was sollte ich tun? Ich kannte ähnliche Situationen schon, und ich hatte wahrlich keine Lust, mich mit der bedrückenden Geschichte zu beschäftigen, aber andererseits musste Ammott geholfen werden, oder ich hätte zusehen müssen, wie er und seine Angehörigen, die ich zwar nicht einmal kannte, wirtschaftlich zugrunde gehen.
Ich dachte an Manuel und dessen eindringliche Bitte, Ammott zu helfen, und sah das fortwährend rauchende Häufchen Elend vor mir. Schließlich entschloss ich mich doch für ein Vorgespräch mit einem Freund der Rechtsanwalt ist und für eine erste Prüfung mir zugunsten nichts verlangen würde, und ich ließ mir dazu von Ammott einen handschriftlichen Auftrag geben, um später keine Missverständnisse klären zu müssen. Ich quittierte ihm zugleich den Empfang einiger wichtiger Dokumente was ihn aber offenbar erstaunte.
Kaum hatte ich mich von Ammott verabschiedet, ärgerte ich mich über mich selbst. Ich hatte sowieso viel Arbeit und wie kam ich dazu, Herrn Ammott wie ein Kind an die Hand zu nehmen, ihn sozusagen zu seinem Glück zu zwingen, wenn er offenbar selber nicht erkannte, dass er jetzt sich und seiner Familie mit vollem Einsatz helfen müsse? Ich hatte wirklich nichts davon, mich für ihn einzusetzen, und Ammott hatte mich mit seiner kriechenden Art echt genervt. Zugleich schien er mir auch sehr zwiespältig, denn hätte er auch nur einen Bruchteil von dem, was er mir die ganze Zeit über klagte, rechtzeitig bei seinen Partnern vorgebracht, wäre das Ganze nie so weit gekommen.
Ich war also wieder einmal dabei, »die Welt zu verbessern«, was mir bislang meistens, außer einem guten Gewissen, wenig eingebracht hatte. Aber ich hatte es nun versprochen und sprach alsbald mit dem Rechtsanwalt. Der lachte nachdem er die Dokumente eingesehen hatte und die Situation begriff. Ich hatte also richtig vermutet. Er griff zum Telefon und bald bekam er einige Auskünfte über die Geschäftspartner und den damalig vermittelnden »Freund« Ammotts.

Alle drei waren scheinbar finanziell gut situiert, aber ihr Eigentum lautete jeweils auf ihre Lebenspartner. Über den Vermittler Ammotts wurde bekannt, dass man ihm bereits in diversen Fällen unterstellte eine Art von »Spezialist« zu sein der »Opfer« wie Ammott gewissermaßen zu »erschließen« hatte; also öfter einmal für Dritte einen Vertrauensvollen dazu brachte, unbemerkt das volle versteckte Risiko einer Firma zu übernehmen, deren primäres Ziel – nämlich Konkurs im richtigen Moment, sozusagen »vorprogrammiert« war.
Ich informierte Ammott kurz und vereinbarte dann einen Termin zwischen ihm, mir und dem Rechtsanwalt. Ich dachte, Ammott komme nicht, da er sich zehn Minuten verspätete. Als er vom Rechtsanwalt über die Tatsachen aufgeklärt wurde, fiel er scheinbar aus allen Wolken, obwohl ich ihm Ähnliches schon vorhergesagt hatte. Mich nervte das schauspielerische Naturell, aber jedenfalls bekam Ammott nun Mut und beauftragte den Anwalt mit den notwendigen Schritten.

Ich hatte also meine Aufgabe erfüllt und hörte nun etwa zehn Tage lang nichts mehr von der Sache, als eines Abends mein privates Telefon läutete. Es war ein Herr in der Leitung, der mir mit verstellter Stimme unmissverständlich zu verstehen gab, dass es ungesund sei, einem Ammott zu helfen. Ich war natürlich erstaunt und rief Ammott an, um zu fragen, wem er von meiner Hilfestellung erzählt hatte. Der Rechtsanwalt war es sicherlich nicht und auch der gemeinsame Freund Manuel war von mir ersucht worden, über die Geschichte Stillschweigen zu bewahren.
Ammott redete um den Brei herum, gab aber schließlich zu, bei einem Gespräch mit den Geschäftspartnern meinen Namen genannt zu haben, denn er war angeblich der Meinung, man hätte ihm ohnehin nicht geglaubt, dass er die Angelegenheit allein angepackt habe. Am-

mott, wohl um vom eigentlichen Thema abzulenken, dankte mir im gleichen Atemzuge beiläufig für mein Engagement und fragte aber nicht, ob meine Kosten in der Sache zu ersetzen wären.
Nach Ammotts Ansicht war es nun so, dass seine Partner mit ihm eine Einigung finden und seine Belastungen übernehmen wollten. Dies war natürlich erfreulich, aber nicht glaubhaft, zumal ich am nächsten Abend wieder einen Drohanruf bekam.

Ich hatte mir am Abend vorher von Ammott vorsichtshalber die Telefonnummern seiner Partner geben lassen, und aufs Geratewohl rief ich einen an und fragte, ob er mir etwas zu sagen habe. Er war überrascht und hatte mir nichts zu sagen, wusste aber, wer ich bin. Beim zweiten wurde ich allerdings »fündig«. Ich erkannte ihn, auch wenn er vorher seine Stimme verstellt hatte, am Atmen durch die Nase, das irgendwie hohl klang. Ich war nicht ruhig, aber hatte mich trotzdem in der Gewalt. Was ich ihm sagte, gebe ich hier besser nicht wieder. Jedenfalls erklärte ich ihm ausführlich, welche Erfahrungen er mit mir machen könne, falls er oder seine Kumpane ähnliche oder andere Aktionen fortsetzten.

Ich hörte dann von dem Herrn lange nichts mehr, auch nicht von Ammott, wohl aber vom Rechtsanwalt. Die Parteien hatten sich offenbar geeinigt. Zuvor aber bedurfte es anscheinend einiger Anzeigen und Klagen, aber als die Herrschaften erkennen mussten, dass nun auch die Staatsanwaltschaft sich um sie und ihre Geschäfte interessieren würde, stimmten sie einem umfassenden Vergleich zu, worauf Ammott die Anzeigen und Klagen zurückzog. Die Personen, auf welche der Besitz der Partner Ammotts lautete, übernahmen dabei angeblich den Großteil der Schulden der Firma, aber auch Ammotts Anteile und die meisten Bürgschaftsleistungen. Ammott hatte zwar trotzdem insgesamt beträchtliche Einbußen erlitten, aber er musste zumindest nicht mehr darum bangen, sein Haus und einen Teil seines Monatslohnes zu verlieren.

Manuel rief mich eines Tages an und bedankte sich für meine Hilfe, aber ehrlich gesagt, erwartete ich mir weniger seinen als Ammotts aufrichtigen Dank, und meine eigenen Kosten musste mir Ammott ohnehin noch ersetzen, denn so war es vereinbart worden.
Statt von Ammott etwas zu hören, hörte ich irgendwann durch einen Freund, dass einer von Ammotts ehemaligen Kompagnons sehr übel über mich hergezogen sei, weil mich das Ganze überhaupt nichts anzugehen habe. Damit hatte der im Grunde wohl Recht, aber solange nur solcherlei Elemente mich schlechtmachen, kann mein Ruf nur verbessert werden. Außerdem werden solche Subjekte meistens von vernünftigen Menschen eh viel früher durchschaut als sie ahnen, denn weil sie andere durchwegs für dümmer halten als sie selber sind, leben sie grundsätzlich an ihrer Realität vorbei, und dies kann auf die Dauer nicht gut gehen.
Allerdings war damit die Geschichte nicht beendet, denn es gab bei einem fast abgeschlossenen Projekt plötzlich hemmende Schwierigkeiten. Auf einen Vertragspartner wurde von Dritten heftig Einfluss genommen durch das Anbieten von unrealistischen Bedingungen für seine Anteile, so dass er mir diese vertragsgerecht zu jenen überzogenen Bedingungen anbot, und worauf ich verzichtete, bzw. vom Vorkaufsrecht Abstand nahm. Ich verstand, dass seine »Gier« nach der These »Gier frisst Hirn« von jemandem »befruchtet« wurde. Da ich sein Denken und Zielen nach »einem sorgenlosen Leben« verstand, denn er hätte auf einen Schlag Millionen verdient ohne weitere Leistung, und weil ich ihn nicht vor den Kopf stoßen wollte, regte ich an, er solle sich von den Anbietern einen Bonitätsnachweis aushändigen

lassen, und wenn dieser geprüft und in Ordnung sei, sich das Angebot anhand eines notariellen Aktes entsprechend-, unwiderruflich und garantiert geben lassen, und dabei auf den endgültigen notariellen Vertrag – auch terminlich fixiert -, hinzielen.
Das entsprechende Angebot kam natürlich nicht. Ich musste vieles unternehmen, bis er die Hinterlist erkannte und wieder alles im Lot war. Ich war froh, dass ich ihm nicht im Wege gestanden hatte. So sah er wer ihn benutzt hatte.
Eines Tages fand ich mein Auto in einer Parkgarage plötzlich mit vier zerschnittenen Reifen vor, aber da hatten sich die Herren verrechnet, denn die Überwachungskameras zeigten recht deutlich einen Herrn, der herumhantierte, und einen, der aufpasste.
Ich möchte hier nicht ausführlicher werden, denn natürlich ist es in solchen Fällen, wenn beide Male Beweise vorliegen, recht einfach zu reagieren, auch wenn der Weg zu den eigentlichen Verursachern über die auf dem Video festgehaltenen, wohl nicht ganz gescheiten Handlanger führte.
Nach blödsinnigem Hin und Her bekam ich zwar eine Entschuldigung und einen Schadenersatz bezahlt und die Herren hatten einige echte Probleme, aber im Grunde war das Ganze nur verlorene Zeit. Jedenfalls hätte ich weniger Unannehmlichkeiten gehabt, hätte ich Ammott nie kennen gelernt, denn seine Misere hätte mir im Grunde egal sein können. Dankbarkeit habe ich bei ihm wenig gesehen, aber die Gewissheit, dass ich vor allem der Familie helfen konnte, das Wohnhaus zu behalten, ist eigentlich Entschädigung genug. Noch einmal würde ich dasselbe nicht durchmachen wollen, bzw. unter klaren Bedingungen sofort einen geeigneten Rechtsanwalt einschalten helfen und es dabei belassen. Faulheit unterstützen und sich dabei Unannehmlichkeiten einhandeln ist nicht die korrekte Basis für eine zutreffende Hilfe.
Ich frage mich nun in diesem Zusammenhang aber auch, wie viele Leute

es wohl in meinem Leben gab, die mir Gutes zuteilwerden ließen, ohne dass ich es ihnen dankte? Bemerkte ich immer, was andere für mich taten? Es gibt bestimmt viele Menschen, von deren guten Worten und Taten ich profitierte, ohne dass sie es mir jemals zu erkennen gaben. Sollte ein/e Betreffende/r dies hier irgendwann lesen, so möchte ich ihm/ihr ausdrücklich danken!

Natürlich soll man helfen wo man kann. Welchen Entwicklungsstand hätte die gesamte Zivilisation, wenn es nicht seit jeher Leute gegeben hätte, die nicht tatenlos zusahen, wie Schwächere bedrängt und ausgenutzt werden? War es vermeidbar, dass die Helfenden dabei zwangsweise den Stärkeren in die Quere kamen und mit Drohungen rechnen mussten? Na und? Stört dies noch, wenn man weiß, dass man im Recht ist? Wo blieben wir Menschen denn, wenn wir vor jedem Stärkeren, der noch dazu im Unrecht ist, davonlaufen würden?

Es gab bekanntlich einen David und einen Goliath, und es gab Millionen von Menschen, die ähnliche Courage zeigten und dabei als Sieger hervorgingen; warum also sollte diese Kraft keinen Fortbestand haben? Nur weil »die heutigen Zeiten anders sind«? Ist das Phänomen aber grundsätzlich auch ein anderes? Kann nicht jeder Zivilcourage zeigen? Muss er sogar? Was wäre, wenn keiner mehr Courage und Hilfsbereitschaft zeigen würde? Was wäre, wenn jeder Mensch wegsehen würde, sobald es für einen anderen Menschen ein Problem gibt, bei dem er ihm eigentlich helfen müsste? Was würde man selber sagen, wenn man in Schwierigkeiten steckte, alle davon wüssten und trotzdem keiner bereit wäre zu helfen? Würde man dann das nächste Mal einem anderen helfen? Wo kämen wir hin, wenn es so wäre, dass keiner mehr einem anderen hilft, wenn er nicht Vorteile daraus ziehen kann?

Ein Freund von mir sagte einmal, Zivilcourage anzuwenden und sich durchzusetzen gegen einen ungerechten Stärkeren bedeutet, »mit dem Mut das Rennen machen«.

30. Auf den Neid wirken?

Robert, mit dem ich vor Jahren noch mehr zu tun hatte und den ich nun nur selten noch sehe, hob kurz und lässig ein paar Finger zum Gruß, als er vor kurzem mit seinem Ferrari an mir vorbeirauschte. Ein atemberaubend schönes Fahrzeug, da passt einfach alles zusammen, die Linie, die rote Farbe, der metallische Ton, der Mythos; und ich dachte gerade, wie glücklich ich mich schätzen kann, dass ich bereits einige ähnliche Autos besitzen durfte und daher heute an viele schöne Erlebnisse mit ihnen zurückdenken kann. Damals, als ich noch um einiges jünger war und meinen »Spleen« oftmals verteidigen musste, lautete mein Argument so, dass ich jetzt, wo ich jung bin, diese Autos besitzen und fahren will, und nicht erst mit 40 oder 50, denn natürlich waren aus der Perspektive eines damals ca. Zwanzigjährigen vierzig oder fünfzig Jahre ein enorm hohes Alter.
Die meisten Bekannten hielten mich damals für verrückt und beteuerten (obwohl die meisten diesbezüglich kein bisschen Erfahrung hatten), dass diese Autos viel zu viel Geld kosten, dass sie viel zu schnell den Wert verlieren, dass man mit ihnen nur unangenehm auffällt und, und, und...
Gut, ich könnte alle die ermüdenden Belehrungen auf einem Dutzend Seiten wiedergeben, aber fast alles von dem, was mir damals über diese Autos und die betreffenden »Nebenerscheinungen« erklärt wurde, stimmte nicht. Zugegeben, sie brauchten und sie kosteten - auch als Gebrauchte noch - etwa die Hälfte mehr als ein neuer Mittelklassewagen, aber sie hatten auch ganz andere Qualitäten, und ihr Wert hielt sich konstant. Keines jener Fahrzeuge konnte ich aufgrund meiner damaligen finanziellen Möglichkeiten als Neuwagen kaufen, hatte aber, bis auf eine Ausnahme als ich einen Porsche von einem »Freund« kaufte, nie große Probleme damit, da ich sie – außer in diesem Falle -

vor dem Kauf immer eingehend kontrollieren ließ. Ich konnte meine Leidenschaft ausleben und auch vielen Gleichgesinnten Freude bereiten. Unzählige Male hatte ich interessante Gespräche mit ähnlichen Sportauto-Freaks wie ich einer war, und aus einigen Bekanntschaften wurde eine freundschaftliche Verbindung für lange Zeit. Einige Male kam ich zu meinem geparkten Wagen, wo sich gerade Unbekannte für ein Foto mit meinem Flitzer in Pose stellten. Ich wartete stillschweigend und unbemerkt, bis alle ihren Schnappschuss erledigt hatten, und mein Hochgefühl, das ich empfand, als die Bewunderer rund um mein Auto stehend dessen Qualitäten lobten, brauche ich hier wohl nicht zu erwähnen. Ich war immer wieder erstaunt darüber, was insbesondere die Kinder alles über diese Fahrzeuge wussten, wie die Leute oft massiv über Details diskutierten, wie die Buben und Männer die Frauen aufklärten als ginge es um ihre Ehre. Unvergesslich bleibt mir der Ausdruck mancher Gesichter, als ich, der die längste Weile bei ihnen gestanden und mitdiskutiert hatte, später vor ihren Augen den Schlüssel ins Schloss steckte und freundlich grüßend und heimlich grinsend davonfuhr. Die Situation erinnerte mich an die, wenn ich meinem Hund zum Spaß den Knochen oder den Spielball wegzunehmen versuchte.

Zu guter Letzt – als ich diese beeindruckenden Autos wiederverkaufte – hatte ich meistens auch noch etwas an ihnen verdient, wogegen die meisten meiner Bekannten mit ihren »mustergültigen« neuen Mittelklasse- und Kleinwagen bereits nach einer kurzen Zeit einen beträchtlichen Wertverlust hinnehmen mussten.

Natürlich gab es Neider wegen meiner außergewöhnlichen Autos und ich bin mir sicher, dass ich mir damals auch den einen oder anderen Nachteil durch meine in dieser Hinsicht bedenkenlose Verhaltensweise einhandelte. Andererseits ist klar, dass man es niemals allen

Menschen recht machen könnte. Es ist vermutlich besser, nicht zu sehr hinterm Berg zu halten mit dem, was man ist und kann. Diesen Fehler habe ich zu oft gemacht, weil ich glaubte, es genügt, wenn ich persönlich weiß, was ich leiste. Damit tat ich mir nichts Gutes, weil mein Image litt. Ich »demonstrierte« den Betrachtern plötzlich nichts mehr und somit »leistete« ich nach ihrer Anschauung wohl auch nichts mehr? Ihnen kamen Zweifel, »ob ich es noch kann«? Spielte dieser Ansehensverlust hinein in viele Bereiche meines Lebens und richtete tatsächlich Schäden an, wo ich sie gar nicht vermutet hätte? Ich vermute es.
Was ist jemand in unserer heutigen Gesellschaft wert, der nicht ständig durch materielle, geistige, körperliche Leistung usw. hervorsticht? Und es versucht doch wohl jeder von uns, irgendwie den von den Mitmenschen gebildeten Richtlinien bestmöglich zu folgen; durch Tun, Leistung, Werte usw.? Ist aber in unserer heutigen Gesellschaft jemand noch angesehen, nur weil er rechtschaffen und bescheiden ist? Werden nicht in Wirklichkeit die Werte schon lange nicht mehr nach dem wirklich Guten im Menschen geeicht, sondern nach dem, was er zu sein und zu haben scheint? Vielleicht hat ein »Niemand« keine Neider, aber handelt er sich dafür nicht zumindest die – wenn auch meistens verborgene – Geringschätzung seiner Zeitgenossen ein? Zeigt einer hingegen etwas zu viel von dem, was er hat oder kann, so ist er für die anderen mindestens ein Angeber und handelt sich deren Missgunst eben auf andere Art und Weise ein. Aber welcher von beiden »Auffälligen« ist besser und angenehmer dran? Ist es besser beneidet oder belächelt zu werden?

Wie erklärt es sich, dass das Ererbte oder der aus »ehrwürdiger« Familientradition übernommene Besitz vom Großteil der Menschen anscheinend als ein »zweifelsfreier, legitim übernommener Wohlstand« betrachtet wird? Kommt diese Auffassung von »Legitimität« nur von unserem Obrigkeitsglauben? Ist es aber nicht sinnwidrig, einem Erben, der es sich gut gehen lässt, alles zu gönnen, und dem, der sich Ähnliches erarbeitet, dies zu neiden? Oder kommt das Verhalten daraus, weil aus der Sicht des Neiders der »gehobene, ehrwürdige« Status eh nicht mehr erreichbar ist, wogegen aber der »Emporkömmling« ihn ärgerlicherweise (ohne ihn um sein Okay zu fragen) »überholt« hat und ihn damit indirekt auf seine Mangelleistung hinweist?

Ich hätte mich, damals wie heute, von keiner der »klassischen« Betrachtungsweisen wirklich einengen lassen, und damals wie heute lag mir nichts daran, einer der genannten Vorstellungen der Zeitgenossen optimal zu entsprechen, denn am Ende würde so und so keiner »wirklich mit mir zufrieden sein«, weil ich es wieder einmal keinem Menschen wirklich recht machen konnte.
Ist daher also die unkonventionelle Regel die geeignetste, nämlich nur das zu tun, was man für die eigene Lebensgestaltung für richtig und notwendig hält? Heißt dies unter anderem, sich Träume selber zu erfüllen und nicht darauf zu warten, bis sie durch ein erhofftes Wunder erfüllt werden? Sollte jemand jemals darauf warten, ob das Umfeld sein bedingungsloses „Ja“ zu allem gibt? Würde dies jemals geschehen?

31. Hin und her gerissen

Ich denke gerade nach, ob ich mich vielleicht zu meinem Nachteil zu oft und zu viel in diverse Angelegenheiten eingemischt habe, um Verbesserungen herbeizuführen und Ungerechtigkeiten zu vermeiden? Wäre es nicht viel gescheiter gewesen, ich hätte meine Zeit ausschließlich für mein wirtschaftliches Weiterkommen genutzt, egal was aus den Menschen geworden wäre, die mich brauchten? Was habe ich (im Verbund auch mit meiner Jugendgruppe, mit meiner Band, mit meiner Familie und anderen), mit all den Benefiz-Aktionen für Behinderte, für die so genannte »Dritte Welt« nach den Grundsätzen »Hilfe zur Selbsthilfe«, für Not leidende Kinder, für AIDS- Kranke usw. erreicht? Haben die Gelder immer auch die wirklich bedürftigen Menschen bekommen? Haben sie davon vielleicht nur einen Bruchteil bekommen? Haben die wirklich Bedürftigen vielleicht fast gar nichts bekommen, sondern nur diejenigen, die sich in den dortigen Kreisen am meisten zu wehren wussten? Haben sich hauptsächlich die dortigen »Großen« durch meine/unsere Aktionen bereichert, für die Zuweisungen nicht beabsichtigt waren?
Ich frage mich, was in unserem Land vor sich gehen würde, wenn wir einmal auf die Hilfe Fremder angewiesen wären? Wer würde hier zuerst bekommen? Die Kleinen wohl nicht. Die Großen wären vermutlich die Ansprechpartner der »Gebenden«, und die würden »verteilen«. Wie – das kann man sich denken.

Ich kann bestätigen, dass jeder ernsthafte selbstlose Einsatz für Dritte schließlich genauso zeitintensiv ist, wie einer, der nur dem Eigennutz dient. Hätte ich nicht besser all jene Stunden, die ich zugunsten anderer Menschen und Themen verwendete, für mich privat genutzt? Wäre ich dann heute wirtschaftlich nicht viel bessergestellt? Aber habe ich mir nicht, trotzdem ich anderen half, alles leisten können, was ich haben wollte? Konnte ich mir damals nicht Gewisses, das ich mir persönlich zugestand, sogar leichter leisten als heute? Warum gönne ich mir heute kaum mehr etwas?

Ich befürchte in diesem Moment, dass jene Zeit, wo ich mir luxuriöse Dinge wie schöne Autos erlaubte, womöglich die beste für mich gewesen sein könnte und vielleicht nie mehr wiederkommt.
Seit ich immer wieder »unfruchtbare« Arbeiten zugunsten der Öffentlichkeit, der Freunde oder anderer Dritter usw. auf mich nahm und zugleich auch andauernd mehrere Projekte parallel laufen habe, wobei das eine mehr Geld als das andere verschlingt und die Einnahmen, wenn sie kommen, wieder in den Projekten selbst oder in anderen »Bedeutsamkeiten« Verwendung finden, wird sich vermutlich »der Kreis der Prioritäten« immer wieder schnell schließen bzw. sich vielleicht nicht mehr so schnell unterbrechen lassen. Aber wo in all dem »Lauf« stehe ich persönlich? Wo stehen die Menschen, die ich liebe? Bei genauer Betrachtung scheint sich insbesondere mein beruflicher Weg seit Jahren schon wie eine unabsehbare, sich immer schneller drehende Spirale zu entwickeln. Es scheint so, als drehte ich mich von Tag zu Tag hastiger um alle Prioritäten und triebe dadurch das Ganze höchstpersönlich in einem endlosen, ausweglosen Zylinder rotierend vor mir her.
Aber gibt es wirklich immer Wichtigeres um mich herum als mich selber? Ist die Gier nach Mehr und nach Überfluss nicht aber auch eine Huldigung an meine so genannten »persönlichen Bedürfnisse«? Bin nicht ich persönlich es, der den Projekten und somit auch mir selber und meinen Angehörigen und Geschäftspartnern nutzen will? Aber wem diene ich wirklich? Nützt mir das Totale im Endeffekt? Kommt denn durch die vielfältigen geschäftlichen Verpflichtungen unterm

Strich auch verhältnismäßig wirklich mehr heraus als früher, wo mir ein oder zwei gute und überschaubare Projekte kontinuierlich ihre guten Erträge gebracht haben? Im Grunde nicht.
Muss ich mir nicht endlich eingestehen, dass all die unnatürlichen Bürden, das »für nichts mehr richtig Zeit haben«, so nicht andauern kann und dass die persönliche Energie nicht einfach und x-beliebig vervielfältigt werden kann? Wer zu sehr brennt, der brennt bekanntlich irgendwann aus. Fühle ich mich nicht manchmal schon sehr ausgebrannt?

Ist es vielleicht so, dass mein Wollen, dass alles gelingt, was ich mir einmal vorgenommen hatte, zum direkten Zwang geworden ist und dass daraus ein (vermutlich falsches) Empfinden von »umfassender« Pflicht und Verantwortung entstand? Und ist nicht vieles in meinem Leben wiederum abhängig von Eindrücken, von Zielen, von Menschen, die mich brauchen, aber auch von jenen, die mir scheinbar »raten«, die vermeintlich Projekte »fördern und gemeinsam mit mir etwas erreichen wollen« und dabei in Wirklichkeit nur von mir fordern und durch mich – für sich – etwas gewinnen wollen?
Es ist auffällig, dass anscheinend alle Menschen immer zu wissen glauben, was gut für mich ist, egal ob ich sie um ihre Meinung frage oder nicht. Dabei haben die meisten, mit Ausnahme meiner Angehörigen und einigen echten Freunden und Förderern, vermutlich keinerlei Ambitionen, darauf zu schauen, was gut für mich wäre.

Echte Zuneigung von Dritten fand ich lediglich im Bereich der Musik. Ich fand viele Menschen denen meine Musik und die besonderen Themen offenbar etwas Gutes beitrugen und die dann aber auch offenbar Gutes mir zukommen lassen wollten und mich sehr unterstützten bspw. durch den Kauf meiner Ton- und Filmprodukte, durch

Konzertbesuche, Hörerwünsche, positive Mitteilungen usw.
Ich habe im Geschäftlichen selten erlebt, dass jemand außerhalb des Kreises meiner Angehörigen versucht hätte, mich möglichst nicht zu belasten. Im Gegenteil, meist wird durch die abgedroschene Äußerung: »Du kannst das eh viel besser als ich«, lediglich die Arbeit auf den aktiveren Partner geschoben. Auch wenn tatsächlich beim anderen das größere Können liegen würde, hat keiner das Recht, die meiste Arbeit diesem zuzuschieben, nur um zu vermeiden, sich auch bemühen- und Verantwortung tragen zu müssen. Dass der ständig Belastete vielleicht dadurch irgendwann wirklich »ausbrennt« und somit alle Beteiligten Schäden davontragen, ist wohl den meisten nicht bewusst. Tatsache ist auch, dass die wenigsten Menschen nicht bereit sind, für ihre Ziele auch wirklich etwas Außerordentliches zu tun oder Übermäßiges zu opfern. Alles sollte möglichst reibungslos und ohne Arbeits- und Kostenaufwand realisiert werden. Aber geht es nur mir durchwegs so, dass dann beim Teilen oder Genießen sich keiner mehr so bescheiden verhält wie bei seinem »persönlichen Einsatz«?

Mag sein, dass wir Menschen im Allgemeinen mehr und mehr zu Egoisten werden, weshalb auch immer, vielleicht auch deshalb, weil wir uns immer öfter und unbemerkt von Scheinwelten und Wunschgedanken manipulieren lassen, uns u. a. häufiger hetzen lassen und dabei auch selbst andere Menschen mehr und mehr antreiben.
Jedenfalls lässt sich doch wohl auch der Eindruck nicht verschleiern, dass die meisten von uns großenteils ichbezogene Menschen werden? Täuscht es, dass dieser Umstand kontinuierlich deutlicher wird, nahezu von Jahr zu Jahr drastischer, dass wir ihn aber offensichtlich auch nicht mehr verbergen (müssen)?
Schadet es, sich selber ab und zu einer Eigenkontrolle zu unterziehen? Ist man dann rückständig, wenn man nicht mehr unüberlegt mit der

allgemeinen Tendenz mitgeht? Sollte Egoismus »tonangebend« in unserer Gesellschaft werden? Ist es vielleicht sogar gefährlich, nicht mehr so egoistisch wie andere zu sein? Verließe man dann auch den Weg zum Erfolg?

Andererseits aber stellt sich die Frage: Blockiert man mit dem Egoismus nicht das Einvernehmen und Wohlbefinden mit anderen? Bedeutet persönliches Weiterkommen alles, oder ist das Miteinander, die Zuneigung anderer im Grunde auch ebenso viel oder sogar mehr wert? Kann man den Egoismus unserer Zeit überhaupt noch ändern? Kann man vielleicht allein schon durch das Erkennen und allmähliche Abändern des eigenen rücksichtslosen Verhaltens dazu etwas beitragen, im Allgemeinen etwas ins Positive zu wenden?

Wird nicht alles, was sich durch unser Dazutun in unserem Umkreis positiv verändert, in irgendeiner Form dazu beitragen, schließlich auch uns und allen anderen Menschen nützlich zu werden? Bekommen wir also, wenn auch nicht sofort, irgendwann indirekt einen gut bemessenen Lohn zurück für unseren Dienst? Aber leider wollen wir Menschen meistens den Nutzen aus unserem Tun sofort sehen und nicht erst irgendwann, weshalb es wohl auch oftmals sehr schwer fällt, sich selbst und andere zu motivieren. Hinsichtlich der »hinausgeschobenen Rendite« geht es uns dabei wohl ähnlich wie im Verhältnis zum Himmelreich: Erstrebenswert ja, aber wo liegt die schlussendliche Sicherheit?

32. Wer mehr will, erreicht mehr?

Ich sehe, ich habe meinen eigentlichen Gedankengang in mehrere Richtungen hin verlassen und nehme meine Rückkehr von meinem »gedanklichen Streifzug« als Anlass zur Frage, ob ich denn nicht gerade dabei bin, zu düster, zu ungerecht zu denken, zu pessimistisch zu werden? Wenn auch nicht alles richtig war und ist, so war und ist doch das meiste in Ordnung.
Aber habe ich nicht gerade noch, wenn auch unbewusst, wieder einmal nach »Entschuldigungsgründen«, nach »Schuldigen«, nach »Beweisgründen« gesucht? Habe ich nicht nach »Sündenböcken« gesucht, die ich für einige Beeinträchtigungen in meinem Leben verwenden könnte? Laufe ich eventuell Gefahr, den Mitmenschen und Umständen die Schuld dafür zu geben, dass ich »vor lauter Unterdrückung durch sie« oft keine Zeit mehr für mich selber habe und dass Positives in meinem Leben sich nach und nach vermindert?
Fast scheint es so, und ich frage mich, welchen wahrscheinlich abträglichen Unsinn ich dabei unterstütze? Das darf doch wohl nicht wahr sein! Welchen Weg beschritt ich gerade? Jedenfalls keinen empfehlenswerten.
Wenn ich anfange, negativ Erlebtes zu bewerten, dann muss ich wohl mein eigenes Dazutun mit abschätzen, denn wer – außer der Vorsehung – konnte über meine momentane Daseinsform entscheiden? Abgesehen von echten Schicksalsschlägen, die ich nicht (oder zumindest im Nachhinein nicht mehr) beeinflussen kann, gibt es doch wohl niemanden außer mir selbst, der für mich vorrangig verantwortlich zeichnen könnte?

Ich halte mich an die grundsätzlichen Überlegungen zum Zusammenhang von anfänglichen Gedanken mit späteren Situationen und

frage ernsthaft, ob ich heute nun persönlich inmitten eines solchen »Zusammenspiels von Ursachen und Wirkungen« stehe, wo man bestätigt bekommt, dass alle zielgerichteten Gedanken, die man in sich trug, sich (irgendwann im Leben) bestätigen werden?
Aber welche meiner früheren, negativen Gedanken würden somit heute bestätigt? Welche waren es? Ich war mir keiner derartigen negativen Denkweisen bewusst, aber hieße dies nicht zugleich auch, dass ich dauernd unbewusst negative Gedankengebilde mit mir schleppte, die sich nunmehr manifestieren? Ich hatte doch bereits gewusst, dass man aus diesem Grunde ganz besondere Vorsicht walten lassen müsste vor dem Negativen oder dem nicht genau Definierten. Habe ich dies tatsächlich im Hinblick auf mich selber ignoriert, obwohl ich mir der Zusammenhänge bewusst war bzw. mir über die Folgen derartiger Unvernunft eigentlich klar sein musste?
Angenommen, ich hatte zum Beginn der beruflichen Phasen, wo nicht alles so klappte, wie es sollte, nicht wirklich daran geglaubt, dass ich meine betreffenden Ziele erreiche – bin ich deswegen, wenn auch unbewusst, zu wenig zielgerichtet an die Themen herangegangen? Waren es mehr Wünsche und nicht Ziele, die diese Zeit begleiteten? Wenn ich es recht überlege, dann ist mir tatsächlich dort einiges missglückt, wo ich mir kein echtes Ziel setzte, sondern mich genau genommen mehr von der Wunschvorstellung (oder auch von den von Dritten ins Werk gesetzten Geschäftsvarianten meiner ursprünglichen Vorstellung) treiben ließ.
Sind durch meine teils kraftlosen Vorstellungen, durch meine vielleicht ungenügende Konzentriertheit auf den Endzweck, durch das Herumprobieren anderer, das ich großenteils toleriert habe usw., die wirklichen Fehler passiert? Aber die Schuld an einigen Misserfolgen trage ich schließlich trotzdem alleine, denn wenn ich vermuten muss, dass ich mir das meiste, was ich momentan erlebe, lange schon be-

wusst und unbewusst selber angebahnt habe, dann ist kein anderer in Sicht, der die primäre Verantwortung trägt, und der »Eintritt« Dritter in den Ablauf wäre demnach doch auch auf irgendeine Weise die Entwicklung meiner Intuitionen (oder gar »Bestimmungen und Vorgaben«)?

Aber wenn mir einige ernstere Fehler passierten und noch passieren werden, kann ich mich dann überhaupt noch jemals auf mich verlassen? Welche Risiken gehe ich dann tagtäglich durch mich selber ein, durch Unüberlegtes, durch falsche Einstellung, durch Einflüsse von außen, die ich nicht als abträgliche Wichtigkeiten identifizieren kann, aber als solche erkennen müsste?

Habe ich nicht gerade eben erst den Hinweis erhalten, dass ich sehr viele negative Gedanken in mir trug? Trotz vermeintlich bester Vorsätze? Sonach hätten mir doch alle negativen Gedanken, die ich in mir trug, bewiesen, dass sie für mich ungemein gefährlich und schädigend sein können? Wäre also grundsätzlich ein gewisser »Schutz vor sich selber« geboten, in dem Sinne, dass man sich und seine Gefühle möglichst immer genau und kontinuierlich analysiert? Habe ich es bloß versäumt, negative und positive Aspekte in ausgewogenem Maße mit in meine Überlegungen einzubeziehen und dem »Befund« zufolge das Richtige zu tun? Habe ich nicht hinreichend viel getan um Zusammenhänge zu erkennen? Wie könnte mein Eigenschutz vor solchen Denkfehlern aussehen? Wäre ein Schutzmechanismus nichts anderes als die Abfolge eines aufrichtigen Fragens, Zielens usw.?

Gut. Fehler sind passiert, das ist klar, aber es würde niemandem etwas nützen, lediglich die Nachteile bei Lichte zu betrachten, denn schließlich überwiegt doch in allem das Gute, und die wirklich un-

günstigen Umstände sind gottlob in der Minderheit.
Vielleicht bin ich ganz einfach zu sehr oft unzufrieden? In diesem Zusammenhang fällt mir plötzlich auf, dass ich es als Selbstverständlichkeit betrachte, dass die Gesundheit als Positives geblieben ist. Aber was wäre alles andere ohne diese?

Was habe ich sonst noch verbockt? Wollte ich manchmal zu viel? Wollte ich zu wenig? War ich oft zu geduldig? Hätte ich öfter klarer sagen müssen, was ich möchte? Hätte ich dabei nicht zwangsläufig auch erfahren, ob dies für die anderen gut geht, und daraus hören müssen, was genau die anderen von mir oder den Umständen erwarten? Wäre nicht eigentlich erst nach offenen, klaren Verhältnissen »das Fundament« für einen gemeinsamen Weg klar definiert gewesen, auf dem man hätte gemeinsam aufbauen können?

Ich habe, auch wenn vieles gut gelungen ist, doch zum Teil meinen bisherigen Weg auf wackeligem Untergrund gebaut, genauso wie meine Mitstreiter in einigen Projekten ihren Pfad vage anlegten.

Ich dachte mir oft auch, ob ich vielleicht lediglich unzufrieden bin, weil mir etwas fehlt, das ich bisher gar nicht definieren konnte? Fehlt mir etwas, was mir immer noch nicht klar ersichtlich ist? Wenn ich unzufrieden bin, dann muss ich den Ursprung der Unzufriedenheit finden und ändern, was möglich ist.
Dass ich mit dem Leben, wie ich es jetzt führe, nicht zufrieden sein kann, ist verständlich. Ich habe keine Zeit mehr für mich, habe nie einen Urlaub, bin ewig rastlos. Ich bringe es auch nicht mehr fertig, mich zu entspannen. Sitze ich mit meiner Frau eine halbe Stunde in der Sonne, komme ich mir vor wie einer, der die Zeit verplempert. Schon fallen mir Dinge ein, die neu zu überlegen oder zu erledigen

wären, worüber irgendwo nachzufragen wäre, was zu kontrollieren wäre, wo nachzusehen wäre, ob es von den Partnern oder Mitarbeitern erledigt wurde.

Ich bin offensichtlich auch auf einer »Ebene« angelangt, wo ich mich umschaue, wo ich mit Nachdruck zu fragen beginne: Welche eigentliche Bedeutung hat das Gegenständliche eigentlich? Ist es gut oder schlecht?
Kommt die Eindringlichkeit davon, weil ich im Allgemeinen reifer und bedächtiger werde? Was genau möchte ich mit den Fragen, die ich an mich noch nie stellte, nun heute erreichen und welches Resultat erwarte ich mir?
Ich bin mir auf einmal darüber im Klaren, dass ich mich in der näheren Vergangenheit überhaupt nicht mehr nach dem Sinn meines Daseins gefragt habe. Ich wollte nur noch, dass die Projekte gut gelingen. Aber wo blieb die Freude? Ich hatte eigentlich immer die persönlichen Bedingungen an das Ich, dass die Arbeit zum Ziel hin mir immer auch Freude machen müsse. Die Projekte gelangen, die ich gerne gestaltete und möglichst ohne das Dreinreden Dritter. Durch das »Recht-machen-wollen« habe ich leider meinen eingeschlagenen Weg oft (zum Nachteil aller), verlassen.

Es gab also alte erfolgsbringende Grundsätze, nach denen ich anfangs immer handelte, aber anscheinend habe ich diese Grundsätze irgendwann verlassen, aber an welchem entscheidenden Punkt meines Lebens? Wo habe ich den »sicheren« bekannten, ausgewogenen Weg verlassen und warum? Habe ich den steileren Weg gewählt, um schneller »ganz oben« zu sein, und dabei übersehen, dass ich heute »über die langweiligen aber bequemen Serpentinen« meinem Ziel viel näher wäre? Oder war das »ganz oben«, zum Beispiel im Bereich der Musik, überhaupt nicht mein Ziel? Habe ich mich daher schon gar nicht mehr intensiv genug auf ein solches Ziel zubewegt? Vielleicht liegt der Grund, weshalb ich noch nicht »ganz oben« bin, darin, dass ich dort gar nicht hinwollte, weil ich vor allem auch mit den Menschen, die mich damals begleiteten, nicht dorthin konnte oder wollte? Oder nahm ich nur zu viel Rücksicht auf meine »Mitstreiter«, die im Grunde gar keine waren? Oder war ich mit dem, was ich hatte, bereits zufrieden? Habe ich also das erreicht, was ich wirklich wollte, nämlich »nicht ganz oben« zu sein, weil ich mit dem, was war, eigentlich zufrieden war? Irgendwo in diesen Überlegungen könnte meine momentane Schranke begründet sein.

Ich überlegte soeben, ob all jene von meinen Bekannten, die nachweislich mehr verwirklichten als andere, früh schon ihre höheren Ziele zeigten oder irgendwie ausdrückten, dass sie viel mehr erreichen wollten? Wenn ich einige Beispiele heranziehe, dann müsste ich dies ohne weiteres bejahen; ich kann sagen, dass alle, die ich jetzt in diesem Zusammenhang betrachte, sehr früh schon offenbarten, dass sie viel erreichen wollten. Andere hingegen sprachen damals schon vom »irgendwann sein Auskommen haben«, von der Hauptsache, »das tägliche Brot verdienen zu können«. Diejenigen haben »ihr Ziel« offenbar auch erreicht, aber offenbar nicht viel mehr als dieses.
Beinhaltet das Zeigen, dass man mehr erreichen will, nicht logischerweise auch die entsprechende Zielsetzung? Also schließt sich der Kreis wieder? Kann man sagen, dass ohne ausdrücklichen Wunsch kein echtes Ziel entstehen wird, und dass ohne ein wahres Ziel es keinen oder nur einen mäßigen Erfolg geben wird?

Ich nehme mir vor, mir ab nun wieder genaue Ziele zu setzen. Ich muss nicht reich werden, aber ich möchte für die Zukunft so viel

haben, dass meine Lieben und ich versorgt sind, dass wir uns immer »das normale Leben« leisten können.
Aber nicht doch! Wäre nicht gerade diese »Besonnenheit« wieder so ein »hemmender Fehler«? Wäre diese »einschränkende Besonnenheit« denn die richtige Basis in Anbetracht der aktuellen guten Projekte und meiner früheren noch viel höheren Ziele? Warf ich das hohe Trachten soeben übern Haufen? Wäre die momentane Ideologiemenge nicht jedenfalls zu gering, um das wirklich Große zu erreichen? Jedenfalls weicht sie vom »höchsten« ins »nächstmögliche« und von da ins »muss-nicht-sein« - Ziel und das kann, aus der eigentlich positiven Warte aus betrachtet, nicht gut sein.
Ein Fehlschluss könnte auch zu finden sein, in der letztens öfter mal gestellten Frage, ob ich heute denn nicht bereits gut lebe? Leben meine Lieben und ich denn nicht bereits vortrefflich, verglichen zu Millionen anderen Menschen?
Was müsste bezüglich der Auffassung vom »gut leben«, in meiner/unserer Zukunft anders sein? Habe ich diesbezüglich im Grunde meine »Endabsichten« fast schon erreicht? Oder habe ich gar das Gefühl, verglichen mit anderen Menschen lange schon »genug« erreicht zu haben, und bin deshalb (unbewusst) derartig »zufrieden«, dass ich intuitiv gar nicht mehr angemessen agiere, obwohl ich mit Leichtigkeit weit Besseres erreichen könnte?
Ich bin anscheinend auf dem besten Wege, endlich zu erkennen, dass ich mich vor allem selber einschränke, wenn ich mir selber und meinem Empfinden zu allem nicht eine größere Beachtung schenke als es bisher der Fall war. Und ich nehme mir vor, die laufenden Projekte abzuschließen oder weiterzugeben und danach wieder das zu tun, was für mich persönlich mehr Sinn und mir mehr Spaß macht. Ich werde mir Freizeit schaffen und für Musik und Hobbys Zeit nehmen. Ich werde meinen Lieben im selben Sinne mehr Freiraum für sich lassen

und so gut ich kann dafür sorgen, dass sie nicht dieselben Fehler machen wie ich. Sie sollten sich nicht selber »ausnützen«, so wie ich mich selber zeitweise »verwertet« habe, ohne es zu merken.
Ich werde zwar immer meine Aufgaben, meine Ziele brauchen und möchte niemals nichts tun und das Leben nur genießen, aber ich werde mein Dasein mehr einteilen und auswerten und ich werde sehen, ob dann die Lust an meinen Werken sich mit der Freude am Leben die Waage halten kann. So schwierig dürften meine »Veränderungen« doch gar nicht werden?
Oder muss ich überhaupt große Veränderungen vollführen? Würde es vielleicht für meinen persönlichen Bedarf nicht auch schon genügen, wenn auch nur die »normale« Ausgewogenheit zwischen Arbeit und Freizeit wieder einkehren würde? Sollte ich einfach mehrere Aufgaben anderen überlassen? Müsste ich im Grunde lediglich zusehen, unter den gegebenen Umständen wieder mehr Freude am Leben zu bekommen? Aber Einspruch! Soeben habe ich doch wohl meine Erwartungen wieder »zurückgestuft«?

Ich werde jedenfalls das Ganze irgendwie anders anpacken. Und vielleicht beginne ich damit, dass ich mir sofort wieder etwas leiste, was mir Freude macht? Vielleicht sogar wieder einen »unnützen« Sportwagen? Oder ich leiste mir im Bereich der Musik einiges, was ich nicht mehr praktizierte? Aber da ich momentan das wirklich große Geld in Projekten brauche und sehr viel investiert habe, müsste ich zumindest für ein neues Sportauto einen Teil von laufenden Krediten und Einnahmen benutzen. Wäre dies nicht total unsinnig? Gut, ich würde mir sowieso kein neues Fahrzeug kaufen, allein schon wegen des Wertverfalls in den ersten Jahren. Aber während ich schreibe, merke ich, dass ich meine Bedürfnisse schon wieder »hinten anstelle«. Für Projekte und für andere Angelegenheiten, die scheinbar immer wichtiger sind als ich persönlich, würde ich doch sofort agieren, falls die Situation es verlangte? Wieso also nicht für mich? Für wen oder was habe ich eigentlich die Strapazen meines Lebens auf mich genommen? Wenn es durch all meinen Verzicht meinen Angehörigen um so vieles bessergehen würde, wäre es ja in Ordnung, aber geht es denen deshalb wirklich besser? Geht es ihnen dann nicht besser, wenn es mir bessergeht, auch deshalb, weil ich eben wieder mehr Leistungskraft durch mehr Freude erhalten könnte? Ich weiß es nicht zu sagen, aber ich »fühle« die Antwort.

Geht es meinen Geschäftspartnern besser, wenn ich auf alles verzichte und das meiste in die Firmen stecke? Ja. Und damit es anderen (relativ fremden) Menschen, die meine Partner sind, besser geht als mir, tue ich das alles? Aber wo bleibt hierbei der Sinn am Ganzen? Erreiche ich nicht auch für die Geschäftspartner genau das Gegenteil von dem, was ich und alle um mich von mir erhoffen, wenn ich so wie bisher weitermache, mir nichts mehr gönne, keine oder wenig Freude mehr an allem habe, ich »ausbrenne«? Was nützt mir alles, wenn ich damit selten mehr Freude empfinde, wenn ich immer wieder zur Frage komme, was das alles mir überhaupt noch bedeutet, was ich habe und darstelle?

Sollte mich einer in derselben Situation um einen Rat bitten, ich würde ihm wohl raten, sein Leben grundsätzlich so zu leben, wie er es im Innersten fühlt und wie er es haben möchte? Aber warum tue ich dies nicht selbst auch? Stolpere ich nicht immer wieder über meine eigenen Schranken?
Im Grunde ist das Ganze zwar todernst, aber auch unheimlich lächerlich, denn da ist offensichtlich einer, der darüber nachdenkt, wie mangelhaft sein Leben zurzeit verläuft, der weiß, was er möchte, der

weiß, was ihm fehlt, um das Positive zu realisieren, der viel privates Positives relativ leicht realisieren könnte und es vielleicht trotzdem nicht verwirklicht. Warum? Weil es doch Wichtigeres gibt? Wichtigeres als das eigene Leben?

33. Was ist mehr wert als was?

Ein guter Bekannter aus der Musikbranche saß mir im Büro gegenüber und auf meine höfliche Frage nach seinem Wohlbefinden, holte er erst einmal tief Luft und dann schnaufte er laut durch die Nase. Er sah kurz auf seine Fingernägel, so als suche er dort die Antwort, dann klagte er über seine derzeitige Lebensgestaltung, und was er sagte, hätte zum Großteil auch aus meinem Alltag stammen können.

„Häufig", so sagte er, „rotiere ich den ganzen langen Arbeitstag wie ein Verrückter, und oftmals gleitet der Tag in die Nacht, ohne dass ich es merkte. Ich habe keinen Blick für das Draußen und merke erst, dass es draußen bereits dunkelt, wenn es im Büro finster wird und ich das volle Kunstlicht andrehe. Ich bin bereits die 13. oder 14. Stunde am Schreibtisch oder in diversen Besprechungen, es gab wieder einmal keine Pause und ich habe den ganzen Tag lang nichts Anständiges gegessen. Nur nebenbei und gedankenlos habe ich allen möglichen kalten Fraß in mich hineingestopft und habe wieder einmal viel zu viel starken Kaffee getrunken, in der Hoffnung, mich dadurch aktiv halten zu können. Mein Magen schmerzt und mein Nacken und mein Rücken fühlen sich an wie zementiert. Abends fragt mich ein ausländischer Geschäftspartner nett am Telefon, wie heute bei uns

das Wetter war. Ich gestehe ihm, dass ich die Frage gar nicht ehrlich beantworten könnte, denn ich hatte wahrhaftig keine Zeit, aus dem Fenster zu schauen und den Himmel zu betrachten.
Wenn sich die Gespräche und Themen wiederholt länger und mühselig dahinziehen und ich merke, ich habe es heute wieder mit Menschen zu tun, die anscheinend den Termin mit mir wie Zeitvertreib betrachten, mir viel Energie rauben, aber nichts Positives in Aussicht stellen, dann passiert es mir, dass irgendwas in meinem Innern mir plötzlich einen Moment lang ganz massiv Einhalt zu gebieten versucht und mich förmlich dazu drängt, das Gesamte anzuzweifeln, was ich zur Zeit hier tue und wohl künftig noch zu schaffen habe.
Ich werde dann sehr unzufrieden, sehe nur noch Negatives in meinem Dasein, und mein Inneres ruft mir zu, auszubrechen aus diesem Leben, fortzugehen, irgendwohin, wo mich keiner kennt, mich keiner mehr plagen kann, wo mich keine dieser vor mir sitzenden »Nervensägen« mehr findet. Ich bin in dem Moment fest entschlossen, alles aufzugeben und neu anzufangen, die alten Fehler nicht mehr zu machen und endlich »rundum erneuert« zu leben, nur zu leben, ganz einfach und bescheiden wie ein einsamer Hirte oder schlimmstenfalls wie ein 8-Stunden-Arbeiter, wie ein »natürlich lebender« Mensch."

Mir wurde plötzlich bewusst, dass ich meinen Bekannten die ganze Weile schon gedankenverloren angesehen hatte, so als widerspiegelte sich in seinen Worten auch meine gelegentliche Betrachtungsweise, denn auch mein Alltagsleben verlief wohl oft auch nicht mehr sehr »natürlich«.

Er sprach weiter: „Wenn ich mich dann wieder beruhigt habe und anscheinend den Boden der Wirklichkeit wiederfinde, frage ich mich erschrocken, was denn nun wieder über mich gekommen ist? Ich denke dann, ich darf mich doch nicht selber belasten mit solchen ergebnislosen Hirngespinsten? Ich will dann mein Denken in dieser Hinsicht abblocken, aber meistens geben die Gedanken nicht nach und bohren weiter. Diese Augenblicke scheinen sozusagen einen Drang zu enthalten, der mich zwingt, darüber nachzudenken, was alles in meinem Leben zu ändern wäre. Leider aber suche ich dann nicht in erster Linie nach Lösungen, sondern befasse mich unsinnigerweise erst einmal damit, an allem und vor allem auch an mir selbst zu zweifeln, an dem, was ich tue, was ich geleistet habe oder was ich mir vorgenommen habe."

„Mir ist natürlich klar, dass die meisten Menschen bestimmte Phasen der Unzufriedenheit haben, und ich weiß, dass der jeweilige Grund der Frustration immer nur ein ganz subjektiver sein kann, der aber sehr oft mit Wirtschaftlichem in Verbindung steht. Ebenso weiß ich aber auch, dass keiner meiner Bekannten und Freunde – nach Jahren anstrengenden Lebens und guten Erfolgs – mit gutem Gewissen bezeugen würde, dass sein nunmehr erreichter größerer finanzieller Wohlstand ihm auch mehr Lebensqualität und Zufriedenheit gibt. Weniger Vermögen wird nicht zwangsweise bedeuten müssen, dass man als Mensch weniger Wohltuendes von seinem Leben erfährt oder erfahren hat. Aber darum geht es doch eigentlich! Es geht uns Menschen schlussendlich doch wohl darum, unser ganzes Leben, in allen seinen Zusammenhängen, so angenehm wie möglich zu erleben? Abcr findet unser Leben denn überhaupt vorwiegend auf definitive, individuelle Ziele hin statt, oder in erster Linie nach dem »Soll«, welches unser Umfeld und unser Denken uns gewissermaßen vorschreiben? Was tun die meisten von uns heute für das Jetzt und für ihren gegenwärtigen Tag? Oft gar nichts! Sie rackern stattdessen extrem für ein »späteres Gutes« und nehmen dafür heute alles Üble in Kauf. Dass sie später vor lauter früherer Anstrengung das Gute gar nicht mehr »erfahren« können, scheint bedeutungslos."

„Aber", fuhr er nach einer kurzen Pause weiter, „hätte überhaupt jemand die Kraft, sein Leben von Anfang bis zum Ende positiv »vorzusehen«? Könnte jemand überhaupt grundsätzlich alles Positive arrangieren? Könnte jemand dabei Negatives vermeiden? Oder glaubt der-/diejenige lediglich nur, einen »Erfolgsplan« zu haben, der aber im Grunde nie ein wirklicher sein kann? Basiert nicht Unzähliges im Dasein auch auf nicht beeinflussbaren Fügungen? Ist daher ein exaktes »Lebensprogramm« im Grunde gar nicht möglich? Kann ein »Lebensplan« also nur ein »Lebenswunsch« bleiben, oder genügt dieser Wunsch bereits als Basis für den Erfolg? Und wo liegt der Unterschied zwischen Wunsch und Ziel?"

Ich hätte zu seiner Betrachtungsweise gerne ein paar Fragen gestellt, aber er redete sofort weiter: „Und kann ein Mensch überhaupt recht viel selber planen? Sind es nicht immer auch andere, die das Leben des Menschen mitbestimmen, zumindest in seinen jungen Jahren?"

„So", fuhr er etwas nachdenklich fort, „war es auch bei mir. Ich »erwählte« fast zwangsweise den Arbeitsbereich, den meine Eltern mir von Kindheit an »schmackhaft« machten, bzw. definitiv für mich ausgesucht hatten. Ich musste, ob ich wollte oder nicht, das Musikunternehmen vom Vater übernehmen, weil der es von meinem Großvater übernommen hatte, obwohl ich mit Musik direkt nichts zu tun haben wollte. Ich wollte Rechtsanwalt werden, mit der Absicht, im themenverwandten Verlags- und Autorenrechtswesen eine Karriere zu machen".

„Und ich wurde ein Opfer jenes Denkens, wo Kinder offenbar wie »ein zu formendes Eigentum der Erwachsenen« betrachtet-, dementsprechend großgezogen werden und darauf »geeicht« werden im Berufsleben das wirtschaftliche Maximum zu erreichen, so wie sie im Privaten »genormte Lebensregeln« zu respektieren haben. So war es auch in meinem Falle. Ich sollte wohl in jene Schablone wo der Mensch nach der Geburt eine festgelebte Abfolge zu »absolvieren« hat, die im Wesentlichen über Kindergarten, Grundschule, Ausbildung, Hausbau, Heirat, Kinder kriegen, Arbeit, Kinder großziehen, in Rente gehen bis zum Tod führt."

„Ist es aber nicht oft so, dass die Vorgesetzten ihre Kinder nicht als eigenständige Persönlichkeit betrachten, sondern vielmehr als unterzuordnende »Leibeigene«? Wird den Heranwachsenden wirklich immer uneigennützig geholfen, damit sie ein subjektiv wahrnehmbares Ziel ihres Lebens – wie immer dieses auch aussehen könnte – finden? Wird nicht vielmehr darauf geachtet, dass der Nachkomme auch »allen Beteiligten nützt«? Und wie ist es, wenn Kinder ganz eigenartige Interessen verfolgen? Müssen sie dann nicht mit allen möglichen Widerständen rechnen? Nach meiner Erfahrung sind vor allem die Interessen der Eltern (zumindest aus deren Sicht) »begründet«. Sie sind nach ihrer Ansicht in der Familie »die Lebenskundigen, Wissenden, Erfahrenen«, aber dass es genauso richtig und natürlich wäre, den Heranwachsenden zwar zu leiten, aber letzten Endes frei nach seiner Urkraft entscheiden zu lassen, das wird oft nicht, oder bestenfalls nur mäßig, berücksichtigt. Dementsprechend wird mehr oder minder »behutsam dreingeredet« in die Gestaltung des jungen Lebensplanes. So genannte »gut meinende Impulsgeber« sind nicht selten die rücksichtslosen Manipulierenden, die in erster Linie das eigene Ziel und nicht das des Heranwachsenden im Sinne haben. Wie oft müssen Kinder in die Fußstapfen der Erwachsenen treten, in Sinnbilder passen, die Erwachsene vor sich herschieben, auch wenn sie manchmal im Grunde total unsinnig und nicht mehr zeitgemäß sind? So ist es doch immer noch selten, dass der Sohn des Herrn Doktor nicht auch promovieren muss, egal in welchem Fach; Hauptsache, er hat einen Doktortitel. Oder der einzige Sohn des Bauern, wie ich einen kenne, der muss ein Bauer werden anstatt beispielsweise Maurer, wie es sein Wunsch wäre. Aber würde tatsächlich ein Schandfleck die Familie beschmutzen, wenn der jeweilige Sohn dem genannten Wunschbild nicht entspräche? Jedenfalls wird in den meisten Fällen so getan als ob, und viele Heranwachsende sehen sich dazu gezwungen, folgsam den »vorgezeigten« Weg zu gehen. Ob sie dabei glücklich werden oder nicht, scheint nahezu irrelevant. Man meint offensichtlich vielfach auch, dass das erreichte Ansehen in der Öffentlichkeit, der »befriedigte Standesstolz« und das subjektive Glücksgefühl des betreffenden Menschen, stark zusammenhängen. Dass sich beispielsweise der genannte Heranwachsende, der Maurer werden möchte, vor lauter Enthusiasmus und Freude an seinem Beruf zum ganz großen Bauunternehmer entfalten könnte, der den Hof ohne Weiteres mit Angestellten führen und notfalls sogar noch bezuschussen könnte, stünde bestimmt außer Diskussion. Es würde nicht ins Leitbild des Bauern passen, dass sein einziger Sohn nicht direkt am Hof wirkt, deshalb wäre jede Diskussion störend und überflüssig."

„Grundsätzlich", so sprach er weiter, „bin ich also sehr der Überzeugung, dass junge Menschen sehr oft durch Ansichten Dritter in Berufssituationen hineinmanövriert werden. Ich glaube, dass viele Menschen eines Tages ihr Leben »fremdgesteuert« wiederfinden, ohne dass sie es rechtzeitig bemerkt hätten, um etwa entsprechend gegensteuern zu können. Vor lauter Erwartungsdruck durch die Menschen um sie herum trauen sich die meisten gar nicht mehr (oder kommen gar nicht einmal mehr auf die Idee), unabhängig von anderen und im

Sinne des eigenen Lebens, zwischen »Wollen und Sollen« abzuwägen. Wundert es, wenn sie später dann in ihrem Metier unglücklich werden und irgendwann ganz extrem – und meistens zum Schrecken ihrer Umgebung – ihr Dasein so umgestalten und verändern, wie sie es dem früheren inneren Gefühl nach immer schon haben wollten?
Auch von der beruflichen Warte aus betrachtet, ist jeder Zwang doch ein Unsinn? Sehen Vorgesetzte denn nicht, dass, wenn Wollen und Können in Disharmonie gegeneinander stehen, es nie einen befriedigenden oder außergewöhnlichen beruflichen Erfolg geben wird? Sagt das Gefühl zu einem Beruf »Nein«, kann die wirtschaftliche Berechnung dazu »Ja« schreien wie laut sie will; jedenfalls (und wie x-mal bewiesen) nur so lange, bis die Sinnfrage endgültig siegt. Die Emotion wird immer in Richtung des Glückgefühls streben, und dies gewinnt in jedem Falle. Nur ein glücklicher Mensch wird Harmonie zwischen seinem Wollen, Können und Fühlen in sich tragen und mit seinem Tun und seinen Zielen im Einklang stehen." „Und unter diesen ausgeglichenen Menschentypen", sprach er weiter, „findet man auch selten einen Neider, weil solche Wesen eben mit Recht auch zufrieden sind."

Er machte eine kurze Pause. Ich betrachtete ihn, wie er wieder auf seine Hände sah als fände er dort eine Zusammenfassung, bevor er weiterredete: „Natürlich gibt es Menschen, die man vom wirtschaftlichen Status her beneiden könnte, auch wenn sie nicht gerade ihren Wunschberuf ausüben können. Aber es sind wenige, mit denen man tatsächlich tauschen würde, wenn man wirklich alles sehen könnte, was sie leisten müssen, was sie tatsächlich tagtäglich akzeptieren müssen und was sie immer wieder erwartet."
„Nehmen wir", sprach er weiter, „beispielsweise einen Künstler aus meiner Agentur, einen wie es der Großteil der singenden Künstler ist,

die nicht mehr die Stars auf der Weltbühne sind, sondern nur mehr die »Singvögel« auf der Kleinbühne. Den einen, den ich gerade als Beispiel nehmen möchte, haben Vater und Mutter die Karriereleiter hinaufgeschoben; aus dem Kinderstar in der Kleinstadt sollte ein Weltstar werden. Sie taten alles für seinen Erfolg, und irgendwann war er tatsächlich sehr weit oben, aber sich oben zu halten, das wäre seine Aufgabe gewesen, da konnten seine Eltern nicht mehr viel beitragen. Jetzt kam es auf seinen Willen an, Star zu bleiben. Aber weil er offenbar nicht wirklich Erfolg halten wollte, beförderte er seine Karriere nicht beharrlich weiter nach oben, sondern nach und nach bergab. Die Hits blieben schließlich aus, und er muss nun wohl seit Jahren alle möglichen billigen Engagements annehmen, um wirtschaftlich überleben zu können. Gespart hat er sich aufgrund des aufwendigen Lebensstils wenig und einen Handwerksberuf oder Ähnliches hat er nicht gelernt.

Was wird nun in einem Sänger vorgehen, der einmal ein Star war und heute ein Tingler? Was wird er fühlen, bevor er z.B. die »Bühne« im Kaufhaus betritt, um die »Kaffeefahrt« eines Unternehmens abzurunden? Wird er sich in der Garderobe (wahrscheinlich eher eine zum Ankleidezimmer umfunktionierte Toilette oder Besenkammer) nach dem weiteren Sinn seines Sängerberufs fragen? Wird er fragen, wie lange er dies alles noch aushalten kann und wird? Wird er sich bange fragen, ob man ihn heute wieder mit »barmherzigem« Applaus empfangen wird? Weiß er nicht ohnehin schon, dass, egal wie gut er sich präsentiert, der Beifall eigentlich immer nur mehr eine Mischung aus mitleidigem Applaus des Publikums und »Pflichtklatschen« des Veranstalters ist? Kommen heute wieder einige hämische Buh-Rufe von ganz hinten, und wird heute gar wieder einmal, wie es vor ein paar Wochen passierte, ein verzogener Bengel eine weiche Tomate nach ihm werfen, um zu sehen, wie ein Sänger darauf reagiert? Wird

er dann wieder statt des Mitgefühls das schallende Gelächter der Zuschauer ernten? Wird dann wieder die freundliche Oma auf ihn zukommen und versuchen, ihm mit dem geblümten Taschentuch die Tomatenspuren vom glitzernden weißen Anzug zu wischen und sich für den verzogenen Enkel entschuldigen, der angeblich nicht weiß, was er tut?
Wie also wird er sich heute da draußen verhalten? Noch weiß er ja nicht einmal, was oder wer ihn erwartet. Besteht sein heutiges Publikum nur aus alten Menschen oder sind das meiste junge Leute? Liegt er mit seinem Programm dann passend im Rahmen, oder total daneben? Er wird vor diesem Auftritt mit dem Lampenfieber kämpfen; viel mehr als früher auf der großen Bühne, denn damals wusste er, dass unten ein paar tausend Fans auf ihn warten und ihm jedenfalls applaudieren, ihn hochjubeln, egal wie gut sein Konzert ist.
Wird er auch heute wieder, wenn einiges schiefgeht, seine spielerische Maske aufbehalten, seinen Frust zum tausendsten Mal hinunterschlucken und singen? Oder wird er endlich einmal, so wie er es lange schon tun wollte, die Show unterbrechen und ins Publikum schimpfen, so wie er fühlt, und die Ignoranten fragen, was sie eigentlich denken, für wen er den ganzen Schund hier mitmacht, für wen er sich zum Affen macht? Jedenfalls, würde er ihnen sagen, mache ich dies alles hier nicht für euch und aus Verbundenheit zu euch, sondern für mich, weil ich essen muss, eine Familie ernähren muss, Rechnungen zahlen muss, wie ihr Spießbürger es auch müsst!"
„Was glauben wir", fuhr er fort, „was in solchen, nicht mehr im großen Rampenlicht stehenden Künstlern vorgeht? Wenn sie wählen könnten und nicht verhöhnt würden, würden viele von denen einen ganz normalen Job mit der Hände Arbeit tausendmal lieber machen als das, was sie gerade tun."
„Und so ähnlich wie in diesem Beispiel", sprach er weiter, „wird es

vielen Menschen ergehen. Sie müssen etwas erfüllen, oder zumindest glauben sie es zu müssen, oder meinen, nicht anders zu dürfen. Dabei ginge es fast immer auch anders, denn kein Außenstehender könnte verbieten, dass jemand, auch wenn er bereits die Mitte des Lebens überschritten hat, ein neues berufliches Leben sucht und es tatsächlich auch anfängt. Aber meistens haben Menschen auch Angst vor den eigenen ersten Schritten zur Veränderung; denn hierbei hilft ihnen selten jemand. Sie haben Sorge, dass alles auf sie einstürzt, weil sie eine gewisse Zeit ein Leben ohne »Bewährtes« (so unsinnig es auch war) führen müssen, weil sie (wie es wahrscheinlich auch sein wird) zeitweise noch mehr als bisher entbehren müssen."

„Aber", fuhr er fort, „vielfach geht es bei Veränderungen nicht ums wirtschaftliche Überleben an sich, sondern ums »weiterhin genug« Besitzen. Menschen haben ja auch selten genug Geld und Vermögen; dies weiß ich aus eigener Erfahrung. Die meisten, so auch ich, haben grundsätzlich nie genug. Wir haben nicht genug mit einem Auto, nicht genug mit einem Mantel, nicht genug mit einem Haus usw., aber wie viele Häuser braucht der Mensch, um »ein Dach überm Kopf« zu haben? Und was ist wirklich viel, was ist wirklich wenig? Wie viel Materielles brauchen wir, um unser Glück zu finden? Unsere persönliche »Werteeinstufung« hängt also wiederum in erster Linie ab von unserem Denken, unseren Vergleichen, unseren »Seitenblicken« auf das Wohlergehen anderer und den daraus entstehenden eigenen Träumen und Erwartungen?

Spielen die Unzufriedenheit und Zufriedenheit hierbei eine der Hauptrollen? Zufrieden sein im Rahmen eines »kleinen« Ziels scheint einfach, aber in einem gewissen Stadium ist Zufriedenheit, meiner Ansicht nach, auch gar nicht mehr möglich und vielleicht auch nicht mehr sinnvoll? Wenn man Wünsche, nach oben zu kommen, offen hat und entsprechenden Zielen nachjagt, dann muss die Zufriedenheit doch wohl ausgeschaltet sein? Oder würde jemand einen beschwerlichen Weg auf die absolute Spitze hin gehen wollen, trotz größter Zufriedenheit mit dem, was er/sie hat und ist?"

„Läuft folglich", fragte er weiter, „Zufriedenheit nicht oft Gefahr, missverstanden zu werden? Werde ich Mensch ein höheres Ziel jemals erreichen, wenn ich mit allem, was ich bin und habe und was um mich herum existiert, zufrieden bin? Und könnten höhere wirtschaftliche Ziele und Zufriedenheit überhaupt jemals Hand in Hand gehen?

Und wie verhalten sich die anerkannten moralischen und wirtschaftlichen Werte zueinander? Können Moral und Wirtschaft miteinander gehen? Wenn ja, ist dann der moralisch höhere Wert auch der wirtschaftlich höhere? Doch wohl nicht, sonst müsste unsere Welt doch wohl ausgewogener dastehen zwischen Moral und Geld?"

„Wir Menschen", fragte er weiter, „bewerten doch andauernd? Kommt ein Mensch, egal ob Frau oder Mann in mein Büro, dann bewerte ich sie/ihn sofort, auch wenn mir dieses »Einstufen« meist erst im Nachhinein bewusst wird. Wenn ich sie/ihn noch nicht kenne, bewerte ich erst einmal das Aussehen, die Kleidung, vielleicht schaue ich sogar nach, welches Auto sie/er vor dem Haus geparkt hat, und im Laufe des Gesprächs betrachte ich ihre/seine Zähne, registriere die Körper- und Geisteshaltung, das Benehmen, und mein Unterbewusstsein bewertet und entscheidet schlussendlich das meiste mit, was ich mit ihr/ihm durchführen werde. Aber was ist dann mehr wert als was? Beweise ich in dem Moment »als Mensch« die richtige Haltung? Stelle ich mir die richtigen Fragen? Frage ich eigentlich einmal, was bei meinem Gegenüber als Wesen dahintersteckt? Ich habe doch wohl primär mit dem Menschen zu tun? Ich habe ja nicht mit seiner Kleidung, mit seinem Auto, mit seinen Zähnen usw. zu tun, sondern mit seinem Geist, mit seiner Seele.

Frage ich nach ihrem/seinem Wert generell als Wesen, oder ihrem/

seinem Wert für mich? Eigentlich achte ich fast ausschließlich nur auf Letzteres. Ich bewerte vor allem nach dem, was ich »außen« sehe und was und wobei, sie/er mir nützen könnte. Und im Grunde (vielleicht mit einigen löblichen Ausnahmen) tut dies wohl jeder andere auch. Ich glaube, wenn einer ehrlich ist, muss er eingestehen, dass für ihn das Geistige, Seelische eines Menschen höchstens in Bezug auf Liebe und Leidenschaft interessant ist. Im Beruflichen interessiert mich das Innere/Seelische höchstens am Rande, denn da zählen für mich nur wirtschaftliche Fakten, obwohl dies eigentlich gänzlich falsch ist, denn alles Wirtschaftliche, was mein Gegenüber mir als Geschäftspartner/in bieten kann, hängt untrennbar auch mit ihrem/seinem Inneren zusammen. Vor allem am Subjektiven aller Beteiligten wird es liegen, wie gut sich jegliche Kooperation zwischen ihnen überhaupt entwickeln kann, denn das wirtschaftliche Gelingen eines Geschäfts hängt nun einmal in erster Linie auch vom persönlichen Seelenleben des jeweiligen Geschäftspartners ab, nicht nur von seinen gegenwärtigen wirtschaftlichen Möglichkeiten."

„Und dann fragt man", fuhr er fort, „vielleicht selber noch ernsthaft, ob ein Großer im Alltag mehr wert ist als ein Kleiner?" „Wird etwa in der Öffentlichkeit einem großen, prominenten Bauunternehmer mehr Wert zukommen als dem kleinen unscheinbaren Bauern? Wir würden – vom humanen Standpunkt aus betrachtet – die Frage entrüstet mit einem Nein beantworten. Aber betrachten wird doch einmal beispielsweise den kleinen Bauern, der nur einen Bruchteil von dem verdient, was der Unternehmer verdient, besitzt und darstellt, in derselben Situation, wo sie beide von einem Dritten (zum Beispiel in einem Amt) dasselbe wollen. Wir werden dann schnell erkennen können, welcher von den beiden »Erdenbürgern« den Menschen, die über die Situation entscheiden können, »mehr wert ist«. Auch wenn wir beide jetzt gerne sagen würden, dass wir da ausgewogener handeln würden, würden wir da garantiert nicht anders reagieren, wenn dieses Beispiel tatsächlich in Gestalt jener Menschen vor uns stünde. Wer nach außen mehr ist und es zeigt, der tut sich garantiert leichter im Umgang mit anderen. Da mögen wir pro forma noch so scheinheilig sein, aber in der Praxis sind wir Menschen uns diesbezüglich allesamt ähnlich, denn »Eindrücke prägen Menschen«. Einzig und allein »das Sterben-müssen am Ende des Lebens« wird für alle Zeiten die einzige Gleichheit zwischen den Individuen bleiben, alles andere ist manipulierbar."

Auch als wir uns dann nach unserem eigentlichen geschäftlichen Thema voneinander verabschiedet hatten, gingen mir viele seiner Sätze immer noch nicht aus dem Kopf, und ich überlegte (und dies wollte er mit seinen Ausführungen wohl auch erreichen), ob ich nicht auch ein wenig mehr darauf zu achten hätte, was ich oft unbewusst mache, wie ich mit Eindrücken, die von Menschen herüberkommen, umgehe.

Sollte man bei allen Menschen, die einem begegnen, vor allem das suchen, was man nicht sofort sehen kann – was hinter der »menschlichen Fassade« steht? Aber wo käme man dann hin und ab welchem Moment kann man dies in fairer Manier tun? Sofort bei der ersten Begegnung? Aber letztlich, denke ich, habe ich mir in dieser Beziehung wenig vorzuwerfen. Ich versuchte eigentlich auch im wirtschaftlichen Zusammenhang immer, den Menschen an sich zu achten und zu respektieren. Gleichwohl kann es sogar sein, dass ich oftmals zu sehr auf den Menschen schaute, anstatt darauf, was er mir wirtschaftlich bieten kann. Handelte ich somit im geschäftlichen Sinne falsch und beeinflusste somit auch mein privates Umfeld negativ? Wäre es im Geschäftlichen nicht eine Art Pflicht, ausschließlich nur auf wirtschaftlich orientierte Anhaltspunkte zu schauen? Aber andererseits – ob Geschäftsmensch oder Privatmensch – geht es doch in jedem Falle um Menschen und deren Werke? Und Werke entstehen doch durch Menschen und hauptsächlich durch deren Stärke aus Geist und Seele? Als was betrachte ich eigentlich »die persönliche Prägung«, die mir in dem Moment in einer menschlichen Gestalt gegenübersitzt?

Ich denke, dass mir manchmal, insbesondere in jungen Jahren die »Show« der Menschen viel wichtiger war als das, was hinter ihrer Maske steckte; danach habe ich damals nicht gefragt. Und ich glaube, wenn das Verhältnis »Wert und Mensch« aus der Sicht aller Betrachter so ähnlich ist, wie beschrieben, und infolgedessen auch aus der Sicht der Menschen mir gegenüber so sein könnte, dann sollte auch ich mich ab und zu fragen, wie ich in dieser Beziehung auf andere wirke. Darauf habe ich viel zu wenig geachtet. Was habe ich demzufolge alles falsch gemacht?
Habe ich nicht oft sogar zu sehr untertrieben; insbesondere in späteren Jahren, als ich auf viel Geleistetes zurückblicken konnte? Hätte ich mehr von meinen Leistungen herzeigen sollen? War ich zu bescheiden? War die Einfachheit nicht absolut abträglich? Ich glaube schon, und ich denke auch, dass ich diesbezüglich einiges ändern muss. Mit schlichter Bescheidenheit wird oftmals vielleicht zwar eine gewisse Sympathie bei jenen Menschen erwirkt die einen eh schon genau kennen und wissen, dass man bescheiden wirkt, weil man eben auch relativ bescheiden ist, aber die anderen? Sehen die im Bescheidenen nicht den Versager, mit dem sie nichts zu tun haben möchten? Was wird also mit bescheidenem Verhalten erwirkt, wenn man bedenkt, dass der oberflächliche Betrachter wahrscheinlich erst einmal unterbewertet?
Es sollte wohl eine vorsichtige Ausgewogenheit herrschen zwischen dem, was man zeigen möchte, glaubt, zeigen zu müssen, geheim halten möchte, und dem, was die anderen sehen müssen, sehen wollen?
Was spricht dafür, »sein Licht unter den Scheffel zu stellen«? Eigentlich

gar nichts, denn dafür müsste man im Grunde »das Licht gar nicht erst entzünden«, denn »unterm Scheffel« nutzt es einem selbst nichts und auch keinem anderen.

34. In Einheit mit Gott?

Ich überlegte gerade, ob ich eigentlich zurzeit in Einheit mit Gott mein Leben bewältige, oder betrachte ich diese höchste Macht nur als wohlwollende Selbstverständlichkeit, die mein Leben wie eine Nebensächlichkeit begleitet? Oft scheint es doch so, als wäre man »der eigene Herr« und Dankgebete wären unwichtig? Ist es nicht so, dass die meisten Menschen nur dann beten, wenn sie etwas wollen oder Angst vor etwas haben? Wie verhalte ich mich diesbezüglich?

Würde es helfen, Gott zu erkennen, wenn man ab und zu einmal innehalten würde in all dem Trubel des Tages, um einmal wieder das ganz persönliche Kommen und Gehen zu betrachten?
Würde es uns Menschen nicht oftmals ungemein dienlich sein, unsere eigenen zeitlichen Grenzen konkret zu betrachten? Würde dies nicht generell allen Menschen, ob jung oder alt, arm oder reich, recht gut bekommen, oder würde sie die daraus ersichtliche »Sicherheit des Ablebens« im Alltag zu sehr »einbremsen«?
Würde nicht so mancher »Vize-Gott« auf unserer Erde ab und zu innehalten und andere Überlegungen und Taten setzen, wenn er seine begrenzte »Wenigkeit« aus dem Schwerpunkt der Wahrhaftigkeit heraus betrachten würde, wenn er »seine eventuelle Verschuldung« begreifen würde, für die ihm Gott eines Tages Rechenschaft abverlangen wird?

Wir Menschen »versagen« den ernsthaften Gedanken (oder auch dem Schweigen) es oft, in uns einzukehren, denn solche »Begegnungen« sind uns meistens unbehaglich. Aber wundert es uns, dass, wenn keine Einkehr und keine wirklichen geistigen Ruhepausen mehr entstehen können, es auch keinen neuen Gedanken und Erkenntnissen mehr möglich wird, in uns einzufließen?
Wie oft schon haben wir erlebt, dass bei einem Spaziergang oder sonst, wenn wir in Ruhe und frei von jeder Beschäftigung gelöst waren, unbewusst nützliche Betrachtungen oder Ideen in unser Innerstes einflossen, die wir dann perfekt umsetzen konnten?
Wie oft hat uns ein »schwimmendes Nachdenken« – ganz ohne Konzentration auf etwas – zu den besten Beurteilungen unserer Situation, unseres Selbst, oder zu den besten Ideen geführt?

Jedenfalls scheint unser Weg zu einer Einheit mit Gott, auch über uns selbst zu führen und vermutlich sollten wir Menschen, egal welchen Status wir gerade besitzen, niemals die Frage nach dem Sinn unseres Lebens, nach »dem Weg mit und zu Gott«, aus den Augen verlieren, dann werden wir viele segensreiche Antworten bekommen.
Letzten Endes »dürfen wir« uns als glücklich und auserwählt betrachten, »dieses Menschenleben leben zu dürfen«, denn dies allein schon ist keine Selbstverständlichkeit.
Wie wir das Leben von der persönlichen Warte aus betrachtet, bestehen sollten, das wissen und fühlen wir grundsätzlich. Dass wir es in jeder Hinsicht (vor allem auch anderen gegenüber) verträglich leben müssten, ist uns wohl auch klar. Dass es nicht einfach ist, alle Anforderungen an »unser Selbst in Gestalt eines soliden Menschen« auf einen Nenner zu bringen, ist jedem leicht vorstellbar, aber es ist nun einmal eine Pflicht, aus der uns niemand entlässt, aus der wir uns nicht entlassen können, solange die Tatsache bleibt, dass wir leben,

aber auch, dass wir eines Tages uns verabschieden müssen.

Mir fällt gerade ein Gebet ein, das eine Ordensschwester, die ich lange schon kenne und sehr schätze, einer Botschaft an mich beilegte:

Du siehst mich, Gott, in diesem Augenblick, und meine Pläne, Sorgen und Ängste.

Ich frage dich um deine Hilfe.

Ich spüre, du nimmst meine Pläne, Sorgen und Ängste mit deinen Händen, denn ich merke, wie sie langsam meiner Umklammerung entgleiten.

Du betrachtest sie.
Du gibst sie mir zurück und sagst, dass ich sie mit deinem Beistand leicht bezwingen werde.

Ich nehme alles wieder an mich, und ich fühle die stärkende Kraft deiner Absicht.

Schlusswort

»Mit leise sein« erzeugst du keinen »Hall« (WL)

Liebe Leser/innen!

Wie eingangs erwähnt wollte ich das Buch nun, bevor die 2. Auflage in den Druck geht, überprüfen.
Gleich fiel mir auf, dass ich heute vieles harmonischer, viel kürzer und wohlüberlegter bezeichnen würde. Gleichzeitig kam mir erstmals in den Sinn, wie einfach es ist, in einem Buch seine Gedanken zu platzieren, verglichen mit den Liedertexten wo doch alle Sekundenbruchteile der Begriffe und Töne exakt zueinanderpassen müssen, und die größte Herausforderung es oftmals ist, das richtige Wort für die entscheidende, treffende Aussage und die bestimmte Tondauer und Tonlage usw., zu finden.

Heute würde ich mich zu Problemen, die ich offenbar erkannt hatte, noch viel deutlicher aber auch lösungsorientierter äußern, obwohl ich weiß: Wer still ist hat es einfacher, weil er vermutlich niemanden verstimmt, denn das Verstimmen bleibt nie aus, wenn man anderen »nicht nach dem Mund redet«. **Aber das Nichtsagen, Nichtstun, Ignorieren, Wegsehen u.dgl. ist auch ein »Wirken« das vermutlich irgendwann und irgendwie verantwortet werden muss.**

Ich betrachtete, dass die Verläufe meines und meiner Familie Daseins im Vergleich zum Buchinhalt, in den vergangenen Jahren offenbar alles Denkbare ausreizten und massiv pendelten zwischen dem Positiven und Negativen. Es gab in unserem Dasein wenig »Mitte«.

Auch viele meiner verehrten Leser/innen und Hörer/innen können/ wollen offenbar von überraschenden, sehr bewegenden und instabilen Entwicklungen in den vergangenen Jahren, berichten.

In einer offenbar sehr schnelllebigen Zeit ist logischerweise vieles extrem »beschleunigt«. Aber ging und geht nicht zu viel Außerordentliches, zu rasch in Richtung einer abenteuerlichen Oberflächlichkeit? Hat es denn irgendeinen Vorteil eine teils gehaltlose Schnelligkeit zuzulassen die uns derart kräftig »treiben« darf, dass wir ab und an buchstäblich die Bodenhaftung verlieren? Bringt das »Superschnelle und überall-dabei-sein-müssen« dem Selbst und der breiten Masse so sehr viel Positives? Und wenn ja, wem im Speziellen?
Verlangsamung, Reduzierung, Klarheit u.dgl. würden vermutlich einige Abläufe einschneidend verändern; viele wohl zugunsten von wesenhaften-, nicht willenlosen, und grundlos angestachelten Individuen?
Auch aus den vielen Rückmeldungen in den vergangenen Zeiten, erkannte ich, dass viele Leser/innen ähnliche Erwägungen hatten.
Es stimmt mich traurig, dass offenbar kaum Verbesserungen der Lebensqualitäten eintraten, sondern in der Zwischenzeit vieles für Menschen, Tiere und Umwelt sogar weitaus schlechter geworden ist, mit vielen Auswirkungen insbesondere bspw. in Sozialbereichen, im Banken- und Finanzierungsbereich, im alltäglichen Miteinander, in der Politikoffenheit, im Schul- und Jugendbereich u.v.m.
Vielfaches insbesondere in Hinsicht Soziales (vorne dran Senioren-, Jugend-, Einwanderer usw.) ist n.m.M. so bedenklich schlimmer geworden, dass schnellstens auszugleichen wäre. Ich wundere mich, wie schwerfällig »die große Politik« oft agiert. Oder kann/darf sie nicht? An der Klugheit und den Befähigungen der Entscheidenden dürfte es doch wohl nicht liegen?

Manches was in Hinsicht »Hilfe zur Selbsthilfe« dringendst von Nöten wäre um bspw. den Menschen in ihren desolaten Heimatländern bezüglich eines umfassenden Entwickelns und Aufbauens »zu helfen«, anstatt die vermeintlich »prächtigen, alleskönnenden« Zielländer wie Europa, USA usw. und die Schutz- und Hilfesuchenden womöglich gemeinsam in ein bedeutungsvolles Chaos geraten zu lassen, und es zuzulassen dass viele Einheimische sich offenbar nicht mehr zurechtfinden wenn mittellose Menschen vor ihrer Tür stehen, oder dass sich die Einheimischen sorgen, die selber kaum zum Leben haben und dahingehend nicht gehört werden, wird n.m.A. einfach totgeschwiegen (und hoffentlich nicht absichtlich ignoriert).

Frage: Wollen wir wirklich tatenlos zuschauen wie Menschen von Tyrannen in ihren Ländern gequält werden und wie sie auf der unvermeidlichen Flucht förmlich »systematisch«(?) verrecken? Wollen wir riskieren, dass in der Flut der Notleidenden sich Elemente verstecken die nichts Gutes bringen (sollen?)? Ist alles Zufall, Schicksal?
So besehen machten meine damalige Jugendgruppe und ich als Referent es im kleinen Kreis vor ca. 40 Jahren offenbar schon richtig mit unseren direkten Afrika-Hilfsaktionen »Hilfe zur Selbsthilfe«. Für die Mitwirkung gebührt übrigens meinen damaligen Helfenden, so u.a. meiner Ahrntaler Jugendgruppe, meiner Musikband und besonders meiner mithelfenden Mama und den Pfarrämtern des Ahrntales, aber auch den Teilnehmenden an Benefizaktionen und -Konzerten usw., großer Dank! Für sie alle war das Helfen wohl selbstverständlich, wenn auch nicht immer leicht.
Unsere einheimischen Missionare betreuten dann in Afrika einige kleine Hilfsprojekte und gaben uns Berichte und Bilder welche beschrieben, dass das Geld sinnvoll eingesetzt wurde. Wir sahen, dass allein schon eine Wasserleitung von ca. 4 km Länge vielen Familien

für lange Zeiten so viel bedeuten kann, dass der Ort im wahrsten Sinne »aufblühen« und zur beständigen Heimat werden kann.
Sinnlose Kriege lassen sich mit bescheidenen Aktionen sicher nicht ganz vermeiden, aber möglicherweise die Absicht dazu einschränken infolge der geringeren Manipulations- Optionen der Hetzer, so es den Menschen wirtschaftlich gut geht.

Gegenwärtig darf es wohl nicht wundern, wenn –wie schon angesprochen- der eine und andere Einheimische sich Sorgen macht, weil u.a. auch die ein-Leben-lang-hier-Arbeitenden, Beheimateten (vor allem die Älteren und Alleinstehenden) oft sehr »alleingelassen« werden. Die Situationen machen auf viele wohl oft den Eindruck, dass sie bspw., weil sie »besitzen« (wofür sie ja ein Leben lang arbeiteten) im Notfalle weniger konkrete Hilfe bekommen könnten als Einwanderer.
Aber »besitzen/besaßen« denn nicht viele Asylsuchende auch in ihrer Heimat Besitztümer wie bspw. ein Haus, Gründe usw.? Warum helfen wir nicht denjenigen ihren Besitz zurückzubekommen und ggbfs. zu verteidigen und ihnen ein geordnetes Zuhause zu ermöglichen, welches sie wohl größtenteils aus purer Verzweiflung, unter Zwang und Gewaltherrschaft, verlassen mussten und aber immer noch als »Heimat und Vaterland« hochachten? Wir werden doch nicht glauben, dass jede/r Immigrant/in seine/ihre Heimat gerne und ohne die, wie auch immer geartete, gezielte und geplante Einwirkung Dritter verließ, um auf schier unzumutbaren, lebensgefährlichen Weggängen/Fluchten das Leben aufs Spiel zu setzen? Gewiss gab und gibt es auch einige »Nutznießer im System« und die wahren Hintergründe globalbetrachtet, werden vermutlich erst die fernen Geschichtsbücher offenbaren; die diversen privaten Gründe werden wir wohl nie erfahren.

Es liegt mir am Herzen hier zu erwähnen und zu mahnen, dass auch bei uns in Europa vieles sich unerfreulich entwickelte. Ich erinnere hier und beanstande auch, dass fast Wehrlose wie invalidere Senioren, Behinderte und Kleinkinder, bzw. Mütter mit unmündigen Kindern, zu oft ihrem Schicksal überlassen werden. Fakt ist auch, dass bspw. viele Kleinunternehmer, Familienunternehmen u.dgl. oft sehr übergangen und alleingelassen dastehen, das weiß ich u.a. auch aus meinem Bekanntenkreis.
Es ist n.m.M. sehr wohl angesagt in allen Gedankengängen fair zu bleiben und jedenfalls zu vermeiden den Einen gegen den Anderen auszuspielen, aber es sollte n.m.A. wieder mehr Gerechtigkeit vor allem auch im »Bemessen der Mittel« walten! Es kann nicht angehen, dass die lebenslang (wohlgemerkt auch für das eigene Land) arbeitenden Einheimischen mit weniger Geld im Monat und weniger Subventionen auskommen müssen als die Asylanten. Helfen ja, aber bitte wohlüberlegt und ausgewogen, ansonsten schlägt womöglich das gepriesene Ziel der guten Absicht in die Gegenrichtung.
Es muss wieder klarer Frieden und gesundetes Zutrauen einkehren, und die Zeichen dafür müssen vor allem auch über die politischen und wirtschaftlichen Schienen erkennbar gemacht werden. Es muss n.m.A. auch strengeres Durchgreifen herrschen gegen Frömmler und Ränkeschmiede, so dass den Terroristen und intriganten Elementen das Handwerk mit Nachdruck gelegt werden kann.
Aber auch den Chaoten die anonym in Foren »frustgetränkten Müll« verbreiten dürfen, muss Einhalt geboten werden. Die Anstifter im Netz auszumachen ist heutzutage ja kein Problem mehr und die Postpolizei dürfte hier ggbfs. schnell zugegen sein und heftige Musterprozesse die den/die Verbreitenden für lange Zeit zum (strafe-zahlenden) Bedauern bringen, würde nicht schaden.

Rigoros vorgehen sollte man wahrscheinlich auch gegen die Schmähenden die in Zeitschriften Andersgläubige verhöhnen.

Es kann wohl auch mal überlegt werden ob die privaten wie auch behördlichen »Hätscheleien« des einen und anderen »Nachwuchses« zielführend sind. Bspw. »weil das arme Kind keinen Vater hatte« und andere »Begründungen« sollten wohlüberlegt angemessen werden. Ich und viele andere hatten auch keinen Vater und müssen deswegen nicht alle anderen Menschen frustriert »bestrafen« denen es vermeintlich besser ging/geht.

In Hinsicht des Helfens habe ich von vielen Betroffenen, deren Verwandten usw. viele positive Worte und Dank vernommen, aber leider auch einmal in Zusammenhang mit einer zwar sehr erfolgreichen Benefizaktion für die AIDS-Hilfe (gemeinsam mit der Frau des damaligen Landeshauptmannes und einem Primarius des Krankenhauses von Bruneck) Schelte von einer Frau die sich selber offenbar »fehlerlos« wähnte, und obwohl es sie nichts anging, meinen persönlichen Hilfebeitrag offenbar nicht akzeptieren wollte, und dies unterstrich mit der eher lauten Äußerung am Telefon: „... finde es nicht gut, dass du solchen unmoralischen Leuten hilfst". Ich versuchte dann ihr zu erklären, dass in diesem Falle bspw. der Präsident der Stiftung ein heterosexueller Mann ist (aus heutiger Sicht war, da er leider nun verstorben ist), der von einer verseuchten Blutkonserve angesteckt worden war. Sie verstand dann wohl und verabschiedete sich etwas ruhiger.
Degradierende und überhebliche Töne sollte wohl jedenfalls niemand und in keinem Zusammenhang anstimmen. Man bedenke, dass Ähnliches einem in diesem (oder in einem späteren/künftigen?) Leben noch begegnen könnte. Oder, was sagt/fragt denn vielleicht

die rechenschaftsverlangende Macht eines Tages zu bestimmten Haltungen und deren Auswirkungen?
Gravierende Mängel sehe ich auch in Bezug auf Tiere. Sie sind nach wie vor den Launen der Menschen ausgeliefert und werden offenbar nach jüngsten Beispielen im Falle von Tierquälerei immer noch nur als »Sachwerte« bewertet. Ist denn die Betrachtung paradox, dass Tiere auch ein Seelenempfinden haben? Wer von den Machthabenden kommt wohl als erste/r auf die Idee diesen Passus »Sache« de facto zu korrigieren? Vielleicht der/diejenige der/die dem Tier einmal schweigend und lauschend in die Augen sieht?
Frage: Ist bspw. das Rind an der Schlachtbank mit Tränen in den Augen und offenbar angstbewegt, weil die vor ihm gehenden in Todesangst schreien »selbstverständlich«? Ist das Thema heute vielleicht noch zu wenig »aufsehenerregend«? Darf ich (taktlos?) erinnern: Eine mögliche Reinkarnation der Seele ist doch auch denkbar, so also auch, dass absichtlich schädigende Wesen (Seelen) im Verlauf eines nächsten Lebens ähnliche Fügung erleiden könnten?

Ich hoffe, Sie liebe Leser/innen konnten aus meinen Fragen einige Gedankenanregungen zu persönlichen Ansichten und Antworten gewinnen. Es würde mich wahrhaftig sehr freuen, wenn Sie aus dem Vorliegenden wie auch aus meinen offenbar sehr erfreulich entgegengenommenen Liedern einen persönlichen Nutzen ziehen könnten.
Auch das Positive aus meinen technischen und anwendungstechnischen Thematiken wie bspw. VABB (ich nannte das »Beweissicherungs-System für Fahrzeuge« der Erklärung halber »VideoAudioBlackBox« kurz VABB) sollte allen Anwendern (auch wenn von anderen nach meinen Patenten produziert und vertrieben) dienen, um bspw. im Falle eines Verkehrsunfalles oder Ereignisses ordentliche

Beweise vorzeigen zu können, um somit langjährige Streitigkeiten, Zahlungsverweigerungen der Versicherer usw. zu vermeiden. Dies entlastet schlussendlich auch das Gerichts- und Polizeiwesen und nicht zuletzt auch die Versicherer, denn die ggbfs. beabsichtigten Versicherungsbetrügereien (welche wiederum die Ehrlichen durch Polizze-Kosten-Erhöhungen mit zu bezahlen haben) sind durch visuelle Beweise gehemmt.
Ich danke Ihnen und indirekt auch den vielen Lesern und Leserinnen der ersten Auflage, wie auch den Käufern der CDs, DVDs usw. an dieser Stelle ausdrücklich nochmals für all das Positive das Sie mir, meinen Angehörigen und meinen Geschäftspartnern und -Partnerinnen im Zusammenhang meiner/unserer Werke, entgegenbrachten und hoffentlich weiterhin entgegenbringen.

Ich grüße Sie hochachtend und mit den besten Grüßen und Wünschen die ich Ihnen in diesem Rahmen hier zustellen kann!

Ihr

Willy Lempfrecher

Literaturverzeichnis (LV) nach den Formalregeln für schriftliche Arbeiten für Zitate und Paraphrasen:
Korrektheitshalber ein Hinweis liebe/r Leser/in: Ich schicke voraus, mir wurde gesagt man sollte es tunlichst vermeiden, den Koran willentlich in einer bestimmten Art und Weise zu verstehen. Absolute Objektivität sei der einzige Weg. Nichts Anderes zu handhaben, habe ich vor.
Die Abfassungs-Auszüge der Thesen und Dogmen sind gekennzeichnet nach den Formalregeln für schriftliche Arbeiten für Zitate und Paraphrasen mit den Auslassungszeiten und Anführungszeichen (***).

- LV (1) Quellen: Bible Server
- LV (2) Quellen: Die Heilige Schrift
  des Alten und Neuen Testaments
- LV (3) Quellen: Bibel Sprüche Kapitel 16
  Vers 4 Sprüche 16 4 Parallel Verse Lutherbibel 1912
- LV (4) Quellen: Die Heilige Schrift.
  Diverse Nachschlagewerke (*)
- LV (5) Quellen: Der Koran / Der Edle Qur'an (**)

(*) Habakuk war Prophet u. levitischer Sänger im Tempel. Bezugsquellen nach, wirkte er in der letzten Hälfte der Herrschaft des Königs Joas (ca. 800 v.Ch). Prophet Habakuk beschreibt u.a. die Wesenheit Gottes in seinen Verläufen hinsichtlich der Völker und offenbart u.a. die Mittel Gottes zur Erfüllung des Willen Gottes.

(**) Der Koran [...] aus der Übersetzung seiner Bedeutungen in die deutsche Sprache nach [...] Scheich 'Abdullah as-Samit Frank Bubenheim und Dr. Nadeem Elyas Im Namen Allahs, des Allerbarmers, des Barmherzigen.
wwwww
Anm.: Die Übersetzenden schreiben anmerkend u.a.: »[...] Wir wissen, daß jede Übersetzung der Bedeutungen des Qur'an wie genau sie auch immer sein mag unfähig bleiben wird, all die großartigen Bedeutungen wiederzugeben,

die der unnachahmliche Qur'anische Text enthält und daß die Bedeutungen, welche die Übersetzung wiedergibt, nur der Ertrag dessen sind, was das Wissen des Übersetzers im Verstehen von Allahs Buch erreicht hat, der, wie jedes Menschenwerk, Fehlern und Mängeln unterliegt.« (LV (5))

(***) Persönliche Anm. des Autors: Die letztere Anmerkung der Koran-Übersetzenden wollte ich anerkennend hier anbringen und mich insbesondere der Anmerkungsaussage: » [...] ....wie jedes Menschenwerk, Fehlern und Mängeln unterliegt«, voll und ganz anschließen.

Zitate zu Passagen- und Äußerungen sind meist kompliziert. Ausdrücke der Öffentlichen Schriften dürfen zwar öffentlich angeführt- und in bezugnehmenden Auszügen benannt werden, jedoch absolutes Verstehen der Glaubens- und Religionsschriften wird es wohl nie geben, so wie es das absolute Wiedergeben nach absolutem Verstehen, wahrscheinlich niemals geben kann.